구황촬요

서종학 徐鍾學 SUH, JONGHAK
대구에서 출생
서울대학교 문리과대학 국어국문학과 졸업
동 대학원에서 석사, 박사 학위 취득
울산대학교 국어국문학과 교수
일본 神田外語大學 한국어학과 초빙교수
미국 University of Washington 방문교수
중국 華中師範大學 방문교수
국립국어연구원 어문규범부장
MBC 우리말위원회 위원장
현 영남대학교 사범대학 국어교육과 교수

『이두의 역사적 연구』,『문자생활의 역사』,『한국어교재론』(공저), <『救荒撮要』와『新刊救荒撮要』에 대한 考察>, <한국어 교재 평가의 실제>, <'독도·석도'의 지명 표기에 관한 연구> 등 다수가 있음.

감수 이은규(대구가톨릭대학교 교수)

국어문헌자료총서 2
구황촬요

1판 1쇄 발행 2011년 11월 30일
1판 2쇄 발행 2012년 09월 10일

기획 국립국어원
글 서종학

펴냄 서채윤
펴낸곳 채륜
책임편집 정나영
표지·본문디자인 Design窓 (66605700@hanmail.net)

등록 2007년 6월 25일(제25100-2007-000025호)
주소 서울 광진구 군자동 229
대표전화 02-6080-8778 | **팩스** 02-6080-0707
E-mail chaeryunbook@naver.com
Homepage www.chaeryun.com

ⓒ 국립국어원, 2011
ⓒ 채륜, 2011, printed in Korea

책값은 뒤표지에 있습니다.
ISBN 978-89-93799-46-0 93710

※ 잘못된 책은 구입하신 서점에서 바꾸어 드립니다.
※ 저작권자와 출판사의 허락 없이 책의 전부 또는 일부 내용을 사용할 수 없습니다.
※ 저작권자와 합의하여 인지를 붙이지 않습니다.

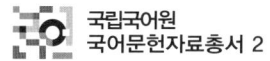
국립국어원
국어문헌자료총서 2

구황촬요

굶주림과 질병을 이겨낸 조상의 지혜

국립국어원 기획
서종학 글

채륜
CHAE RYUN

책머리에

　오랜 역사를 자랑하는 우리 민족의 문화 전통을 이어가는 길 중 하나는 국어 문화유산을 계승하고 발전시키며 보급하고 확산하는 길이다. 국립국어원에서는 이런 취지에서 국어 문화유산을 읽기 쉽고 이해하기 쉽도록 풀이하는 국어 문헌 자료 총서 간행 사업을 추진하였는데, 그 중 하나가 16세기와 17세기에 간행된 『구황촬요』와 『신간구황촬요』이다.
　『구황촬요』는 16세기와 17세기에 몇 차례 간행되었다. 각종 사료(史料)들을 보면 이 시기는 내외적으로 매우 어려운 시기였던 듯하다. 백성들이 굶주림에서 벗어나기 어려웠고 또 각종 질병에 시달렸던 것이다. 이런 때에 조선조의 위정자들은 곤궁한 백성들의 삶을 위해 이 책을 간행하였으니, 식량을 대신하거나 절약할 수 있는 방안을 제시하고 있는 이 책은 실질적인 생활서인 셈이다. 여러 종류의 『구황촬요』가 있었고 또 그 이본(異本)들이 많이 존재한다는 사실에서 위정자들의 이러한 관심은 일시적인 것이 아닌 연속적인 것으로 짐작할 수 있다. 아울러 16세기와 17세기란 두 세기에 걸쳐 간행되었으니, 중세국어와 근대국어의 모습을 비교해 볼 수 있다는 점에서 국어학적으로도 가치 있는 책이라 하겠다.
　우리의 생활이 지금처럼 윤택하게 된 것은 그리 오래되지 않았다. 1970년대만 해도 끼니를 걱정하는 가정이 매우 많았다. 전 세계적으로 지구 곳곳에서는 많은 사람들이 굶주림과 질병으로 고통을 받고 있다.

머지않은 미래에는 식량이 매우 중요한 무기의 역할을 할 것이라는 예견도 있다. 이런 면에서, 식량을 대신할 수 있는 방안을 알려 주는 『구황촬요』를 역주하면서 '온고지신(溫故知新)'의 자세를 다시 한 번 가다듬는다. 그런 한편, 역주 작업의 어려움을 온몸으로 느낀다.

1986년에 필자가 『구황촬요』와 관련된 논문을 발표한 바 있다. 이를 보시고, 돌아가신 안병희 선생께서 감사하게도 이두로 된 『충주구황절요』를 주셔서 1999년에 이를 논문으로 발표하게 되었다. 이것이 인연이 되어 국립국어원에서 『구황촬요』의 주석 사업을 필자에게 맡긴 듯하다. 이 자리를 빌려 이런 기회를 주신 안병희 선생 그리고 국립국어원에 감사의 말씀을 드린다.

이 책이 나오기까지 많은 분들의 도움이 있었다. 책 끝에 『구황촬요』와 『신간구황촬요』를 영인하여 덧붙였는데, 전자는 충남대학교 도서관에 소장된 것이며, 후자는 국립중앙도서관에 소장된 것이다. 영인을 허락해 주신 데 대해 깊이 감사 드린다. 그리고 부실한 내용이 풍부하게 되도록 꼼꼼하게 감수하신 대구가톨릭대학교의 이은규 선생, 행정적으로 많은 도움을 주신 국립국어원의 황용주·이준환 선생, 서문과 발문의 번역에 도움을 준 이승현 선생, 또 정성 들여 교정을 봐 주신 권미숙·최병해·김수정 선생께 감사의 말씀을 드린다. 아울러 편집과 출판을 흔쾌히 맡아 주신 채륜과 편집진 여러 분께 깊은 감사의 말씀을 드린다.

2011년 10월 9일 한글날에
德泉素屋에서 지은이 삼가 씀

일러두기

▶ 출전에 대한 약호는 다음과 같이 사용한다.
(출전)   (약호)
『구황촬요』   〈구황〉
『구황촬요벽온방』   〈구벽〉
『구황촬요벽온방』 중 '벽온방'   〈구벽온〉
『구황촬요벽온방』 중 '납약증치방'   〈구벽납〉
『신간구황촬요』   〈신구〉
『신간구황촬요』 중 '보유방'   〈신구보〉

▶『구황촬요』는 충남대본〈충〉과 고려대본〈고〉이 있는데, 전자를 근간으로 삼는다(〈 〉 안을 약호로 사용한다). 충남대본은 탈획, 오각이나 탈자, 오자가 고려대본에 비해 많으나 판본인 점과 고려대본이 필사본임을 감안하였다.

▶『구황벽온방』은 서울대 규장각의 일사문고〈일〉에 있다(〈 〉 안을 약호로 사용한다).

▶『신간구황촬요』는 장서각본〈장〉, 국립중앙도서관본〈중〉, 규장각

의 가람문고본〈가〉, 일사문고본〈일〉 등이 있는데 장서각본을 근간으로 삼는다(〈 〉 안을 약호로 사용한다). 다른 이본에 언해되지 않은 부분이 국립중앙도서관본에는 언해되어 있으나, 장서각본의 표기가 고형을 유지한 것이 더 많기 때문이다.

▶ 이본 간의 차이, 교감은 각주를 통해서 제시한다. 일반인의 이해를 가능한 한 방해하지 않기 위함이다.

▶ 원문의 정보는 문헌명, 판본명, 장차 순으로 제시한다(예: 〈구황-충,1a〉는 『구황촬요』 충남대본 1장 앞면'이라는 뜻이다). 그리고 언해문이 시작되는 첫 부분을 장차로 제시함을 원칙으로 한다.

▶ 원문의 협주는 [ ]로 표시한다.

▶ 오각과 오자, 탈획과 탈자를 구분하지 않고 모두 '오자'란 용어로 통일하여 사용한다. 언해문에서 오자로 판단되는 글자는 { }로 표시하고 바른 것으로 생각되는 글자를 그 앞에 제시하여 교감한다. 이는 원본 복원의 의미를 가진다(예: '죵요로윈{윈}'은 '윈'으로 표기되어 있으나 '윈'이 바른 것으로 생각하고 교감한 것이다). 각주에서 '겁질을: 겁질올〈일〉'은 일사문고본에만 '겁질올'로 표기되어 있음을 뜻한다.

▶ 언해문은 가능한 한 띄어 쓴다. 다만, 합성어인지 아닌지를 판단하기 어려운 경우에는 띄어 쓰는 것을 원칙으로 한다(예: 식물 불휘, 식물 겁질, 식물 닢 ……).

▶ 현대어역은 언해문에 가장 가깝게 한다. 한문 또는 언해문에 없는 내용을 보충할 때는 ( )를 사용한다. 현대어역의 띄어쓰기는 현행 한글 맞춤법에 의한다.

▶ 『구황벽온방』에 언해되지 않은 한문 부분이 있는데 『벽온신방언해』, 『간이벽온방언해』, 『납약증치방언해』에서 해당 부분의 언해문을 초록하여 제시한다.

▶ 각주의 어휘 풀이는 『표준국어대사전』을 주로 참조한다.

차례

책머리에 ·· 5
일러두기 ·· 7

제1부
『구황촬요』류 해설 ·· 13
  1. 『구황촬요』류의 편찬과 간행 ·· 15
  2. 『구황촬요』류의 이본(異本) ·· 20
  3. 『구황촬요』류에 대한 국어학적 고찰 ·· 31
  4. 『구황촬요』류의 가치와 의의 ·· 51

제2부
『구황촬요』류 주석 및 현대어역 ·· 57
  1. 『구황촬요』(救荒撮要) ·· 59
  2. 『벽온방』(辟瘟方) ·· 101
  3. 『구황보유방』(救荒補遺方) ·· 139
  4. 서문(序文)과 발문(跋文) ·· 182

부록
  찾아보기 ·· 197
  원문 자료 영인 ·· 203
    『구황촬요』··· 308
    『신간구황촬요』 ·· 280

제1부

『구황촬요』류 해설

1. 『구황촬요』류의 편찬과 간행

조선시대에는 흉년이 드는 해가 많았으나 여러 이유로 쉽게 구호의 손길이 닿지 않았다. 그리하여 조정과 관리들은 주변에 흔히 있는 야생의 초목을 이용하여 흉년을 넘기는 구황법을 마련하고 '벽곡'과 '벽온'에 관한 책을 간행하여 널리 유포함으로써 백성들의 기아(飢餓)와 질병에 대비하였다.[1] '벽곡'에 관한 서적이 바로 『구황촬요』류라 할 수 있다.

『구황촬요』(救荒撮要)류로는 먼저 세종조의 『구황벽곡방』(救荒辟穀方)이 있었고, 1541년에 충주에서 간행된 『충주구황절요』가 있다. 후술하겠지만 전자는 한문으로 쓰인 것으로 부전(不傳)되고 후자는 이두(吏讀)로 쓰인 구황서이다. 『구황벽곡방』을 저본으로 한 『구황촬요』(救荒撮要)가 1554년(명종 9년)에 언해·간행되었고, 그 후 1639년(인조 17년)의 『구황촬요벽온방』(救荒撮要辟瘟方)과 1654년 경상북도 영천의 『구황촬요』가 간행되었으며, 1660년(현종 1년)의 『신간구황촬요』(新刊救荒撮要)가 연이어 간행되었다.[2]

『구황벽곡방』은 『구황촬요』의 저본(底本)으로 파악된다. 『구황촬요』의 이택(李澤) 서문에 세종이 『구황벽곡방』을 지어 기아에 빠진 백성의 목숨을 구하려 한 것이 기술되어 있으며,[3] 신속(申洬)의 발문(跋文)에도

---

[1] 구황: "흉년 따위로 기근이 심할 때 빈민들을 굶주림에서 벗어나도록 도움."
벽곡(辟穀): "곡식은 안 먹고 솔잎, 대추, 밤 따위만 날로 조금씩 먹음. 또는 그런 삶." 따라서 벽곡이란 곡물을 기피하여 먹지 않는다는 것, 즉 곡물을 적게 먹는다는 뜻이다.
벽온(辟瘟): 질병을 피하는 것.

[2] 조선조의 구황서에 대한 소개는 이성우(1981: 401-417)을 참조할 수 있다.

[3] 我 世宗大王 旣 著救荒辟穀方 又以備荒之物 載諸經濟六典 以救萬世蒼生之命 可謂至矣是白齊(李澤의 序文) 정확한 해석은 2.4.의 서문과 발문을 참조할 것. 이하 동일함. 그리고 '이택

백성을 기아에서 구하기 위한 황정(荒政)으로 세종께서 『구황벽곡방』을 편찬하였다고 진술하고 있다.[4] 그런데 『신간구황촬요』의 송시열(宋時烈) 서문에서 "세종대왕이 구황촬요 일편을 편집하였다."[5]고 하여 세종대에 『구황촬요』의 편찬이 이루어졌다고 하였는데, 여기서의 『구황촬요』는 명종조의 『구황촬요』와는 다른 『구황벽곡방』을 가리키는 것으로 해석된다. 이는 다음을 근거로 확인할 수 있다.

명종실록(明宗實錄, 卷17)과 이택의 서문에 나오는 "又以備荒之物 載諸經濟六典"은 세종 때에 이미 구황서(救荒書)를 편찬하여 이를 『경제육전』(經濟六典)에 실었음을 보여 준다. 이때 편찬된 구황서를 송시열은 '구황촬요'로 칭하고 있는데 이는 『구황벽곡방』을 가리키는 것으로 볼 수 있다. 『경제육전』은 조선 태조 때에 조준(趙浚), 하륜(河崙) 등이 편찬한 법령집으로, 태종 때에 수정·증보되어 『원육전』(元六典)과 『속육전』(續六典)으로 나누어졌고 세종 때에 몇 차례에 걸쳐 개수(改修)되는데 그 과정은 다음과 같다. 세종 4년 8월에 '육전수찬색'(六典修撰色)을 두었고, 동 8년 12월에 『속육전』을 찬진(撰進)하였다. 또 동 10년 윤4월에 정초(鄭招) 등에게 『속육전』을 개수(改修)케 하여 동년 11월에 이직(李稷) 등이 그것을 찬진(撰進)하였다. 그 후 세종 15년에 다시 황희(黃喜) 등이 『신찬경제육전』(新撰經濟六典)을 올렸다. 결국 세종 대에는 세 차례(8년, 10년, 15년)의 찬진 기록(撰進記錄)이 나타나고 있는데, "載諸經濟六典"은 위의 여러 『경제육전』에 '비황지물'을 실은 것으로 이해된다. 따라서 이택의 서문에 의지한다면 『구황벽곡방』은 세종 8년(1426) 이전

서문'은 진휼청에서 올린 계목을 옮긴 것이다.
4　昔我 世宗大王 嘗以爲民飢闕食救之無術 遂錄荒政中辟穀方 以示民使自救死(申洬의 跋文)
5　世宗大王所輯救荒撮要 一編(송시열의 서문)

또는 10년(1428) 이전의 어느 해에 지어진 것으로 볼 수 있다.

그런데 『구황촬요』의 저본이 된 책의 서명(書名)을 이택은 '구황벽곡방'으로, 송시열은 '구황촬요'로, 신속은 '벽곡방'으로 각각 달리 부르고 있다. '벽곡방'은 "荒政中辟穀方"이라고 기록된 것이므로 서명(書名)으로 파악하기 어려우며, 송시열의 '구황촬요'는 명종조의 『구황촬요』와 다른 것을 가리키는 것으로 앞에서 간략히 보았다. 신속의 발문에 "明廟朝亦……飜以俚言……名曰救荒撮要"라고 한 것이나 명종 실록(明宗實錄)에 "飜以諺字 名曰救荒撮要"라 한 기록에서 『구황촬요』란 서명이 명종 때에 처음 붙여졌음을 짐작할 수 있다. 따라서 세종 대에 편찬된 구황서는 이택의 서문에 나타난 바와 같이 『구황벽곡방』으로 보는 것이 타당할 것으로 생각된다.

그리고 이택의 "飜以諺字", 신속의 "飜以俚諺"이란 구절은 『구황벽곡방』이 한문으로 쓰였음을 암시하고 있다. 따라서 세종은 1426년 또는 1428년 이전에 한문으로 『구황벽곡방』을 저술하였다고 볼 수 있다.

『구황촬요』류로서 현전하는 최고(最古)의 서적은 필사본(筆寫本) 『충주구황절요』(忠州救荒切要)이다. 본문이 이두(吏讀)로 쓰인 이 책은 1541년에 안위(安瑋)·홍윤창(洪胤昌)이 활자본으로 인간(印刊)한 것으로서 일본 내각문고에 소장되어 있다. 안위의 발문에 따르면 이 해 정월부터 6월까지 비가 오지 않았고 7~9월에도 거의 비가 내리지 않아서 흉년이 들었으므로 고을 방백의 책임으로 좌시할 수 없어서 이 책을 간행한다고 하였다.[6]

『구황촬요』류는 이어서 『구황벽곡방』을 발췌하여 언해한 단행본

---

[6] 『충주구황절요』에 대한 자세한 사항은 이성우(1981), 김영진(1982), 서종학(1999), 남권희(2001)을 참조할 것. 이 책은 이두로 쓰인 것이므로 이 책에서는 자세히 다루지 않는다.

『구황촬요』로 1554년(명종 9년)에 간행된다. 명종 당시 영호남은 특히 기근이 극심하였으므로 조정에서는 구제관을 파견하여 백성의 구휼에 힘을 썼으며, 특히 『구황촬요』를 한글로 편찬하여 간행하도록 함으로써 백성 스스로 구황에 대비하는 방책을 세울 수 있도록 하였다.[7] 또 조정에서는 관리들이 향회(鄕會)에서 이 책을 강론하게 하며 만약 『구황촬요』의 내용을 모르는 관리나 백성이 있으면 엄하게 다스리고, 모르는 자가 많으면 향소에 유치하여 본보기로 처벌하기도 하였음을 언급하고 있다(이택 서문 참조). 이는 『구황촬요』를 각 지방에 널리 유포하였음을 보여 주는 것이다.

『구황촬요』는 이와 같이 『구황벽곡방』을 발췌하여 언해한 단행본의 책이었으나 그 후 다른 내용과 합본된 형태로 간행된다. 1639년(인조 17년)에 충청도 관찰사 김육(金堉)이 『구황촬요』와 『벽온방』(辟瘟方)을 합본하여 『구황촬요벽온방』을 간행하였다. 이러한 사실은 이 책의 '구황촬요' 말미에 있는 김육의 글에서 확인할 수 있다. 즉 임금(명종)께서 백성을 구휼하려는 뜻에 깊이 감복하여 명종 때에 편찬된 진휼의 법을 널리 간행하여 반포하고 이에 '벽온방'도 함께 합본하여 간행하였다고 기술하고 있다.[8] 또한 신속(申洬)의 발문에서도 명종 조의 책이 전국에 배포되었으나 점점 흩어져 사라지게 되었고 잠곡(潛谷) 김육에 의해 다시 간행되었으나 역시 사라져 볼 수 없게 되었음을 보여주고 있다.[9] 김육에 의해 구황서가 중수(重修)되어 간행되었음은 『잠곡집』의 기록과 인조실록의 기록에서도 확인된다(남권희 2001:296-7). 『잠곡집』(권8)

---

[7] 賑恤廳啓目節承 傳內救荒撮要多數印出廣頒爲良如敎承 傳是白有亦相考爲白乎矣 明廟朝 亦因賑饑 抄其撮要 飜以俚言 使民易曉 名曰 救荒撮要 頒示中外

[8] 此時 明廟朝 賑恤之遺法也 臣深感 聖祖救民之意 適値年凶 鏤板廣布 仍附 辟瘟方……

[9] 歷時滋久 印本無多 潛谷金相國 重修鏤板 而散逸殆盡 見而知者 盖尠矣

에 의하면, 도내에 기아와 전염병으로 고통 받는 사람들이 많아서 명종대의 『구황촬요』에 『벽온방』을 합책하여 각 읍으로 배포하였을 뿐 아니라 다른 지역도 같은 고통을 받을 것에 대비하여 10부를 중앙에 올리고 다시 간행·배포하여 구휼에 도움이 되도록 하였다는 것이다. 또, "忠淸監司 金堉馳啓曰 公州癘疫大熾 死者一百八人 或有擧村死亡者 傳染旁邑 死者亦相繼云"이란 인조실록(仁祖實錄, 17년 정월 신사)의 기록은 김육이 『구황촬요벽온방』을 간행하였음을 방증하는 것이다.

김육의 『구황촬요벽온방』을 수정·보완하고 이를 『벽온신방』과 비교한 후 서로 다른 부분을 보충하여 영천군수 이구(李昫)가 1654년에 간행한 『구황촬요』류가 있는데 그 이름을 '수민방'(壽民方)이라 하였다. 이런 사실은 이구의 발문에 자세히 나와 있다(남권희 2001 참조).

서원(西原, 지금의 청주) 현감(縣監) 신속(申洬)은 1660년(현종 원년)에 『구황촬요』에다가 '의방에 기록된 것[10]과 견문으로 알게 된 것들'을 모은 자신의 『구황보유방』(救荒補遺方)을 합본하여 『신간구황촬요』를 편찬하였다.[11] 송시열의 서문과 신속 자신의 발문(跋文)에서 이를 확인할 수 있으며[12] 현종실록(顯宗實錄, 원년 경자 십일월 을묘)의 서원 현감 신속이 『구황촬요』 한 책자를 찬진하여서 임금이 팔도에 인포(印布)하라고 명하였다는 기록도[13] 신속에 의해 『구황촬요』의 편찬이 다시 이루어졌음을 보여주고 있다. 『신간구황촬요』의 명칭은 '구황촬요', '구황보유

---

10 한문의 각 항 끝에는 "本草, 類聚, 俗方, 壽世, 入門, 泥勝之區種苗法" 등과 같이 그 출처를 밝히고 있다.

11 又考醫方所記及聞見所得 …… 皆以附見下方目 以補遺合爲一編

12 於是西原縣監申公洬亟取 世宗大王所輯救荒撮要一編附以補遺而剞劂之將以廣布於民間 (宋時烈의 序文)
   今洬叨守是邑 …… 謹將是書重行剞劂 …… 以補遺合爲一編將以廣布窮(申洬의 跋文)

13 西原縣監申洬 因道臣進救荒撮要一冊子 上命印布八路

방', '신간구황촬요' 등으로 불리어 왔는데, 권두서명(卷頭書名)으로 본다면 『구황촬요』와 『구황보유방』을 합본하였기 때문에 『구황촬요구황보유방』(救荒撮要救荒補遺方)이라 할 수 있으나, 송시열의 서문과 신속의 발문에 『신간구황촬요』라 하였기 때문에 이를 받아들이는 것이 타당한 것으로 본다.

지금까지 조선조의 『구황촬요』류로 『구황벽곡방』, 『충주구황절요』, 『구황촬요』, 『구황촬요벽온방』, 『신간구황촬요』의 간행 배경과 경과에 대해 간단히 살펴보았다. 다음은 현전하는 『구황촬요』류의 이본들에 대해 살펴보기로 한다.

2. 『구황촬요』류의 이본(異本)

현전하는 『구황촬요』류로는 『충주구황절요』, 『구황촬요』, 『구황촬요벽온방』, 『신간구황촬요』 등이 있다.[14] 이 가운데 『충주구황절요』는 이두로 표기되어 있으므로 여기서는 논의하지 않는다.

---

14 조선조부터 20세기 초기까지 구황서의 종류와 이본 그리고 그 소장처에 대해서는 이성우(1981)과 김영진(1982)를 참조할 수 있다.

2.1. 『구황촬요』 이본

현재까지 『구황촬요』 원간본은 볼 수가 없고, 초간본의 중간본이나 복각본(覆刻本, 번각본)은 몇 차례 간행되어 유포된 것으로 보인다. 『간이벽온방』(簡易辟瘟方)과 『우마양저염역병치료방』(牛馬羊猪染疫病治療方) 등이 1578년(선조 11년)에 을해자(乙亥字)로 중간된 것을 통해 명종대의 『구황촬요』가 선조대에도 을해자본으로 중간되었을 가능성을 짐작할 수 있다.[15] 교서관(校書館)에서 을해자로 『구황촬요』를 중간하고 각 지방에서는 이의 복각(覆刻)이 널리 이루어졌을 것으로 생각한다. 따라서 현전하는 복각본은 원간본과 흡사한 모습을 지니고 있는 것으로 추정할 수 있다.

『구황촬요』에 실린 내용은 '기곤장사인구활법(飢困將死人救活法) 1항, 기종인치료법(飢腫人治療法) 4항,[16] 취송엽말법(取松葉末法) 2항, 취유피즙법(取楡皮汁法) 1항, 작송엽죽법(作松葉粥法) 2항, 작유피병법(作楡皮餠法) 2항, 작취법(作糗法) 1항, 천금주법(千金酒法) 1항, 취곡말식(取穀末式) 2항, 침장식(沉醬式) 5항, 작삼법(作糝法) 2항, 기타[其餘 ……] 1항'으로 구성되어 있다.

『구황촬요』는 크게 세 종류가 있다.

---

15 남권희(2001) 참조. 남권희(2001)은 원간본이 일본의 국회도서관에 소장되어 있음을 밝히고 있다. 이성우(1981)에는 일본 국회도서관 백정문고(白井文庫), 이인영(李仁榮), 황의돈(黃義敦) 등이 소장하고 있다고 하였다.

16 4항 중에는 송엽과 유피 사용법과 관련된 2항이 포함되어 있다.

2.1.1. 충남대본

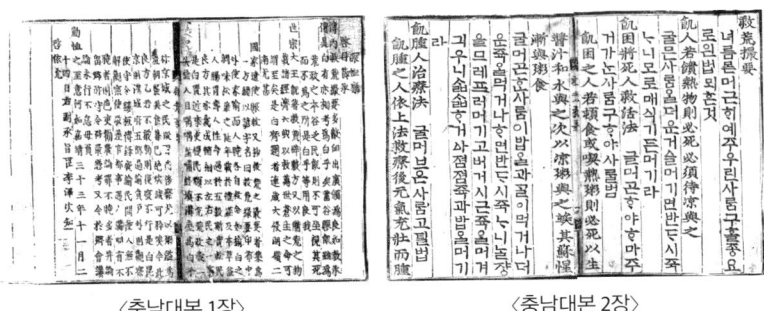

〈충남대본 1장〉　　　　　　〈충남대본 2장〉

　　충남대본(고서子.農家類157)은 1554년(명종 9년)에 1권 1책의 활자본으로 간행된 원간본 또는 그 복각본으로 보이는데 모두 13장으로, 서문이 1장, 본문이 12장으로 되어 있다. 사주쌍변(四周雙邊)이며 반엽광곽(半葉匡郭)은 21.7 × 14.8 cm, 유계(有界) 9행 17자이고 주(注)는 쌍행(雙行)이다. 흑구(黑口)이며 상하내향이엽화문어미(上下內向二葉花紋魚尾)이고 책크기는 31.2 × 20.0 cm이다.[17] 권두서명(卷頭書名)과 판심명(版心名), 표지서명은 모두 "救荒撮要"이고, 판심에는 판심명과 장차(張次)가 있다. 이택의 서문이 앞에 나오는데 그 마지막에 "嘉靖 三十三年 十一月 二十四日 右副承旨李澤次知"의 글이 쌍행으로 있고, 이어서 "구황촬요"의 내용이 이어진다.[18]

17　충남대학 도서목록에는 '목판본, 주단행(註單行)' 등으로 소개되어 있다.
18　'국립국어원 자료 검색'에서는 충남대본을 초간본(初刊本)에 가까운 것으로 파악하고 이인영 소장본과 동일한 모습을 보여 주는 것이라 싣고 있다. 따라서 이인영 소장본과 충남대 소장본 등은 원간본과 동일한 판식으로 제작된 것으로 추정되므로 이를 통하여 원간본의 모습을 확인할 수 있을 것이다.

2.1.2. 이인영 구장본

『구황촬요』의 첫 장 전면(前面)만을 보인 최현배(1982:140)의 서영(書影)은 이인영 선생의 소장본에 의한 것이다. 이런 사실은 최현배(1982)의 '일러두기'에 지적되어 있고 또 사진의 "淸芬/室珍玩"이란 장서인(藏書印)에[19] 의해서도 알 수 있다. 그러나 이 책의 행방은 현재로서는 알 수 없고, 다만 이인영(1968:27-28)에 "四周雙邊 有界 每半葉 9行 行17字 匡郭長 22.5cm 廣 15.5cm 黑口"라고 판식(板式)을 밝히고 있으며, 나아가 이것은 명종 때에 을해자(乙亥字)로 간행한 원간본(原刊本)을 복각한 것이며[20] 복각한 곳은『고사촬요』(攷事撮要)의 책판 목록(冊版 目錄)에 의하여 경주(慶州)라 추정했다. 최현배(1982)는 이 책을 목판본이라 소개하면서 초간이 경주에서 된 것이라 추측하고 있다.

그런데 후술할 해주간(海州刊)의 고려대본을 보면, 이인영 선생의 구장본(舊藏本)도 선조 때의 간본일 가능성이 크다. 선조대에도 교서관(校書館)에서 을해자(乙亥字)로『구황촬요』를 중간(重刊)하고 지방에서 복각(覆刻)한 것으로 추정되기 때문이다.『간이벽온방』(簡易辟瘟方)과『우마양저염역치료방』(牛馬羊猪染疫治療方)이 선조 11년 을해자로 중간된 것이 그 방증(傍證)이다. 그러므로 이인영 선생의 구장본은 을해자본인 원간본이거나 역시 을해자인 중간본을 복각한 것이라 함이 온당하나, 최현배(1982:140)의 서영에 의하면 방점(傍點)이 없으므로 중간본의 복각일 가능성이 더 높다.

---

19 '淸芬室'은 이인영 선생의 서재를 가리킨다.
20 이인영 소장본을 해주목에서 간행된 초간본의 복각본으로 보기도 한다.

2.1.3. 고려대본

고려대본(C5-A12B)은 1584년(선조 17년)에 해주에서 간행한 책의 필사본으로 1권 1책 13장으로 되어 있다. 사주단변(四周單邊)이며 반엽광곽(半葉匡郭)은 20.7×14.7㎝, 유계 9행 17자이고 주는 쌍행이다.[21] 권두서명과 판심명은 모두 "救荒撮要"이고 표지에는 "救荒撮要全"이라 필사(筆寫)되어 있다. 판심에는 판심명과 장차가 있다. 본문 뒤 마지막 장에 이택의 서문이 있고 그 뒤에 "萬曆甲申春 海州牧開刊"이란 간기가 있음을 미루어 보면 1584년(선조 17년)에 해주에서 개간한 책을 필사한 것이 이 책임을 알 수 있다. 후사(後寫)할 때에 변개되었을 가능성을 배제할 수는 없으나 중세국어 말기의 특징을 지니고 있는 것이라든지 매우 정교하게 필사된 점은 해주 간본의 모습을 그대로 보여 주는 것으로 보아도 좋을 것이다.[22]

2.2. 『구황촬요벽온방』(救荒撮要辟瘟方)의 이본(異本)

『구황촬요벽온방』은 현재 두 군데 소장되어 있다. 성우경본과 일사문고본이 그것인데, 이성우(1981)에 의하면, 성우경본의 서지사항은 일사문고본과 비슷하나 반엽광곽과 책크기가 아래의 일사문고본보다 조금 크게 소개되어 있고 '벽온방'이 10장으로 소개되어 있음이 다르다.

『구황촬요벽온방』에 속하는 다른 한 판본은 영천본 『수민방』인데 이 책은 『구황촬요』와 『벽온신방』을 합한 책이다.

---

21 주(註)는 한문에 단 한 군데 있다.
22 남권희(2001)에서 "결국 고려대본은 초간본과 동일한 판본인 해주 간본을 필사한 것으로 원간본에 가까운 모습을 지니고 있는 것으로 볼 수 있을 것이다."라고 언급하고 있다. 해주 간행의 『구황촬요』에 대한 자세한 내용은 남권희(2001)을 참조할 것.

2.2.1. 일사문고본

1639년(인조 17년)에 충청도 관찰사 김육(金堉)이 기존의 『구황촬요』와 『간이벽온방』(1525), 『언해납약증치방』을 합본하여 간행한 『구황촬요벽온방』(일사古 361.5-G939a)이 규장각의 일사문고(一簑文庫)에 있다. 규장각 도서목록에는 『구황촬요』로 등재되어 있으며 간년 미상의 목판본이고 책의 크기는 25×17.8㎝로 소개되어 있다. 이 책은 1권 1책 24장으로 '구황촬요'가 9장, '벽온방'이 10장, '납약증치방'이 5장으로 구성되어 있는데, '벽온방'은 일부만 언해되었고 '납약증치방'은 한문만 게재되어 있다. '구황촬요'에는 이택의 서문과 본문이 있고, 그 말미(제10장 뒷면)에 1639년(기묘) 김육이 쓴 글이 있다. 본문의 2장 뒷면과 3장 앞면이 낙장이다. 사주쌍변이고 반엽광곽이 21×15㎝(규장각, 20.7×14.4)이며 유계 10행 17자이다. 주(注)는 '벽온방'에만 있는데 쌍행이다. 판심은 상하내향삼엽화문어미이며 판심명은 '救荒撮要', '辟瘟', '症治方'으로 각각 되어 있고 장차는 분리되어 있다. 표지서명은 "救荒撮要"이다. 이로 보면, 이 책은 1639년(仁祖 17년)의 원간본이 아닌가 한다. 이 책에는 'ㆁ'이 남아 있는데 이것은 『벽온방』이나 『구황촬요』의 원본으로부터 받은 영향이라 생각된다.

2.2.2. 영천 간본(刊本)[23]

경상북도 영천에서 1654년(효종 5년) 간행된 『구황촬요』는 기존의 『구황촬요』와 『벽온신방』(辟瘟新方)을 합한 책으로 책 크기는 25.8×17.6㎝인데, 본문이 9행 17자(구황촬요)와 20자(벽온신방)이며 판심제(版心題)도 다른 것으로 보아 두 책을 합본한 것으로 보인다. 이는 '구황촬

---

23 이 기술은 남권희(2001)에 크게 의지한다.

요'의 경우 앞서 간행된 을해자본을 뒤집어 새긴 번각본이지만, '벽온신방'의 경우 글자의 크기도 작아지는 등 인면(印面)으로 보아 그 저본이 목판본이기 때문이다. 이 책은 이택의 '구황촬요' 서문(낙장), '구황촬요'의 본문(1a-2a 낙장), 『구황촬요벽온방』의 김육 발문이 있는 것은 앞의 이본과 비슷한데, 『벽온신방』 채유후(蔡裕後)의 서문, '벽온신방'의 본문, 두 책의 합간에 대한 이구(李晌)의 발문이 있는 것이 다르다.

이 책의 간행에 대해서는 권말에 있는 이구의 발문에서 알 수 있다. 즉, 김육의 『구황촬요벽온방』을 구하여 보관하고 있던 중 조정에서 『벽온신방』을 새로이 내려 주므로, 이 두 책을 참고하여 보니 서로 빠진 항목이 있어서 이를 보충하여 한 질을 만들었고 『구황촬요』도 함께 합하여 간행하였으니, 그 이름은 '수민방'(壽民方)이라 하였다는 것이다.

2.3. 『신간구황촬요』의 이본

규장각, 장서각, 국립중앙도서관, 성암고서박물관(誠菴古書博物館), 국내 각 대학 도서관, 일본 동양문고(東洋文庫) 등에 『신간구황촬요』가 다수 소장되어 있다.

『신간구황촬요』의 '구황보유방(救荒補遺方)'에 실린 내용은 '잡물식법(雜物食法) 24항, 벽곡절식방(辟穀絕食方) 3항, 불외한법(不畏寒法) 2항, 조청장법(造淸醬法) 5항, 적선소주방(謫仙燒酒方) 2항, 기타 여러 구황 식물을 이용하여 절곡하는 방법 27항, 한글 구결이 적힌 기타 1항'으로 구성되어 있다.

2.3.1. 장서각본

한국학중앙연구원(구 정신문화연구원)의 장서각에 『신간구황촬요』

(C6A10B)가 소장되어 있다. 이 책은 모두 35장인데, '송시열 서문(3장), 보유방(21장), 구황촬요(이택 서문 포함 10장), 신속의 발문(1장)'의 순서로 제책되어 있는 것이 특이하다.

1권 1책의 목판본인 『신간구황촬요』의 판식은 사주쌍변, 반곽(半郭) 19.8×15.5m, 10행 17자, 상하이엽화문어미(上下二葉花紋魚尾), 책크기는 28.9×19.7cm이다. 판심명은 '救荒撮要序, 救荒補遺, 救荒撮要, 救荒撮要跋'로 되어 있으며 장차(張次)는 각각 분리되어 있다. 이택의 서문은 1554년(가정 33년)에, 송시열의 서문과 신속의 발문은 1660년에 각각 쓰인 것이다. 판식과 언해 양식으로 보아 국립중앙도서관본과 비슷한 것으로 보인다.

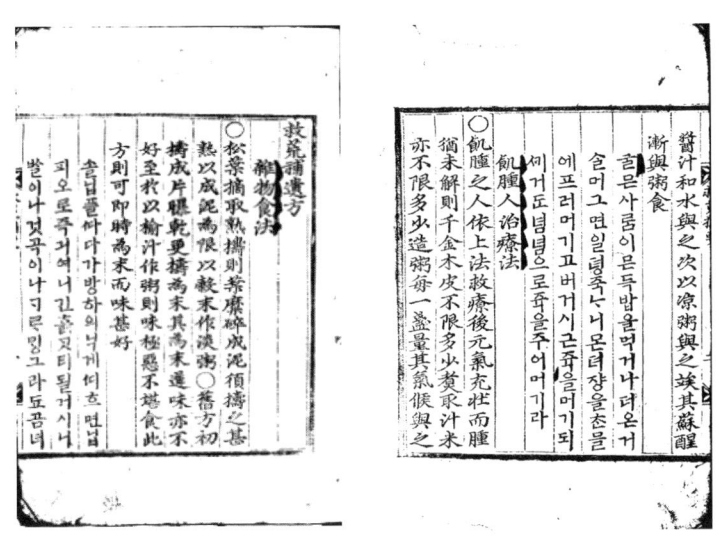

〈장서각본 신구보1a〉와 〈장서각본 신구2b〉

2.3.2. 국립중앙도서관본

서원 현감 신속(申洬)이 1660년(顯宗 元年)에 간행한 것으로 보이는 판본이 국립중앙도서관에 보관되어 있다. 1권 1책의 목판본인 『신간구황촬요』(古朝28-43)는 모두 37장[24]인데, 송시열의 서문이 3장, 이택의 서문을 포함한 '구황촬요'가 10장, '구황보유방'이 23장, 신속의 발문이 1장으로 이루어져 있다. 사주쌍변이며 반엽광곽은 19.6×15.2㎝이고 유계 10행 17자이다. 판심은 상하내향이엽화문어미이고 판심명은 '救荒撮要序, 救荒撮要, 救荒補遺'로 되어 있으며 장차(張次)는 각각 분리되어 있다.

이 책에는 '장서각본, 가람문고본, 일사문고본' 등에는 언해되지 않은 부분이 더 언해되어 있다. 즉 이 책의 〈신구보10a〉 '불외한법'(不畏寒法) 두 번째 항목에 대한 언해와 〈신구보21b〉의 한글 구결이 있는 부분이 다른 이본들과 달리 언해되어 있는 것이 특징이다.

〈국립중앙도서관본 신구보10a〉와 〈신구보10b〉

---

24 국립중앙도서관의 도서목록에는 38장으로 소개되어 있다.

2.3.3. 가람문고본

규장각의 가람문고에도 『신간구황촬요』(가람古 361.5-G939)가 있다. 이 책은 1권 1책 33장으로서, '송시열 서문'이 2장, '이택 서문'을 포함한 '구황촬요'가 10장, '구황보유방'이 20장, '신속 발문'이 1장으로 되어 있다. 이 책에는 낙장된 부분을 다른 판본으로 보완한 곳이 있는데, '송시열 서문'과 '신속 발문'이 '일사문고본'으로 기워져 있고, 또 '구황보유방' 제18장 이하도 '일사문고본'의 제11장 이하로 보완되어 있다. 이를 제외한 나머지 부분은 다른 이본과 같지 않다.

사주쌍변이며 반엽광곽은 18.5×14.8㎝이고 유계 10행 17자인데, 주는 역시 '구황보유방'에만 있으며 쌍행이다. 상하내향이엽화문어미이며 장차가 있다. 표지명은 "救荒撮要全"으로 되어 있다. 목판본인 이 책의 크기는 24.2×18㎝이다. 그런데 이 책의 간년에 대해서는 전혀 언급된 것이 없으나 표기상의 특징으로 보아 국립중앙도서관본과 일사문고본 사이의 어느 해에 간행된 것으로 추측된다.

2.3.4. 일사문고본

규장각의 일사문고(一簑文庫)에 보관되어 있는 『신간구황촬요』(일사古361.5-G939)는 1권 1책으로서 모두 22장인바, 송시열의 '신간구황촬요서'가 2장, 이택의 서문을 포함한 '구황촬요'가 6장, '구황보유방'이 13장, 신속의 '신간구황촬요발'이 1장이다. 사주단변이고 반엽광곽은 20×16.2㎝이며 유계 12행 24자, 주는 '구황보유방'에만 있는데 쌍행이다. 판심은 상내향이엽화문어미이고 판심명은 '救荒撮要序, 救荒撮要, 救荒補遺, 救荒撮要跋'로 되어 있는데 장차는 판심명에 따라 분리되어 있다. 이 책은 "崇禎紀元後丙寅夏 四月下澣 武城田以蔡 朴致維謹梓"라는 책 말미의 간기로 보아 1686년(숙종 12년)에 무성(武城, 지금의 泰仁, 정읍, 영암)에서 전이채와 박치유가 중간한 것이다. 표지명은 "救荒撮要"이다.

2.3.5. 성암문고본(誠菴文庫本)

성암고서박물관(誠菴古書博物館)의 『구황보유방』(3-496)은 '일사문고본'과 판식이 동일하다. 다만 책 내용의 순서에 있어서 '송시열의 서문, 구황보유방, 이택의 서문, 구황촬요, 신속의 발문'의 순으로 되어 있음이 다르다. 성암문고의 목록에 의하면 책의 크기는 28.2×19.2㎝, 반엽 광곽은 19.7×16㎝이다.

2.3.6. 일산문고본

국립중앙도서관의 일산문고에 『신간구황촬요』(일산문고古9119-6)가 있다. 이것은 성암문고본과 완전히 일치한다. 국립중앙도서관의 도서목록에 의하면, 책의 크기는 28.4×19.3㎝이고 반곽(半郭)은 19.9×16.1㎝이다.

2.3.7. 규장각본

규장각에 또 하나의 『신간구황촬요』(古9100-7)가 있다. 이 책은 '일사문고본'과 동일한 것이나 단지 송시열의 '신간구황촬요서' 2장이 없어서 모두 20장으로 되어 있는 것만이 다르다. 규장각의 도서목록에 따르면 책의 크기는 28.7×19.5㎝이다.[25]

---

[25] 목록에 의하면, 신속의 발문이 1720년에 쓰인 것이라 잘못 소개되어 있다.

2.3.8. 유탁일본[26]

서명이 『신간구황촬요』로 되어 있는 이 이본은 1660년 판본의 중간본으로 보인다. 체제는 '송시열 서문, 이택 서문, 구황촬요(8장), 구황보유방(14장), 신속 발문'으로 되어 있다. 마지막 부분에 '崇禎紀元後 丙寅夏四月下澣 武城 田以采 朴致維 謹梓'라는 간기로 보면 다른 책과 마찬가지로 일사문고본과 같음을 알 수 있다.

2.3.9. 기타

그 밖에 각 도서관에 소장되어 있는 『신간구황촬요』가 다수 있다. 이는 대개 일사문고본에서 벗어나지 않는다. 그리고 이의 필사본도 다수 소장되어 있다.

3. 『구황촬요』류에 대한 국어학적 고찰

『구황촬요』류에 대해 국어학적으로 접근한 논문에는 임명선(1978), 서종학(1986), 정영인(1997), 이영아(1999), 남권희(2001) 등이 있고, 식품 또는 농업 관계 논문에는 이성우(1981), 김영진(1982) 등이 있다. 여기서는 국어학적인 면에서 이들을 기술하기로 한다.

임명선(1978)은 유탁일(柳鐸一) 교수가 소장한 『신간구황촬요』를 대상으로 연구한 논문이다. 서종학(1986)은 『구황촬요』와 『신간구황촬요』에 관한 국어학적인 고찰을 하였는데, 전자로는 고려대본 『구황촬요』와

---

26 임명선(1978)을 참조함.

『구황촬요벽온방』을 대상으로 하고 후자로는 '일사문고본'과 '국립중앙도서관본'을 대상으로 하여 고구한 논문이다. 정영인(1997)은 『신간구황촬요』의 표기와 음운에 대하여 고찰한 논문이고, 이영아(1999)는 『신간구황촬요』를 국어학으로 검토한 논문이다. 남권희(2001)은 영천에서 간행한 『수민방』을 새롭게 소개하고 이를 자세히 고찰하였다.

이 논문들을 참고하여 『구황촬요』류에 나타난 표기와 음운(현상), 문법, 어휘 등을 알아보기로 한다. 그 방법은 『구황촬요』, 『구황촬요벽온방』, 『신간구황촬요』에 대해 따로따로 기술한다. 그 이유는 각 이본에 나타난 공시적 현상을 먼저 알아야 하기 때문이다.

3.1. 『구황촬요』

『구황촬요』는 전반적으로 중세국어 후기(16세기)의 모습을 보여준다. 이를 표기, 음운(현상), 문법, 어휘의 순으로 알아보자.[27]

표기에서 'ㅿ, ㅇ, 합용병서'가 유지된 것으로 보아 중세국어의 모습을 볼 수 있다.

(1) ㄱ. 보ᅀᆞ(2a), 브ᅀᆞᆫ(8b), 브서(5a), 아ᅀᆞᆯ 법(4b), 저ᅀᆞ면(5a), 니ᅀᆞ리라(12a)
   뼈ᅀᅡ(2b), 닙히ᅀᅡ(3a), 이거시ᅀᅡ(6a), 솖솖ᄒᆞ거ᅀᅡ(1b)
ㄴ. 바랏ᄉᆡ애(12b), ᄉᆞ이ᄉᆞ이(10b), 밥 지어(12a)

(2) ㄱ. 늘쟝(1b), 샹일호ᄆᆞᆫ(3a), 콩실올(6b), 늘콩(6b), 동히예(8b), 밍ᄀᆞ라(12a)

---

[27] 제시하는 자료는 충남대본을 기본으로 하고 고려대본으로 이를 보충한다. 그리고 자료는 모두 제시하지 않고 일부만 제시한다.

ㄴ. 쟝호딕(2a), ᄀ장(2a, 4b, 12a)
(3) ㄱ. 싀라(12a), 쏘(3b), 짜토(6a), 씌여(7b), 씨흐면(4a), 썐니(6a), 쑤머(6b)
ㄴ. 빠(4a), 뼈(4a), 뼈ᄉᆞ(2b), 쁘라(3b), 쁜(4a), 부처도(7b), 없(5b), 빠(10a)
ㄷ. 삐려(4b)

(1ㄱ)은 ㅿ이 일반적으로 유지되었음을 보여주는 자료이지만 (1ㄴ)은 이미 ㅿ이 ㅇ으로 표기되었음을 보여주는 자료다. (1ㄱ) 중에서 '숣숣ᄒᆞ거ᅀᅡ'는 고려대본에 '숣숣ᄒᆞ게아'로 표기되어 있어서 그 변화의 일단을 보여준다.『구황촬요벽온방』과『신간구황촬요』에서 ㅿ은 모두 ㅇ으로 바뀌어 표기되었다.

(2)는 ㆁ이 종성에 나타난 예인데『구황촬요』에서는 ㆁ이 초성으로 쓰인 예는 보이지 않는다. (2ㄴ)은 종성에 ㆁ이 표기된 예인데 고려대본에는 'ㅇ'으로 표기되어 있다.

(3)에서 어두의 합용병서로 ㅅ계, ㅂ계, ㅄ계가 모두 나타남을 알 수 있다. ㅅ계로는 'ㅺ, ㅼ, ㅽ, ㅆ'(3ㄱ)이,[28] ㅂ계로는 'ㅳ, ㅄ, ㅴ'(3ㄴ)이, ㅄ계로는 'ㅴ'(3ㄷ)이 보인다. 그러나『신간구황촬요』에 나타나는 'ㅆ'은 보이지 않는다.

어두의 경음화현상(硬音化現象)은 15세기 후반의 문헌[29]에 이미 나타나는데『구황촬요』에서도 이를 반영한 표기를 찾을 수 있다.

---

28 ㅆ은 각자병서라 할 수 있으나 이때에는 각자병서가 사용되지 않았을 때이므로 앞의 ㅅ이 경음을 나타내는 부호로 생각하여 합용병서로 본다.
29 法華經諺解, 杜詩諺解 등에 이미 나타난다. 즉, '그스-, 딯-'이 '끄스-, 찧-'으로 표기되기도 하였다.

(4) ㄱ. 수워(5b, 8b), 쑤워(2a), 쑤며(6b)

　　ㄴ. 디허(3b), 찌허(10b), 찌흐면(4a)

　　ㄷ. 글히고(2a), 시버(6b), 시서(10a), -식(2a)

(5) ㄱ. ㅎ씨(2a), ㅎ엿쩌니와(3a), 벗씨고(3b), 못까(4a), 븟쇠(11a), 서쩌(5b)

　　ㄴ. 섯거(6b)

　그러나 이전의 표기를 고수한 예가 많은 반면 경음화를 반영한 표기는 그리 많지 않다. 즉, 이 예들은 경음화 이전의 표기도 동시에 유지하고 있어서 과도기적 현상(過渡期的 現象)을 보이는 것이라 할 수 있다 (4ㄱ-ㄴ). 반면에 (4ㄷ)의 어휘들은 아직 경음화하지 않았음을 보여준다. 그런데 (5ㄱ)에서 보는 바와 같이 어중(語中)의 경음화현상은 어두에서보다 활발하게 나타난 듯하다. 그러나 (5ㄱ)의 '서쩌'에 대해 (5ㄴ)의 '섯거'도 보이지만 이는 표기상의 차이일 뿐 사실상 경음화한 것으로 볼 수 있다.

　그런데, (6)과 같은 복합어에서 후행 어근(後行 語根)의 첫 자음이 경음화하는 현상을 볼 수 있다.

(6) ㄱ. 브ㅅ찌허(4b), 즛찌허(5a), 힘쯰우니(4b), 붉나모쑬(8a), 콩실올(6b)

　　ㄴ. 아못쩌ㅅ되나(4b), 바랏ㅅ애(12b), 젓쏠리(9a)

　(6ㄱ)의 '브ㅅ찌허'는 어근과 어근의 복합어인데, 후행어근 '찧-'는 (4ㄴ)에서도 이미 경음화된 것이다. 그러나 단독형인 경우 '디-'의 표기가 더 우세한 면에서 보면 복합어에서 경음화한 것으로 볼 수 있다. 또, 복합명사 '붉나모쑬, 콩실올'은 속격(屬格)의 'ㅅ'이 후행어근의 어두(語頭)에

병기(竝記)된 것으로 보아 경음화현상과 무관하게 해석할 수도 있다. 그러나 (6ㄴ)에서 속격의 'ㅅ'이 중철된 것을 경음화한 것으로 해석하는 것이 무난할 것이다. 따라서, 경음화현상은 어중(語中)에서 먼저 일어나는데 그것이 복합어를 거쳐 어두(語頭)에까지 그 영향을 끼친 것이라 할 것이다.

자음동화현상(子音同化現象)을 보이는 예가 조금 있다.

(7) 인ᄂ니라(4a), 인ᄂ니(6a), 든니라(7b), 글른(7a)

(7)의 '인ᄂ니, 든니라'는 후행하는 ㄴ에 선행(先行)하는 ㅅ, ㄷ이 역행동화된 것이다. 반면에 '글른'은 선행하는 ㄹ에 후행하는 ㄴ이 순행동화된 것이다.

'ᄋ'가 '오'에 동화되어 '오'로 표기되는 예가 보인다.

(8) ㄱ. 이쇼모로(7b),³⁰ 거시모로(12b), 뿔글오로(9a)
　　ㄴ. 도이니(4a), 도이ᄂ니라(4a), 도외ᄂ니라(10a), 도외어(10b), 되여(11a)

(8ㄱ)은 조사 'ᄋ로'가 '오로'로 표기된 예이고 (8ㄴ)은 15세기의 'ᄃᄫᆡ-'가 '도이-, 도외-, 되-'로 표기된 예이다. 'ᄃᄫᆡ-'는 ㅸ의 소실로 인하여 'ᄃᄋᆡ-'로 되는데 뒤의 '오'에 앞의 'ᄋ'가 동화된 '도외-'를 거쳐 '되-'가 형성되는 것임을 알 수 있다. 그러나 'ᄃᄋᆡ- 〉 도이-'에 대해서는 'ᆞ'음의 비음운화와 관련지어야만 설명이 가능할 듯하다.³¹

---

30 고려대본에는 '이소모로'로 표기되어 있다.
31 비어두음절에서 ᆞ음은 16세기에 이미 소멸되었다는 기술(김완진 1967, 이기문 1972)에 의

한편, 구개음화현상(口蓋音化現象)이나 원순모음화현상(圓脣母音化現象)은 보이지 않는다. 단지 '鄕名'(3a)을 '샹일홈'이라 한 점은 특기할 만하다.

다음은 문법적인 특징을 기술하기로 한다.

다른 격조사와 마찬가지로 처격조사도 대체로 중세국어의 모습을 보여 준다. 다만 'ㆍ'음의 소실로 인한 모음조화의 붕괴(崩壞)에 따른 표기 차이 정도가 있을 뿐이다. 그런데 '가마예'(8a)의 표기는 특이하다. 이것은 '가매'(釜)의 처격 '가매예'(痘上6, 杜重 11:17)에 이끌린 것이든 아니면 '홰'의 처격이 '화예'(月釋 2:33)로 표기된 것으로 설명될 수 있을 것이다.

굴절 시에 ㄱ과 ㅇ이 교체된 예가 있다.

(9) ㄱ. 느믈와(12b), 거플와(3a)

　　ㄴ. 오래옷(6b), 그리옷(11a)

　　ㄷ. 구쉬어나(5a), 싸히어든(6b), 뿔 제어든(10b), 걸어든(11a), 말오(5a), 달오(8b)

(9ㄱ)은 ㄹ 아래에서 공동격조사 '와'가 사용된 예이고 (9ㄴ)은 특수조사 '옷'이 모음 ㅣ 아래 표기된 예이다. (9ㄷ)은 어미 '-거-~-어-, -고~-오'의 교체 예로서, 중세국어의 모습을 그대로 보인다.

사동과 피동의 의미를 가진 용언에는 다음과 같은 것이 보인다.

(10) ㄱ. 글히고(2a), 벗씨고(3a), 물외야(3b)

지하면, 여기의 '도이-'와 '도외-'의 구별은 표기상의 차이로 해석되기 때문이다.

ㄴ. 사룔 법(1a)³², 사룐(2a)
　　ㄷ. 디히ᄂ니라(4a)

　(10ㄱ)에서 사동접미사 '-이-, -기-, -외-' 등을 확인하게 되는데 '믈외야'는 사동접미사 '-오이-'에 의해 파생된 '알외-, 닐위-'와 같은 파생으로 보면 될 것이다. (10ㄴ)의 '사룔 법, 사룐'은 현대국어의 '살릴 법, 살린'에 해당한다. 동사 '살-'의 사동형에 '사ᄅᆞ-'와 '살이-'가 있는데 전자는 '使活'의, 후자는 '使居'의 의미를 지닌다. 위의 '사ᄅᆞ-'는 '使活'의 의미이다. 피동접미사로는 (10ㄷ)의 '-이-'가 보일 뿐이다.
　부사파생(副詞派生)의 접미사(接尾辭)로는 '-이, -오'가 많이 보인다. (11ㄱ)의 '모로미'는 '모롬-이'로 분석할 수 있을 것이다.

　(11) ㄱ. 무쉬(5a), ᄀᄂ리(11b), 자여니(12b), 모로미(7b)
　　　ㄴ. 마초(3a), 골오(7a), 되오(10a)

　그리고 『구황촬요』에서 중세국어 동명사형어미 '-ㄴ, -ㄹ'의 기능이 확인된다.

　(12) ㄱ. 디흘 ᄆᆞᄎᆞ매(4a)
　　　ㄴ. 두믈 법(9b), 비졀 법(8a), 사룔 법(1a), 아솔 법(4b), 죽 술 법(5a)
　　　ㄷ. 그 나믄 민가너셔 가난훈 히 구ᄒᆞᄂ 것들훈(12b)

　(12ㄱ)의 '디흘'은 '찧는 것을'의 의미를 지니고 있으니 '-ㄹ'이 명사적

---

32 고려대본에는 '사를 법'으로 되어 있다.

용법으로 쓰인 것이며, (12ㄴ)은 '-ㄹ'이 현대국어에서처럼 관형사적 용법으로 사용되었음을 보이고 있다. (12ㄷ)의 '나몬'은 '구ᄒᆞᄂᆞᆫ'과 함께 '것들흔'을 수식하는 것으로서 중세국어의 특징적인 '수식어-피수식어'의 구조를 보이고 있다.

복합동사(複合動詞)에는 동사의 어근(語根)과 어근이 비통사적 통합을 이룬 예들이 보인다.

(13) 므르눅게(8a), 믉안즈면(8b), 브ᅀᅳ씨허(4b)

『구황촬요』의 특기할 만한 어휘는 아래와 같다.

(14) ㄱ. 다엿(12a): '다ᄉᆞᆺ'과 '여슷'의 복합어(複合語)인데 명사로도 쓰였다.
　ㄴ. 건마(2b, 6a), 쇼마(6a): 각각 '대변(大便), 소변(小便)'을 뜻한다. 『구황촬요벽온방』과 『신간구황촬요』에서는 볼 수 없는 어휘이다.
　ㄷ. 훤훤케(6a): '훤ᄒᆞ-'의 어근이 반복된 형태로 '시원하-'의 뜻이다.
　ㄹ. 직브드드ᄒᆞ고(6a): '직브드드ᄒᆞ-'는 '인색하다'(『신증유합』)란 뜻 외에 '거칠고 껄껄하-'란 뜻으로 사용되었는데 『월인석보』 (17:52)와 여기의 예는 후자의 뜻이다.
　ㅁ. 믉안즈면(8b): 『구급간이방』 등에 '믉안초-'가 있는데 이는 '믉앉-'의 사동형이다. 이것은 어근 '믉-'과 어근 '앉-'이 복합된 어휘이다.
　ㅂ. 셔투리 ᄂᆞᄆᆞᆯ(12b): 한문에는 '西土里菜'로 나와 있으나 그 의미를 알기 어렵다.

3.2. 『구황촬요벽온방』

여기서는 『구황촬요』와의 비교를 통해서 『구황촬요벽온방』의 특징을 알아보기로 한다. 먼저 표기와 음운 상의 특징은 다음과 같다.

(15) ㄱ. ㅿ이 사라졌다.
　　ㄴ. ㅇ이 대체로 표기되지 않았으나 그 흔적이 일부 남아 있다.
　　ㄷ. 어두의 합용병서로 ㅅ계와 ㅂ계가 사용되었다.
　　ㄹ. 분철된 표기가 많아졌다. (예) 므룰 : 믈을(3a), 기메 : 김의(4a), 거프롤 : 겁질을(5a), 시버 : 즛십어(5b), 도긔 : 독의(7a), 넉 드룰 : 넉 들을(8a), ᄀ도기 : ᄀ독이(9a), 구드레 : 구들에(9b)[33]
　　ㅁ. 어두에서 경음화한 예가 많아졌다. '수-, 딯-'은 『구황촬요』에서 경음화한 예로 나타나기도 하였으나 그렇지 않은 예도 있었는데 『구황촬요벽온방』에서는 모두 '쑤-, 띻-'으로 표기되어 있다. (예) 수워 : 쑤워(2a), 글룬 : 쓸룬(6a), 디흐면 : 씨흐면(8a)
　　ㅂ. 어중의 경음화 현상은 분철로 인하여 다음과 같이 표기되었다. (예) 봇까 : 봇가(9a), 것쏘리 : 것보리(8a), 서쩌 : 섯거(3a)
　　ㅅ. 자음동화의 예로 '이튼날'이 보인다.

형태소의 교체와 관련된 특징은 다음과 같다.

---

33 ':'의 전자는 『구황촬요』, 후자는 『구황촬요벽온방』의 예이다. 이하 동일하다.

(16) ㄱ. 공동격조사는 모두 '과'만 나타난다. (예) 느정이과(9b), 숑지과(3b)

ㄴ. 『구황촬요』에서 사용되었던 속격(屬格)의 'ㅅ'이 『구황촬요벽온방』에서는 사용되지 않은 예가 있다. (예) 벐ᄀᆞᄅᆞ : 뿔ᄀᆞᄅᆞ(5b), 츌우켓디플 : 츌벼딥흘(7a), 븕나못거프를 : 븕나모겁질을[34]

ㄷ. 『구황촬요』의 ㄹ 아래 어미 '-오'가 『구황촬요벽온방』에서 어미 '-고'로 표기된다. (예) 말오 : 말고

ㄹ. 일부 체언이 곡용할 때, 『구황촬요』에서 보이는 'ㄹㅇ'형의 교체가 『구황촬요벽온방』에서는 'ㄹㄹ'로 바뀌었다. (예) 글을 : 글를(5a), 쟐의 : 쟐릐(4b)

『구황촬요벽온방』에서 볼 수 있는 통사적 또는 문체적 특징은 아래와 같다.

(17) ㄱ. 소위 집단곡용의 모습이 사라졌다. (예) 여름과 닙과도 : 열음과 닙도(3b), 느릅 힌 거플 ᄀᆞᄅᆞ ᄒᆞᆫ 되와 벐 ᄀᆞᄅᆞ ᄒᆞᆫ 홉과 솔닙 ᄀᆞᄅᆞ ᄒᆞᆫ 홉과를 : 느릅 겁질 ᄀᆞᄅᆞ ᄒᆞᆫ 되 뿔 ᄀᆞᄅᆞ ᄒᆞᆫ 홉 숑엽 ᄀᆞᄅᆞ ᄒᆞᆫ 홉을(6a)

ㄴ. 문체적 차이도 드러난다. (예) 브ᅀᅳ쩌허 : 쩌허 브아(4b), 뿜만 쉽고 : 쁘기야 쉽고(3b), ᄲᅥ디 아니ᄒᆞ니ᅀᅡ : 아니 ᄲᅥ니야(4a), 늘근 져믄 나모 : 늘근 남기나 져믄 남기나(5a), 시겨 츠거든 : 식거든(6a), 업게 ᄒᆞ고 : 업시 ᄒᆞ고(8a), 믈어디게 슬마 : 므르게 고아

---

[34] 그런데 전자에서도 '뿔쥭을'과 같은 예가 보이는데, 이것을 후자에서는 '쓸쥭을'과 같이 표기하였다. 후자의 '쓸'은 당시로 보아 매우 특이한 표기이다.

(8b), 그리옷 아니ᄒᆞ면 : 그리 아니면(8b), 시서 조케 ᄒᆞ야 : 조히 시서(9a), 므르녹게 : 므르게(9a)

사용된 어휘에도 차이가 있으나 그 차이가 그리 크지 않다.

(18) ㄱ. 구쉬어나 : 나모바조테엿거싀(5a)

　　ㄴ. 놀콩 : 싱콩(5b)

　　ㄷ. 밍ᄀᆞ라 : 비저(6a)

　　ㄹ. 츌우켓 딥 : 츌벼 딥(7a)

　　ㅁ. 닉게 : 므르게(7a)

　　ㅂ. 무쉬 : 무궁히(5a)

3.3. 『신간구황촬요』[35]

『신간구황촬요』는 '구황촬요'와 '구황보유방'의 합본이다. 전자는 16세기에 언해되었던 것으로 중세국어의 성격을 띤 것이고, 후자는 17세기에 언해되어 근대국어적인 특징을 지닌 것이다. 비록『신간구황촬요』가 17세기 후반에 인간되었고 그 과정에서『구황촬요』가 당시의 언어로 바뀌었다고 하더라도 이들 사이에는 다소간의 차이가 있을 것이란 추측은 그리 어렵지 않다. 이러한 점도 함께 고려하여 논하기로 한다.

먼저 표기 및 음운(현상)에서의 특징을 살펴보면 다음과 같다.

어두의 합용병서로 ㅅ계와 ㅂ계가 보인다. ㅅ계로는 '구황촬요'에 'ㅅㄱ,

---

[35] 여기서는 장서각본을 중심으로 논의하고 국립중앙도서관본과 가람문고본, 일사문고본 등은 이와 차이를 보이는 것만 언급하기로 한다.

ㅼ, ㅺ'이, '구황보유방'에 'ㅅㄱ, ㅼ, ㅆ, ㅆㆍ'이 보인다.

(19) ㄱ. 슬혀(요7b), 싀거든(요2b) : 썩(요6b), 씌고(요7a), 싸허(요4a), 쏘(요4b) : 썐(요5b)

ㄴ. 쑬(보19a), 슬혀(보4b), 실고(보12a), 써리ᄂᆞ니라(보20b), 싸(보20b) : 싸다가(보1a), 썩(보4b), 째(보2b), 쏨(보10a), 쏘(보6a), 쑤드린(보2b), 셔(보3b) : 쏘여(보9a), 쑥(보10a) : 쐬여(보11a)

(19ㄱ)은 '구황촬요' 부분의 예(ㅅㄱ, ㅼ, ㅺ)이고, (19ㄴ)은 '구황보유방'의 예(ㅅㄱ, ㅼ, ㅆ, ㅆㆍ)이다. 위의 예(例) 가운데 중세국어에서 ㅂ계로 표기되던 것이 ㅅ계로 바뀐 것이 있다. 즉, 'ㅳㅣ-, ㅄㅚ-, ㅄㅜㄱ' 등이 '씨-, 쐬-, 쑥'으로 표기된 것을 들 수 있다. 또, '구황촬요'에서는 보이지 않던 'ㅆ'이 '구황보유방'에 나타난 사실도 특기할 만하다. 다만 'ㅺ'은 '구황보유방'에서 발견되지 않는데, 비어두이긴 하지만 일사문고본에 '년쌤'(보12a)이 있어 그 존재를 확인할 수 있다.

ㅂ계 어두 합용병서로 '구황촬요'에 'ㅳ, ㅄ, ㅄㅈ'이, '구황보유방'에 'ㅳ, ㅄ'이 나타난다.

(20)ㄱ. ᄣᅧ셔(요4b), ᄣᅵ니야(요4b), ᄡᅡ(요4b) : 뿔(요5b), ᄠᅳᆫ(苦)(요4b), ᄠᅳ거니와(用)(요4a), ᄡᅥ거나(요5a) : ᄡᅡ(요9a)

ㄴ. 뿔(보1a), ᄣᅧ(보4b), ᄠᅳᆫ(苦)(보7a), ᄡᅳ면(用)(보13b), ᄣᅧ(보3b)

ㄷ. ᄣᅵ되(보9a), ᄣᅢ(보10b), ᄠᅳ딘 줄(보16a) : ᄡᅡ(보7a)

ㄹ. ᄡᅮ면(요5b), ᄡᅮ면(보1b), ᄠᅳᆫ(보7a), ᄠᅳᆫ(보2a), ᄡᅡ하(보16b), ᄡᅡ흐라(보2b), 힘ᄡᅥ(보16a)

(20ㄱ)은 '구황촬요'의 ㅂ계 어두 합용병서의 예이다. 이에 대해 (20ㄴ)은 '구황보유방'의 ㅂ계 어두 합용병서의 예인데 'ㅄ'밖에 보이지 않는다. 'ㅉ, ㅆ'은 가람문고본과 일사문고본에 'ㅆ, ㅆ'으로, 'ㅆ면, ㅆ'는 일사문고본에 'ㅆ면, ㅆ'로 달리 표기되어 있다. (20ㄷ)은 국립중앙도서관본에 표기된 예이고 장서각본, 가람문고본, 일사문고본에는 모두 'ㅆ되, ㅆ, ㅉ, ㅆ딘 줄'로 표기되어 있다. (20ㄹ)은 이본에 따라 달리 표기된 예인데, 전자인 'ㅆ면'은 장서각본과 중앙도서관본에, 후자인 'ㅆ면'은 장서각본에 표기된 예이고 나머지 판본은 'ㅆ면'으로 나와 있다. 'ㅆ'의 경우도 전자는 장서각본과 중앙도서관본에, 후자는 장서각본에 표기된 것이다. 'ㅆ하, ㅆ흐라, 힘ㅆ'는 장서각본의 표기이고 나머지 이본에서는 모두 'ㅆ'으로 표기되어 있다.

이상에서 보듯이 '구황촬요'에서 ㅅ계와 ㅂ계가 엄격히 구별되어 쓰인 데 비해, '구황보유방'에서는 장서각본과 국립중앙도서관본에서 ㅂ계로 표기되었던 것이 가람문고본과 일사문고본에서 ㅅ계로 표기된 경우가 대부분임을 알 수 있다.

『신간구황촬요』의 병서 표기에서도 어두와 어중의 경음화현상을 살펴볼 수 있다.

(21) ㄱ. 씨허(요4a), 슬른(요6b) : 씨흐면(보1a), 슬혀(보4b), 쑤드린(보2b)
   ㄴ. 도다썬(요8b) : ᄌᆞ써라(보14b), 심것싸가(보16a), 곤홀씨라도(보5b)
   ㄷ. 도다썬(요5b) : ᄌᆞ써라(보9a), 심것싸가(보10a), 곤홀씨라도(보3b), 죽쎄(보9a), 구홀써시어를(보10a), 먹써나(보11a), 닉쎄(보11b), 삽쓔(보9a), 년쌤(보12a)
   ㄹ. 즛십어(요6a), 시서(요8b), 호 잔식(요3a) : 씨버~씨버(보4a), 씨서~씨서(보3a), 호 번씩(보6b)

(21ㄱ)은 'ㅅㄱ, ㅼ'의 표기로 보아 경음화된 것으로 볼 수 있는 장서각본의 예들인데 '구황촬요'와 '구황보유방' 사이에 그 차이가 드러나 보이지 않는다. (21ㄴ)에서 어중의 'ㅼ'은 경음화를 반영한 표기로 보인다. 그런데 어중의 경음화에서는 '구황촬요'와 '구황보유방' 사이에 그 빈도에서 다소 다른 점이 보이는데 그 차이는 장서각본이나 국립중앙도서관에서보다 일사문고본에서 뚜렷이 나타난다. (21ㄷ)은 일사문고본의 예인데 (21ㄴ)의 '구황보유방'에서보다 경음화한 예가 더 많음을 볼 수 있다. (21ㄹ)은 '구황촬요'에서 'ㅅ'으로 표기된 것이 '구황보유방'에서 'ㅆ'으로 표기된 예이다. '십-'은 15세기에 '씹-'으로도 표기되었던 것인데, '구황보유방'의 경우 장서각본에 'ㅃㅕ'로 표기되었지만 국립중앙도서관본을 비롯한 다른 판본에는 '씨버'로 표기되어 있다. 15세기국어의 '싯-'은 '구황보유방'의 경우 장서각본에 'ㅃㅕ서'로, 나머지에서는 '씨서'로 표기되었다. '구황보유방'에는 '시서'와 함께 '식'도 보인다.

자음동화는 후기중세국어에서 그 예를 찾을 수 있다. 이런 예는 '구황촬요'와 '구황보유방'에서 고루 보인다.

(22) ㄱ. 인ᄂ니라(요4b), 둔닐거시라(요7a), 이튼날(요7b), 헝거싀(요4b), 슬른(요6b), 넉코(요9a)

ㄴ. 둔닐(보7a), 잇튼날(보5b), 닷샌만의(보13a), 쉰무우(보7b), 석거(보11a), 복가(보11a), 각가이(보16a), 인논(보10b), 벅기고(보8b), 엄서(보22a)[36]

(22ㄱ)의 '구황촬요'의 예들은 'ㅅ, ㄷ'이 후행하는 'ㄴ'에 동화된 예(인

---

36 '인논, 벅기고, 엄서'는 국립중앙도서관본의 예이다.

ᄂ니라, 이튼날, 든닐거시라 등)와 'ㄴ'이 'ㄱ'에 동화된 예(헝거싀), 뒤의 'ㄴ'이 'ㄹ'에 동화된 예(쓸른)이다.[37] (22ㄴ)도 (22ㄱ)과 대동소이하다. 다만 'ㅁ' 앞에서 'ㅅ'이 'ㄴ'으로 동화된 예가 더 추가된다. 그리고 '벗기-, 봈-, 셧-'에서 후행하는 'ㄱ'으로 인해 'ㅅ'([s] 또는 [t])이 'ㄱ'으로 변동된 것으로 보이는데 '각가이'도 여기에 준할 것이며, 또 'ㅂ'이 'ㅅ' 앞에서 'ㅁ'으로 동화된 예가 더 추가될 수 있다.[38] 그 외에 일사문고본에서 '댄무우'(보6a)가 첨가될 것이다.

구개음화와 관련된 자료는 많이 보이지 않지만 매우 의미 있는 예가 있다. 장서각본의 '숭디과'(요3b)가 다른 판본에는 '숭지과'로 표기되어 있는 반면에, 장서각본 '구황보유방'에는 다른 판본과 달리 '고프지'(7a)가 보인다. 이는 『신간구황촬요』의 간행이 구개음화가 시작된 후에 간행되었음을 보여주는 것이다.

이제까지 우리는 『신간구황촬요』에 나타난 표기 및 음운의 특징을 '구황촬요'와 '구황보유방'을 비교하면서 살펴보았다. 이제 거기에 나타난 문법 및 어휘상의 특징을 알아본다.

먼저 문법상 특징 중에서 두드러진 것은 처격(處格)에 관한 것이다. 후기중세국어에서 처격조사는 '애, 에, 이, 의, 예' 등이었다. 그런데 『신간구황촬요』의 '구황촬요'에서 i와 y 아래에 '예'가 출현하는 점은 후기중세국어와 마찬가지나, 그 외의 경우에는 대부분 '의'로 나타난다.

(23) ㄱ. 독의(요7b), 구황의(요3a), 법의논(요9a), 기름의(요7a), 김의(요4b),

---

[37] 장서각본에만 나타나는 '넉코'는, '넣고'를 '넛코'로 분석하고 'ㅅ'의 표기를 강조한다면 자음동화로 볼 수 있으나 중철로 파악하기도 한다. 다른 판본에는 '녀코'로 되어 있다.
[38] 방언형일 가능성도 있다.

헝거싀(요4b), 우희(요9a), 가마의(요7b), 닝슈의(요7a), 두 말의(요4b)
ㄴ. 믈에(요5a), 방올에(요3b), 구들에나(요5a), 후에(요7b)
ㄷ. 흔 되예(요8a), 젼대예(요7a), 두 동히예(요7b)

(23ㄱ)은 자음 'ㄱ, ㅇ, ㅂ, ㅁ, ㅅ' 아래에서 조사 '의'를 취한 예이다. (23ㄴ)에서 'ㄹ' 아래에 주로 '에'가 옴을 볼 수 있는데 (23ㄱ)의 '말의'는 그렇지 않다. (23ㄷ)은 'ㅣ' 아래에 '예'가 통합된 예인데 (23ㄱ)의 '닝슈의'는 그렇지 않다. 형태적으로 보면 '믈'은 언제나 '에'와만, '방올, 구들, 후'는 '에'와도 통합된 것이 특징이다.

그런데 '구황보유방'에서는 처격조사가 보다 다양하게 나타난다. '의, 에, 예'만 나타난 '구황촬요'에서보다 '애, 익'가 더 보이는 한편 또 '에'를 취하는 어휘가 늘어난 것이다.

(24) ㄱ. 독의(보12a), 소긔(보5b), 항의(보12b), 산둥의(보14b), 딥의(보14b), 굿의(보15a), 흉년의(보3b), 사흘만의(보7a), 처엄의(보1b), 사룸의게(보18b), 이삼월의(보17a), 밀의(보6b), 뿔의(보3a), 술의(보10a), 방하의(보1a), 우희(보12a), 후의(보12b), 쟈릭(보2a), 초의(보7b)
ㄴ. 길힉(보15b), 볏틱(보6a), 실릭(보9a)
ㄷ. 쥭에(보9a), 믈에(보1b), 술에(보6a), 닝슈에(보5b), 후에(보2b)
ㄹ. 신됴애(보9b)
ㅁ. 째예(보2b), 되예(보6a), 히예(보4b), 습디예(보17b), 사긔예(보9a), 무이예(보13a), 즉시예(보9a), 수시예(보8a), 체예(보13b)

(24ㄱ)에는 처격조사 '의'가 통합된 예를 보이고 있고 (24ㄴ)에서 '익'가

통합된 예를 보이고 있다. 또 (24ㄷ~ㄹ)은 '에, 애'가 통합된 것이고 (24ㅁ)은 '예'가 통합된 예이다. '구황보유방'에서는 '구황촬요'에서보다 다양한 처격조사가 표기되었으나 그것이 다양화를 의미하는 것은 아니고 이전 표기의 혼란상을 보여주는 것으로 해석된다. 이러한 현상은 처격조사가 '에'로 단일화하는 과정에 있음을 보여주는 것이다.[39]

공동격조사의 쓰임은 다음과 같다.

(25) ㄱ. 더덕과(요8b), 열음과(요4a), 콩닙과(요10a), 잣과(요3b) : 숑디과(요3b), 느정이과(요10a)

ㄴ. 어육과(보5b), 콩과(보5a), 텬문동과(보10a), 소금과(보10b), 닙과(보12a), 겁질과(보19a) : 송지과(보4b), 슬고삐과(보4b), 대쵸과(보19a), 숑피과(보20b)

ㄷ. 줄기와(보2b), 치과와(보20b), 흔 되와(보20b)

(25ㄱ~ㄴ)에서 보는 바와 같이 자음 아래에서 '과'가 나타나는 것은 당연한 현상이다. 그런데 (25ㄱ~ㄴ)의 예에서는 모음 아래에서도 '과'가 사용되었음을 보여주는데 이는 근대국어의 한 모습으로 보인다. 그러면서 (25ㄷ) '구황보유방'에서는 모음 아래에서 '와'가 사용된 예도 함께 보인다.

사동의 접미사 등에 대해 간단히 기술하면 다음과 같다.

(26) 물켜(요7b), 자여(보9a), 재여(보13a)

---

39 일사문고본의 경우도 이와 흡사하다. 다만 '밀의나 쑬의나'가 '밀으나 쑬으나'로, '수시에'가 '수시예'로 표기되는 정도가 다를 뿐이다.

(26)의 '믈켜'는 '믉-히-어'로 분석되는데 중세국어의 사동접미사 '-이-' 대신 '-히-'가 통합된 것으로 보이고, '자-'의 사동으로 '자여, 재여'의 두 형태가 보인다.

『신간구황촬요』에서 볼 수 있는 어휘는 대체로 일상적인 것이어서 특징적인 것은 그리 많지 않다. 이에 대해 간단히 알아보자.[40]

식물과 관련된 어휘로는 조피(栗稷, 요8a), 대마즈(大麻子, 보8b), 듁대(黃精, 보18a), 메(旋葍, 보19b), 둥구레(萎蕤, 보20b), 무릇(보20b), 올미(烏芋, 보17b), 새박(何首烏, 보18b), 회초미(貫衆, 보20b), 가츠라기(烏昧, 올미, 보17b), 소롯(羊蹄, 보15a), 삼쓔(朮, 보14a) 등의 식물명이 있고 그 외에 식물의 부분이나 그와 관련된 아래 어휘들이 있다.

(27) ㄱ. ᄀᆞᄉᆞ라기(芒, 요8a): 중세국어의 'ᄀᆞᄉᆞ라기'에 해당하는 것이다.

ㄴ. 콩각대(太穀, 요10a): 『역어유해』(1690)에 '콩각대'(下:10)가 보이며 '補遺'에는 콩각디(보16b), 각지(보17b)가 있고 『동문유해』(1748)에는 '각디'가 있다.

ㄷ. 모밀 느정이(木麥花, 요10a): 『동의보감』(湯液 1:26)의 '느정이'는 '줄기'의 뜻인데, '느즈롱이'란 형태도 『유씨물명고』에 나타난다. 그런데 한자 '花'를 '느정이'로 언해한 것으로 보여서 '줄기' 외에 다른 뜻이 있는지 알 수 없다.

ㄹ. 것곡(보1a): 쌀 이외의 곡식을 뜻하는데 다른 자료에서는 보이지 않는다. '것곡'의 '것'은 '것보리'(요5b) 등으로 보아 '거친'의 의미를 담은 접두사(接頭辭) '것~겇'으로 생각된다.

---

40 표기상의 문제를 제외하면 국립중앙도서관본과 일사문고본은 어휘에서 차이가 없다.

『신간구황촬요』에서 형태상 특이한 어휘나 다른 문헌에서 발견되지 않는 것으로는 다음과 같은 것이 있다.

(28) ㄱ. 테엿{엇}(요5a): '등(等)의'의 뜻으로 쓰인다. 『소학언해』(6:3)에 "목ᄉ테엿벼슬이라"란 예가 있다.

ㄴ. 몌조(요9a), 며조(보12b): '구황촬요'에는 전자로만, '구황보유방'에는 후자로만 표기되어 있다. 전자는 『역어유해』(1690)에, 후자는 『유씨물명고』에 나타난다.

ㄷ. ᄆᆡ이(보13a): '맺음, 번'의 뜻으로 쓰였는데 『청어노걸대』(1703)에 보인다. 이는 "흔 ᄆᆡ이"(一注) 등으로 보아 'ᄆᆡ이-'(繫)와 관계되는 듯하다.

ㄹ. 벽테로(墼, 보15b): '구황보유방'에 "墼격未燒磚也 今人以小板爲匡而納土蹟實旣乾築墻"이란 주(注)가 있다. 이는 '벽 테-로'로 분석될 것이다. '테로'는 '처럼'으로 변화한다.

ㅁ. 이사나흘(보1b): '2~4일'의 뜻으로 '이(틀)+사(흘)+나흘'의 복합어이다.

ㅂ. 넙덕지-(요4b), 주여기지-(보1b): 둘 다 "成片"의 뜻으로 '넙적하게 되-'로 풀이된다.

ㅅ. ᄒᆞ리-(요 3a): 『두창경험방』과 『첩해신어』 등 17세기 이후의 문헌에 나타난다. 의미는 '낫-'(癒)에 해당한다.

ㅇ. 과하ᄒᆞ-(보13b): "雖過多日"에 대한 언해로서 '과'는 한자어(漢字語) '過'이고 '하-'는 '多'의 의미인데, 이렇게 조어된 것에 다시 'ᄒᆞ-'(爲)가 결합된 복합어라 할 것이다.

ㅈ. 뭉텨-(보20b): 한문의 '團'에 대한 언해로서 '둥글게 뭉치-'로 풀이된다.

ㅊ. 즉긔-(보1a): '碎' 즉 '부서지-'의 뜻인데 다른 자료에서 보기 힘든 어휘이다.

ㅋ. ᄇᆞ라(보17b): '넓-'의 부사형 '널바'를 'ᄇᆞ라'로 표기한 것이다. 이는 방언형이거나 오각일 수도 있다.

ㅌ. 되오(요9a): 『救急方諺解』(1607)와 『救急簡易方』에 나타난다. 형용사 '되-'에 접미사 '-오'가 결합된 것이다.

이 외에 '넘넘으로(요2b), 하긔(요6a), 헝거싀(요4b), 슬희여(요4b), 오로(보1a), 둔둔(요5a), 둔둔이(보11b), 고로로(보20a), 두레(團, 보19b)' 등도 특이한 어휘들이다. 국립중앙도서관본의 '아젹(보22a), 아ᄌᆞᆷ(보22a)'도 기억할 만하다.

지금까지 장서각본 『新刊救荒撮要』를 중심으로 하고 이를 국립중앙도서관본과 일사문고본과 비교하면서, 또 한편으로는 이본의 '구황촬요'와 '구황보유방'과 비교하면서 거기에 나타난 표기, 음운, 문법, 어휘상의 특징을 살펴보았다. 그 결과 이들 사이의 서지적 그리고 국어학적 차이를 밝히게 되었다. 먼저 장서각본과 국립중앙도서관본 사이에는 큰 차이가 없었다. 반면에 이 두 판본과 일사문고본 사이에는 그 차이가 조금 더 컸다. 후자가 근대국어의 모습으로 더 많이 바뀌었음을 확인하였다. 둘째, 장서각본과 국립중앙도서관본에서 '구황촬요'와 '구황보유방' 사이의 차이가 일사문고본에 비해 상대적으로 적음을 알았다. 셋째, 『구황촬요벽온방』의 '구황촬요' 부분을 위 판본의 '구황촬요'와 견주어 볼 때 장서각본과 국립중앙도서관본의 그것이 일사문고본의 그것보다 유사한 점이 더 많았다. 이러한 사실에 의거하여 전술한 바와 같이 장서각본이나 국립도서관본이 현종(顯宗) 원년(元年)의 원간본에 가깝고 일사문고본은 그 이후에 간행된 것이라 본다.

4. 『구황촬요』류의 가치와 의의

조선조 개국 초기부터 많은 정쟁과 흉년으로 백성들은 궁핍한 삶과 질병에 힘겨워 했다. 세종조의 『구황벽곡방』은 흉년에 대비하여 미리 만든 책이었고(송시열의 '신간구황촬요서'), 『충주구황절요』와 『구황촬요』, 『구황촬요벽온방』, 『신간구황촬요』 등은 흉년을 맞아 백성들의 곤궁한 삶을 구제하는 방안으로 간행한 책이었다. 이런 점에서 보면 『구황촬요』류에는 임금과 정부 그리고 관리들의 백성을 대하는 마음이 담겨 있는 것이다. 뿐만 아니라 백성들에게 기근과 질병을 극복할 수 있는 방법을 가르치고자 한 강한 의지를 확인할 수 있다.

(29) 서울은 한성부의 오부가 빈호(貧戶)들을 두루 효유하고, 외방은 관찰사와 수령들이 판각하고 전록(전하고 기록)해서 민간에 널리 효유하여 사람들이 깨닫지 못하는 경우가 없게 하여야 합니다. 관찰사와 경차관과 도사들이 사람들을 만나 강문하여 깨닫지 못하는 자가 있으면 색리(色吏)와 권농(勸農)들을 논죄하고, 깨닫지 못함이 많을 경우 유향소와 수령의 전최(殿最)의 빙고(憑考)를 아울러 논하고, 또 향회에 영을 내려 강론을 길이 행하여 게을리 하지 않아서 근휼(勤恤)의 지극한 뜻을 저버리지 말게 하오심이 어떠하겠습니까(이택 서문).

그리고 조선조의 흉년이나 기근과 관련된 사회상을 엿볼 수 있다.

(30) ㄱ. 근자에 해마다 대기근이 들었는데, 호남과 영남지방이 더욱 심하였습니다(이택 서문).

ㄴ. 서울의 백성들은 습속이 사치스럽고 화려한 것을 숭상하는데, 더욱이 죽 먹는 것을 부끄럽게 여겨 아침에 좋은 밥을 지어 먹어 버리고 저녁엔 밥 짓는 연기가 끊어져 버리니 참으로 한탄스러운 일입니다(이택 서문).
ㄷ. 때마침 흉년을 만남에 판각하여 널리 배포하면서 뒷부분에 〈벽온방〉을 부록으로 붙였습니다(김육의 서).
ㄹ. 효종대왕(孝宗大王) 말년으로부터 금상(今上 여기서는 현종(顯宗)을 가리킴) 원년(元年)에 이르기까지 해가 거듭 큰 흉년이 들었다(송시열의 서문).

또 이 책들에는 구황 식물과 약초들이 소개되어 있고, 그것의 효능이 적혀 있어서 의학이나 약학의 자료로서도 가치가 있다. 예를 들어, '구황보유방'에는 솔잎, 메밀, 칡뿌리, 밤, 토란, 밀(蠟), 살구씨, 복령, 콩, 청량미, 무우씨, 삼씨, 찹쌀, 천문동, 백복령, 고욤, 들깨, 개나리, 참깨, 대추, 호도, 무릇 등으로 구황하는 방법을 기술하고 있다.

음식 특히 장이나 술 만드는 법이 있어서 식품이나 조리의 자료로도 의의가 있다. 예를 들면 소금, 콩, 밀, 누룩, 조, 콩잎 등으로 간장을 담그는 법(造淸醬法)과 솔잎으로 술을 담드는 법(謫仙燒酒方) 등이 소개되어 있다.

『구황벽곡방』은 한문으로 된 책이며 『충주구황절요』는 이두로 쓰였다. 이두는 훈민정음의 빈자리를 메워주는 매우 중요한 표기 수단이므로 이에 대한 연구도 중요하다. 또 『구황촬요』, 『구황촬요벽온방』, 『신간구황촬요』는 한글로 표기된 데다 시대를 달리하여 여러 차례 간행되었으므로 중세와 근대의 국어 변화를 알아보는 데 도움이 된다. 『구황촬요』는 중세국어의 말기인 1554년에 간행되었고, 『구황촬요벽온방』

은 근대국어의 초기인 1639년과 1654년(영천본)에 간행되었으며, 『신간구황촬요』는 1660년과 1686년에 간행되었으므로 중세국어와 근대국어의 교체기 국어의 양상을 살피는 데 도움이 될 것이다.

그리고 지방에서 간행된 경우가 많으므로 방언 연구에도 도움이 될 것이다. 『구황촬요』 중 고려대본은 해주에서 1584년에 간행되었고, 『구황촬요벽온방』은 충주에서, 영천본 『수민방』은 영천에서 간행되었으며, 『신간구황촬요』는 무성에서 간행되기도 했기 때문에 각 방언 연구에도 소용될 것으로 본다.

그리고 언해 방식(직역, 의역)과 사용 어휘 비교에 도움이 된다. 먼저 고려대본 『구황촬요』는 한문 원문을 빠짐없이 모두 언해한 데 비해 『구황촬요벽온방』의 '구황촬요'에는 언해되지 않은 부분이 상당히 있다. 또 전자는 원문에 충실한 직역(直譯)이고 반면에 후자는 상대적으로 의역(意譯)이다. 그러나 전자는 고유어를 많이 썼지만 후자는 한자어를 많이 썼다(예: 업거든 : 진(盡)커든, 솔닙 : 송엽, 아춤나죄를 : 됴셕을, 주머니 : 젼대, 힌뿔 : 빅미, 모딘 : 독한 등).

마지막으로 인쇄와 간행의 사정에 대해서 암시하는 부분도 있다. 조선조의 서적 간행은 대체로 세 곳에서 이루어졌는데 중앙관청과 지방관청 그리고 민간에서 간행한 것이다. 『구황촬요』는 중앙관청(충남대본)과 지방관청(고려대본)에서 간행한 것이고, 『구황촬요벽온방』은 지방관청에서 간행하였으며,[41] 『신간구황촬요』는 지방관청과 민간에서 간행한 것이다.

---

41 잠곡집(권8)에 따르면, 『구황촬요벽온방』 10부를 중앙에 올리고 다시 간행하여 구휼에 도움이 되도록 하였다고 한다. 이는 지방에서 간행된 것이 다시 중앙에서 간행되는 예가 될 수 있다.

참고문헌

고정의(1984), 「「諺解救急方」의 一考察」, 『울산어문논집』 1, 울산대학교 국어국문학과.
김완진(1967), 「한국어 발달사(음운사)」, 『한국문화사대계5』, 고려대학 민족문화연구소.
김영신(1975), 「「간이 벽온방」 연구」, 『어문학』 3.
김영신(1976), 「『구급방 언해』上下의 어휘 고찰」, 『수련어문론집』 4, 부산여자대학.
김영진(1982), 「農林水産 古文獻 備要」, 韓國農村經濟研究院.
김주필(1994), 「17·8세기 국어의 구개음화와 관련 음운현상에 대한 통시론적 연구」, 서울대학 박사학위논문.
김중진(1992), 「근대국어 표기법의 전개와 검토」, 『국어 표기법의 전개와 검토』, 한국정신문화연구원.
남권희(2001), 「永川版《구황촬요》」, 『嶺南學』 창간호, 경북대학 영남문화연구원.
민족문화추진회(1983), 『송자대전 VII』.
박성종(2011), 「조선시대의 이두와 그 연구 방법의 편모」, 제41회 구결학회전국학술대회 발표집.
박창원(1991), 「국어자음군연구」, 서울대학 박사학위 논문.
서종학(1986), 「『구황촬요』와 『신간구황촬요』에 대한 고찰」, 『국어학』 15, 국어학회.
서종학(1999), 「『충주구황절요』의 이두」, 『동양학』 29, 단국대학 동양학연구소.
小倉進平(1964), 『增訂補注 「朝鮮語學史」』, 江刀書院.

손희하(1991), 「새김 어휘 연구」, 전남대학 박사학위 논문.
신창순 외(1992), 「국어표기법의 전개와 검토」, 『연구논총 92-14』, 한국정신문화연구원.
안병희(1967), 「한국어 발달사(문법사)」, 『한국문화사대계5』, 고려대학 민족문화연구소.
안병희(1992), 『국어사 자료 연구』, 문학과 지성사.
오종갑(1996), 「국어 어두 합용병서 표기의 변천」, 『국어국문학』 117, 국어국문학회.
유탁일(1983), 「湖南地方刊行 傍刻本 硏究(2)」, 『인문평론』 23-1.
유탁일(1989), 『한국문헌학연구』, 아세아문화사.
이광호(1993), 「근대국어 표기법에 대한 의미론적 해석」, 『정신문화연구』 16-1, 한국정신문화연구원.
이기문(1959), 「16세기 國語의 硏究」, 『國語學硏究選書』 3(1978), 탑출판사.
이기문(1963), 『國語表記法의 歷史的 硏究』, 韓國硏究院.
이기문(1972), 『국어 음운사 연구』, 탑출판사.
이기문(1972), 『改訂 國語史槪說』, 民衆書館.
이덕봉·김연창(1961), 「李朝救荒書考」, 고려대학교 생물학교실 보고서 3-1.
이성우(1981), 『韓國食經大典』, 鄕文社.
이영아(1999), 「『신간구황촬요』의 국어학적 연구」, 숙명여대 석사학위 논문.
이은규(2006), 『고대 한국어 한자차용표기 용자 사전』, 제이앤씨.
이익섭(1993), 「근대국어표기법의 성격과 특징」, 『정신문화연구』 16-1, 한국정신문화연구원.
이인영(1968), 『淸芬室書目』, 寶蓮閣.
임명선(1978), 「『구황촬요』의 어학적 연구」, 『睡蓮語文論集』 6, 부산여자대학.
전광현(1967), 「17세기 국어의 연구」, 『국어연구』 19.
정영인(1997), 「『신간구황촬요』의 표기와 음운 연구」, 『人文論叢』 4.
최금순(1997), 「『신간구황촬요』의 음운론적 연구」, 우석대학 석사학위논문.
최승희(1989), 『증보판 한국고문서연구』, 지식산업사.
최현배(1982), 『고친 한글갈』, 정음문화사.
최현배(1971), 『우리말본』(네번째 고침), 정음사.
허 웅(1965), 『국어 음운학』, 정음사.
허 웅(1975), 『언어학 개론』, 정음사.
허 웅(1975), 『우리 옛말본』, 샘문화사.
홍윤표(1987), 「근대국어의 어간말자음군 표기에 대하여」, 『국어학』 16, 국어학회.
홍윤표(1988), 『신간구황촬요』 해제, 태학사.
홍윤표(1994), 『근대국어연구』(Ⅰ), 태학사.
홍윤표 외(1995), 『17세기 국어사전』, 한국정신문화연구원.

제2부

『구황촬요』류 주석 및 현대어역

1. 『구황촬요』(救荒撮要)

한문
救荒撮要

언해문(구황-충,1a)
녀름¹ 몯 머근 히예 주우린² 사룸 구홀³ 죵요로윈{왼}⁴ 법 뫼혼{혼}⁵ 것

현대어역
곡식 못 먹은 해에 굶주린 사람을 구할 요긴한 법을 모은 것

---

1 녀름: '녀름'은 '농사'와 '여름'이란 두 의미를 가진다. 여기서는 '농사'란 의미에서 변하여 '곡식, 열매'란 뜻으로 사용된 것으로 보인다.
2 주우린: '주우리-'(동사)로서 '(배를) 주리-'의 뜻이다. 현대국어의 '굶주리다'에 남아 있다.
3 구홀(동사): '구+ㅎ+오+ㄹ'로 분석된다. '-오-'의 기능은 '의도', '인칭-대상'(삽입모음) 등으로 설명된다.
4 죵요로윈: '요긴한, 중요한'의 의미이다. 고려대본에는 '죵요로윈'으로 표기되어 있다. 충남대본의 '왼'은 '윈'의 오자로 생각된다. 15세기국어에서 '죵요롭-'(형용사)에 어미 '-ㄴ'이 결합되면 '죵요로빈'으로 실현되고 이것이 '죵요로윈'으로 변화한다. '죵요로빈-'를 어간으로 보기도 한다.
5 뫼혼: 뫼혼〈고〉. '뫼호-'(동사)는 '모으-'의 뜻이다.

60   구황촬요

언해문(구벽-일)
없음.[6]

언해문(신구-장)
없음.

한문
飢人若饋熱物則必死必須待凉與之

언해문(구황-충,1a)
굴믄 사름올[7] 더운 거슬 머기면 반드시 죽느니 모로매[8] 식거{기}든[9] 머기라[10]

현대어역
굶은 사람에게 더운 것을 먹이면 반드시 죽으니 모름지기 식으면 먹이라.

한문, 언해문(구벽-일)
없음.

---

6 『구황벽온방』은 2b와 3a가 낙장이다. 그런데 홍윤표 선생이 소장하고 있는 사진(1a-5b)이 『구황벽온방』의 판식과 동일하므로 이것으로 보완하기로 한다.
7 사름올: '사름(명사)+올'로 분석되며 '사람에게'란 의미이다. 15세기국어에는 '올'이란 대격조사가 '에게'의 의미를 함께 수행하였다.
8 모로매(부사): '모름지기, 반드시'란 의미이다.
9 식거든(동사): 식거든〈고〉.
10 머기라(동사): '먹+이+라'로 분석되는데 '-이-'는 사동의 의미를 지니고 있고 '-라'는 명령의 의미를 가지고 있다. '-어라'가 아닌 '-라'는 간접적인 명령에 사용되거나 청자를 중립적인 화계로 보고 사용하거나 문어체에서 사용된다.

한문, 언해문(신구-장)
없음.

한문
飢困將死人救活法

언해문(구황-충,1a)[11]
굴{글}머[12] 곤ᄒᆞ야 ᄒᆞ마[13] 주거 가는 사ᄅᆞᆷ 구ᄒᆞ야 사를[14] 법{범}[15]

현대어역
굶어 곤하여 곧 죽어 가는 사람을 구하여 살리는 법

언해문(구벽-일,2a)
없음.

언해문(신구-장,2a)
없음.

---

11 이 부분은 『신간구황촬요』에 언해되어 있지 않다. 『구황벽온방』의 경우 낙장되었으므로 확인할 수 없다.

12 굴머(동사): 굴머〈고〉.

13 ᄒᆞ마(부사): 'ᄒᆞ마'는 '이미, 벌써'와 '장차, 곧'이란 두 뜻이 있는데 여기서는 후자의 뜻으로 쓰였다.

14 사를(동사): '사를〈고〉. '살-ᄋᆞ-ㄹ'로 분석이 되는데 '살릴'이란 뜻을 가졌다. 15세기국어의 경우 {-이-}, {-오-} 외에 '-ᄋᆞ-'도 사동의 의미를 가진다. 그래서 '살이-'는 '(어디에) 살게 하-'[使居]의 뜻으로, '사ᄅᆞ-'는 '(목숨을) 살리-'[使活]의 뜻으로 사용되었다.

15 법(명사): 법〈고〉.

한문
飢困之人若頓食或喫熱粥[16]則必死以生醬汁和水與之次以涼粥與之竢其蘇惺[17]漸與粥食

언해문(구황-충,1b)
굴머 곤ᄒᆞᆫ 사ᄅᆞ미 바ᄇᆞᆯ 과ᄀᆞ리[18] 먹거나 더운 쥭을 먹거나 ᄒᆞ면 반ᄃᆞ시 죽ᄂᆞ니 놀쟝을[19] 므레[20] 프러[21] 머기고 버거[22] 시근 쥭을 머겨 긔우니 슘슘ᄒᆞ거{게}ᅀᅡ[23] 졈졈[24] 쥭과 바ᄇᆞᆯ 머기라

현대어역
굶어 곤한 사람이 밥을 급히 먹거나 더운 죽을 먹거나 하면 반드시 죽으니, (이런 경우 먼저) 날(간)장을 물에 풀어 먹이고, 그 다음에 식은 죽을 먹여 기운을 차리게 되면 차츰 죽과 밥을 먹이라.

언해문(구벽-일,2b)
굴믄 사ᄅᆞ미 믄득 바ᄇᆞᆯ 먹거나 더온 거슬 머그면 일뎡 죽ᄂᆞ니 몬져 쟝을 츤 므레 프러 머기고 버거 시근 쥭을 머기되 씨거든 념념으로 쥭을 주어 머기라

---

16 粥: 物〈구벽〉.
17 惺: 醒〈구벽〉.
18 과ᄀᆞ리(부사): 형용사 '과ᄀᆞᄅᆞ-'(급하다, 심하다)에서 파생된 것으로 '급히'의 의미이다.
19 놀쟝(명사): '놀-쟝'은 '날간장'(북한어) 또는 '생간장'을 뜻한다.
20 므레: '물에'의 뜻이다. '믈'(명사)은 근대국어에 들어서 '물'로 변한다. 'ㅡ'가 순음 아래에서 'ㅜ'로 바뀌는 것을 '원순모음화'라 한다.
21 프러(동사): '플-'이 근대국어에 와서 '풀-'로 바뀐다. 앞의 '므레' 항목 참조.
22 버거: '다음'의 뜻을 가진 부사이다. '버근, 버금, 버겁다'와 관련되는 어휘다. '버근 夫人'(석상 6:1)은 '둘째 부인'이란 뜻이다.
23 슘슘ᄒᆞ거{게}ᅀᅡ(동사): 슘슘하게아〈고〉. '슘슘ᄒᆞ-'는 '惺惺하-, 昭然하-, 깨닫-'의 뜻을 갖고 있으나 여기서는 '정신이 들-, 기운을 차리-'의 의미로 보인다. '기운을 차려야'로 풀이할 수 있을 것이다.
24 졈졈(부사): '차츰, 점차'의 뜻이다.

언해문(신구-장,2b)
굴믄 사름이 믄득 밥을 먹거나 더온[25] 거슬 머그면 일뎡[26] 죽ᄂᆞ니 몬져 쟝을 촌 믈에 프러 머기고 버거 시근 쥭을 머기되 씨거든[27] 넘넘으로[28] 쥭을 주어 머기라

현대어역
굶은 사람이 갑자기 밥을 먹거나 더운 것을 먹으면 반드시 죽으니, 먼저 (간)장을 찬 물에 풀어 먹이고, 다음으로 식은 죽을 먹이되, 깨거든 조금씩 죽을 주어 먹이라.

한문
飢腫人治療法

언해문(구황-충,1b)
굴머 브은[29] 사름 고틸[30] 법[31]

현대어역
굶어 부은 사람을 고치는 법

언해문(구벽-일,2b)
없음.

---

25 더온(형용사): 틔온〈일〉.
26 일뎡(부사): '一定'이란 한자어로서 '반드시, 꼭'의 의미로 사용되었다.
27 씨거든(동사): 씨거둔〈일〉.
28 넘넘으로: '점차로'의 뜻으로 앞의 '졈졈'과 같다.
29 브은(동사): '부은'의 뜻이다. 15세기국어 '븟-'에 '-은'이 결합된 '브ᅀᅳᆫ'은 'ㅿ'의 음가 소실로 '브은'이 되었다.
30 고틸(동사): '고티-'는 근대국어에 와서 구개음화하여 '고치-'로 된다.
31 이 구절은 『신간구황촬요』에 언해되어 있지 않다. 『구황벽온방』의 경우 낙장이므로 확인할 수 없다. 제목의 경우는 동일하므로 이하는 생략하기로 한다.

언해문(신구-장)
없음.

한문
飢腫之人依上法救療後元氣充壯而腫猶未除[32]則千金木皮不限多少煮取汁米亦不限多少造粥每一盞量其氣候與之消飢腫極良

언해문(구황-충,2a)
굴머 브은 사름을 우흿[33] 법대로 ᄒᆞ야 구ᄒᆞ야[34] 사ᄅᆞᆫ[35] 후에 원긔 츙실코[36] 쟝호ᄃᆡ[37] 브은 듸 그저[38] ᄂᆞᆺ찌[39] 아니커든[40] 붉나못[41] 거프를[42] 하거나[43]

---

32 除: 解〈구벽〉, 〈신구-장〉.
33 우흿: '우ㅎ(명사)+의(조사)+ㅅ(조사)'으로 분석할 수 있다. '위에의, 위의, 위에 있는'의 뜻이다.
34 ᄒᆞ야 구ᄒᆞ야: 중세국어에서는 '(동사)+야 (동사)+야'의 병렬 구성이 가능하였다.
35 사ᄅᆞᆫ(동사): '살+ᄋᆞ+ㄴ'으로 분석되며 '-ᄋᆞ-'가 사동의 의미를 가지므로 '살린'으로 풀이된다.
36 츙실코(형용사): '츙실+ᄒᆞ+고'에서 'ㆍ'가 탈락된 표기이다. 'ㅎ' 앞에 유성음이 오면 'ㆍ'가 생략되어 표기된다.
37 쟝호ᄃᆡ(형용사): '쟝-ᄒᆞ-오-ᄃᆡ'로 분석하기도 하고 '쟝-ᄒᆞ-오ᄃᆡ'로 분석하기도 한다. 전자의 경우는 '-오-'를 '의도'나 '인칭-대상'의 선어말어미로 해석하는 태도다. '壯하되, 壯하지만'의 뜻이다. 후자는 '-오ᄃᆡ'를 어미로 보는 태도다.
38 그저(부사): '그저', '아직' 또는 '쉽게, 쉽사리'의 뜻으로 해석된다.
39 ᄂᆞᆺ찌(동사): 중세국어의 어간은 'ᄂᆞᆺ-'(愈)이다. 어간 'ᄂᆞᆺ'에 어미 '-디'가 통합된 것인데 '찌'란 표기로 보아 '디'가 경음화한 것을 반영한 것으로 보인다.
40 아니커든(형용사): '아니-ᄒᆞ-거든'에서 'ㆍ'가 탈락된 표기이다.
41 붉나못: '붉-나모-ㅅ'으로 분석되고 '붉나무의'란 뜻이다. 붉나무는 "옻나뭇과의 낙엽 활엽 소교목으로, 약제, 염료, 잉크 원료로 쓰인다. 산기슭과 골짜기에 나는데 한국, 일본, 중국, 인도 등지에 분포한다."
42 거플(명사): '껍질'의 옛말이다.
43 하거나: 형용사 '하-'는 '많-'(多)의 고어이다. 현대국어에서 '하고 많은'의 '하'에 그 흔적이 남아 있다.

젹거나{니}⁴⁴ ᄆ레 글히고⁴⁵ ᄇᆞᄅᆞᆯ⁴⁶ 하거나 젹거나 죽 쑤워⁴⁷ 미양⁴⁸ ᄒᆞᆫ 보
ᄉᆞ식⁴⁹ 제⁵⁰ 긔우ᄂᆞᆯ 혜아려 머기라 브ᅀᅳᆫ⁵¹ 듸 ᄂᆞ초기예⁵² ᄀᆞ장 됴ᄒᆞ니라

현대어역
굶어 부은 사람을 위의 법대로 해서 구하여 살린 후에 원기가 충실하고 장하게 되었는데
도 부은 곳이 쉽게 낫지 아니하면, 붉나무 껍질을 많거나 적거나 물에 끓이고, (그 물에) 쌀
을 많거나 적거나 (넣어) 죽을 쑤어 매번 한 보시기씩 제 기운을 헤아려서 먹이라. 부은 것
을 낮추기에 가장 좋으니라.

언해문(구벽-일, 2b)
(낙장) 굴머 브은 사ᄅᆞᆷ을 구완ᄒᆞ야 긔운이 ᄒᆞ리되 브은 거시 ᄂᆞᆺ디 아니커
든 붉나모 겁질을 말히 ᄲᆞᆯ을 맛게 녀허 죽 쑤어 ᄒᆞᆫ 잔식 제 긔운 보아
가며 머기면 ᄂᆞᆺᄂᆞ니라

---

44 젹거나(형용사): 젹거나〈고〉.
45 글히고(동사): '긇-이-고'로 분석되는데 어두음이 경음화하여 '끓이-'가 된다.
46 ᄇᆞᄅᆞᆯ: 'ᄇᆞᆯ(명사)-을'로 분석되는데 어두의 'ㅂ'은 현대국어 '찹쌀, 좁쌀' 등에 흔적을 남기고 있다.
47 쑤워: 동사 어간 '쑤-'에 어미 '어'가 통합된 것인데 'ㅜ'[w]가 첨가되었다.
48 미양(부사): '매양, 매번, 번번이'의 뜻이다.
49 보ᄉᆞ식: '보ᄉᆞ'는 '보시기'의 고어이다. 『훈몽자회』에 '보ᄉᆞ 구(甌)'의 예가 있다. '식'은 '씩'의 뜻이다.
50 제(대명사): '저+의'로 분석되며 '자기의, 자신의'의 의미를 지닌다.
51 브ᅀᅳᆫ(동사): 앞에서는 '브은'으로 표기되었으나 여기서는 그 이전 형태인 'ㅿ'을 표기하고 있다.
52 ᄂᆞ초기예: 'ᄂᆞᆺ(형용사)+호+기+예'로 분석된다. '-호-'는 동사파생접미사이므로 '낮호-/나초-'는 동사이다. '-기'는 명사화접미사이고 '예'는 'ㅣ' 아래에 분포되는 조사 '에'이다.

언해문(신구-장,3a)

굴머 브은[53] 사룸을 구완ᄒᆞ야[54] 긔운이 ᄒᆞ리되[55] 브은 거시 눗디 아니커든 붉나모 겁질을[56] 달혀[57] ᄡᆞᆯ을 맛게 찌허[58] 쥭 뿌어[59] ᄒᆞᆫ 잔식 제 긔운 보아 가며 머기면 눗ᄂᆞ니라[60]

현대어역

굶어 부은 사람을 간호하여 기운이 나아졌지만(즉, 기운을 차렸지만) 부은 것이 낫지 아니 하면, 붉나무 껍질을 달여 쌀을 알맞게 찧어 (넣어서) 죽을 쑤어 한 잔씩 자기의 기운을 보아 가면서 먹이면 낫는다.

한문

救荒松葉最上必須兼用楡皮汁必無大便秘澁之患

---

53 브은: 부은〈가〉.
54 구완ᄒᆞ야(동사): (아픈 사람 등을) '간호하-'의 뜻이다.
55 ᄒᆞ리되(동사): '낫-'의 뜻으로 풀이되지만, 여기서는 (기운을) '차리-'로 해석하는 것도 좋을 것이다.
56 겁질을: 겁질올〈일〉.
57 달혀(동사): 현대국어 '달이다'의 뜻이다.
58 찌허(동사): 녀허〈중, 일〉, 티허〈가〉. 중세국어 '딯-'이 경음화하여 '찧-'으로 된 것으로 근대국어에서 구개음화하여 '찧-'이 된다.
59 뿌어(동사): 쑤어〈중, 가, 일〉.
60 눗ᄂᆞ니라(동사): '눗-ᄂᆞ-니-라'로 분석되는데 'ᄂ' 앞에서 'ㅅ'이 대표음 'ㄷ'을 거쳐 'ㄴ'에 동화된 것이다. 중세국어에서 '愈'의 의미로 '낫-'이 쓰였다.

언해문(구황-충,2b)
주우린 사롬 구호매[61] 솔닙히[62] 못[63] 위두니[64] 모로매 느릅[65] 므를 조차[66] 뻐사[67] 반드시 견매[68] 굳디 아니ᄒ리라

현대어역
굶주린 사람을 구함에 솔잎이 가장 좋으니, 모름지기 느릅(나무 껍질 삶은) 물을 함께 써야 반드시 대변이 굳지 아니할 것이다.

언해문(구벽-일,3a)
(낙장) 구황의 숑엽이 웃듬이어니와 느릅 겁질 믈을 섯거 뻐야 밑 막히는 환이 업ᄂ니라

언해문(신구-장,3a)
구황의[69] 숑엽이 웃듬이어니와[70] 느릅 겁질 믈을 섯거 뻐야 밋 막히는

---

61 구호매(동사): '구-ᄒ-오-ㅁ-애'로 분석할 수 있다. '오-ㅁ'은 '옴'(명사형어미)으로 분석하기도 한다.
62 솔닙히: '솔-닢-이'로 분석되는데, '닢'의 종성 'ㅍ'을 'ㅂ-ㅎ'으로 나누어 표기하였다. 근대국어 시기에는 유기음을 이렇게 표기하기도 하였다.
63 못(부사): '가장'이란 의미이다.
64 위두니: '위두-이-니'로 나누어지는데 '위두'는 한자어 '爲頭'에서 온 것이지만 중세국어 시기에 이미 한자어란 의식이 희박해진 어휘이다.
65 느릅(명사): '느릅〈고〉. '느릅믈'의 'ㅂ'이 동화하여 '느름믈'로 된 현상을 표기한 것으로 볼 수도 있다. '느릅나무'는 "느릅나뭇과의 낙엽 활엽 교목으로, "어린잎은 식용하거나 사료로 쓰고 나무는 기구재나 땔감으로 쓰며, 나무껍질은 약용 또는 식용한다."
66 조차: 동사 '좇-'의 부사형으로 '따라'의 의미이다.
67 뻐사: '쓰-어-사'로 분석된다. '써야'의 뜻이다. '사'는 '한정, 계기, 결과' 등의 의미를 지니는데 여기서는 '한정'의 뜻으로 풀이된다.
68 견매: '견마'(명사)에 주격조사 'ㅣ'가 표기된 것으로, '대변'이라는 뜻이다.
69 구황의: '의'는 처격조사의 기능을 한다.
70 웃듬이어니와: '웃듬-이-어-니와'로 분석되는데, '-어-'는 'ㅣ' 모음 아래에서 '-거-'의 'ㄱ'이 탈락한 것이다.

환이⁷¹ 업ᄂᆞ니라

현대어역
구황에 송엽이 으뜸이거니와 느릅(나무 껍질 삶은) 물을 섞어 써야 밑 막히는 병이 없느니라.

한문
松葉安五藏不飢實與脂膏根皮皆云辟穀惟葉正是斷穀

언해문(구황-충,2b)
솔닙흔⁷² 오장을⁷³ 편안케 ᄒᆞ며 빅 골티⁷⁴ 아니케 ᄒᆞᄂᆞ니 여름과 진과⁷⁵ 거플와 불휫 거프를 다 닐오디⁷⁶ 곡긔를 그친다⁷⁷ ᄒᆞ엿ᄊᆞ니와 오직 닙히사 졍히⁷⁸ 곡긔를 그치ᄂᆞ니라⁷⁹

---

71 믿 막히ᄂᆞᆫ 환: '변비'를 뜻한다. '환'은 '병, 고통, 근심' 등을 뜻한다.
72 솔닙흔(←솔-닢-은): 'ㅍ'을 'ㅂ'과 'ㅎ'으로 분석하였다.
73 오장을: '오장'(명사)은 "간장, 심장, 비장, 폐장, 신장의 다섯 가지 내장을 통틀어 이르는 말"이다.
74 골티(동사): '곯-디'로 분석된다. '곯-'에 '-ㅂ-'가 접미되어 형용사 '골프- > 고프-'를 파생한다.
75 진과: 한문 '脂'에 대한 언해를 '진'(명사)으로 하였으나 다른 이본에는 '잣'으로 언해되어 있다. '實與脂膏根皮'는 '솔방울, 송진, 뿌리의 껍질'을 뜻하는 것으로 보이는데 위에서는 '脂膏'를 '진과 거플'로, 아래에서는 '잣과 숭지(또는 숭디)'로 언해한 것이다.
76 닐오디(동사): '니ᄅᆞ-'의 설명형으로 한문 '云'을 직역한 것이다. 다른 이본에는 의역하였음이 참고된다.
77 그친다(동사): '긏-이-ᄂᆞ-다'로 분석되어 현대국어 '그치게 하다'의 의미를 지닌다. 한문 '辟'의 언해에 해당한다. '곡긔를 그친다.'는 '곡식(음식) 먹고 싶은 마음을 그치게 한다.'는 의미로서 결국은 '곡식을 절약한다.'는 뜻이다.
78 졍히(부사): '올바로, 바로'의 뜻이다.
79 그치ᄂᆞ니라(동사): 여기서는 한문 '斷'을 언해한 것이다.

현대어역
솔잎은 오장을 편안하게 하며 배고프지 아니하게 하니, 열매(즉, 솔방울)와 송진과 껍질과 뿌리의 껍질을 다 말하되, (이것들이) 곡기를 그치게 한다 하였거니와 오직 잎이라야 바로 곡기를 그치게 한다.

언해문(구벽-일,3b)
(숑엽이 오장을 편안케 ᄒ고 ᄇᆡ 고프디 아)니ᄒ니 방올에 잣과 숑지과[80] 불희 (겹질이) 다 됴커니와 닙히야 졀곡ᄒ기[81] 됴ᄒ니라

언해문(신구-장,3b)
숑엽이 오장을 편안케 ᄒ고 ᄇᆡ 고프디 아니ᄒ니 방올에 잣과 숑디과 불희 겹질이 다 됴커니와 닙히야 졀곡ᄒ기 됴ᄒ니라

현대어역
송엽이 오장을 편안하게 하고 배 고프지 아니하(게 하)니 (솔)방울에 잣과 송진과 뿌리 껍질이 다 좋지만 잎이라야 절곡하기 좋을 것이다.

한문
楡皮鄕名於乙邑[82]性滑久服不飢荒歲農人食以當粮 採皮取白曝乾擣末用然不如取汁之易爲且良實與葉亦可採用

---

80 숑지과: '숑지'(명사)는 송진 즉 松香(역어유해하17)을 뜻한다. 모음 뒤에 조사 '과'가 통합되었다.
81 졀곡ᄒ기: 한문의 '斷穀'으로 보면 '곡식을 먹지 않는 것'을 뜻하지만 내용상으로는 '곡식을 절약하는 것'을 뜻하는 것으로 풀이된다.
82 鄕名於乙邑: 다른 판본에는 없다.

언해문(구황−충, 3a)

유피의 샹일호믄[83] 느릅이니 셩이 믯믯ㅎ니[84] 오래 머그면 빅 골티 아니 ㅎᄂ니 녀름 몯 머근 히예 롱이니[85] 량식 마초[86] 먹ᄂ니라

현대어역

유피의 우리 이름은 느릅이니, 성질이 미끄러워서 오래 먹으면 배고프지 아니하니 곡식 못 먹은 해에 농민들이 양식에 맞추어(즉, 맞게) (이를) 먹는다.

언해문(구황−충, 3b)

밧[87] 거플[88] 벗끼고 힌 거프를 벼틱 믈외야[89] 디허 ᄀᄅ 밍ᄀ라 ᄡ라 그러커니와 므를 내여 ᄡ몸만 쉽고[90] ᄯᅩ 됴홈[91] ᄀᆮ디[92] 몯ᄒ니라 여름과 닙과도 ᄯᅩ 가히 쁠 거시라

현대어역

겉껍질을 벗기고 흰 껍질을 볕에 말려 찧어 가루 만들어 쓰라. 그러하지만 물을 내어 쓰는 것이 쉽고 또 좋음이 같지 못하다(즉, 쉽고 좋다). 열매와 잎도 가히 쓸 것이다.

---

83 샹일호믄: '향명'에 대한 언해로 '우리 이름'으로 풀이할 수 있다. '향'을 '샹'으로 읽는 것은 구개음화와 관련된다.

84 믯믯ㅎ니(형용사): '밋밋하−'의 뜻이나 한자나 다른 이본의 언해를 보면 '미끄럽−'의 뜻으로 해석된다.

85 롱이니: '農人(명사)−이'로 '농민'을 뜻한다.

86 마초(부사): '마초−'(동사)의 어간만으로 파생되는 영변화에 의한 부사이다.

87 밧: 명사 '밖'의 'ㄱ'이 자음 앞에서 묵음된다.

88 거플(명사): 거플〈고〉.

89 믈외야(동사): '믈외−'는 '말리−'의 뜻이다.

90 쉽고(형용사): 쉽고〈고〉.

91 됴홈: '둏−옴'으로 분석할 수 있는데 앞의 'ᄡ몸'에는 '−오−ㅁ'으로써 명사형을 만들었으나 여기서는 '−오−'가 사라진 모습을 보여주고 있다.

92 ᄀᆮ디: 곤디〈고〉.

언해문(구벽-일,3b)
느릅 겁질이 셩이 믓그럽고[93] 오래 머그면 빈 고프디 아니ᄒᆞ니 겁질 흰 ᄃᆡ를 몰뢰여 씨허 ᄀᆞᄅ ᄒᆞ야 ᄡᅳ거니와 믈을 우려 ᄡᅳ기야[94] 쉽고 됴ᄒᆞ며 열음과 닙도 됴ᄒᆞ니라

언해문(신구-쟝,4a)
느릅[95] 겁질이 셩이 믓그럽고 오래 머그면 빈 고프디 아니ᄒᆞ니 겁질 흰 ᄃᆡ를 몰뢰여 씨허 ᄀᆞᄅ ᄒᆞ야 ᄡᅳ거니와 믈을 우려 ᄡᅳ기야 쉽고 됴ᄒᆞ며 열음과 닙도 됴ᄒᆞ니라

현대어역
느릅(나무) 껍질이 성질이 미끄러워서 오래 먹으면 배고프지 아니하니 껍질 흰 곳을 말려서 찧어 가루 만들어 쓰지만 물에 우려 쓰는 것이라야 쉽고 좋으며 열매와 잎도 좋다.

한문
取松葉末法

언해문(구황-츙,3b)
솔닙 ᄀᆞᄅ 밍ᄀᆞᆯ[96] 법[97]

현대어역
솔잎 가루 만드는 법

---

93 믓그럽고(형용사): '미끄럽-'의 뜻이다. 근대국어 시기에 '믜'가 단모음화하여 '미'가 된다.
94 ᄡᅳ기야: 'ᄡᅳ(동사)-기(명사형어미)-야(조사)'로 분석되어 '사용하는 것이라야'로 풀이된다.
95 느릅: 느릅〈일〉.
96 밍ᄀᆞᆯ(동사): 어간 '밍ᄀᆞᆯ-'은 '만들-'의 뜻이다.
97 이 부분은 『구황벽곡방』과 『신간구황촬요』에 모두 언해되어 있지 않다.

언해문(구벽-일,3b)
없음.

언해문(신구-장)
없음.

한문
松葉不限多少摘取生者擣細末蒸曝用如餘自成片者晒乾易擣 或取葉二斗太一升炒過乘熱同擣則易末愚人厭苦者其末蒸再末可減苦味然不蒸者尤有氣力

언해문(구황-충,4a)
솔닙홀 하나[98] 져그나 ᄂᆞᆯ 빠 디허 ᄀᆞᄅᆞ 밍ᄀᆞ라 그 ᄀᆞᄅᆞᆯ 뗘 볘틱 ᄆᆞᆯ외여 ᄡᅮ디 디흘[99] ᄆᆞᄎᆞ매 절로 넙더기[100] 도이니 런[101] 볘틱 ᄆᆞᆯ외면 수이 디히ᄂᆞ니라[102]

현대어역
솔잎을 많으나 적으나 날 것을 따서 찧어 가루 만들어, 그 가루를 쪄서 볕에 말려서 쓰되 찧는 것을 마칠 즈음에 저절로 넙적하게 되니 마른 볕에 말리면 쉽게 찧어진다.

언해문(구황-충,4a)
쏘 닙흘 두 말만 ᄒᆞᆫ 되 콩 ᄒᆞᆫ 되를 봇까 더운 기메 섯거 찌흐면 수이 ᄀᆞ

---

98 하나(형용사): '하-'는 '많-'의 뜻이다.
99 디흘(동사): '딯-으-ㄹ'로 분석되는데 '찧는 것'이란 뜻으로 사용된다. 따라서 '-ㄹ'은 동명사의 기능을 한다.
100 넙더기: 한문의 '片'에 해당한다. 동사 '넙덕-이-'(넙적하게 하-)에서 파생된 명사로 보인다.
101 런: '런'의 의미가 미상이나 '마른, 난'의 뜻으로 생각한다.
102 디히ᄂᆞ니라: '딯-이(피동접미사)-'는 '찧어지-'의 의미이다.

ㄹ 도외ᄂᆞ니라[103] 미혹훈 사름이[104] 쁜 마슬 슬히[105] 너기거든 그 ᄀᆞ를 뼈셔 다시 ᄀᆞ를 밍ᄀᆞ르면 쁜 마시 더ᄂᆞ니라 그러커니와 삐디 아니[106] ᄒᆞ니ᄉᆞ[107] 더옥 힘씌우니 인ᄂᆞ니라

현대어역

또 (솔)잎을 두 말만 한 데에 콩 한 되를 볶아(즉, 솔잎 두 말과 콩 한 되를 볶아) 더운 김에 섞어 찧으면 쉽게 가루가 된다. 어리석은 사람이 쓴 맛을 싫어하거든 그 가루를 쪄서 다시 가루를 만들면 쓴 맛이 덜어진다. 그렇지만 찌지 아니한 것이라야 더욱 힘기운이 있다.

언해문(구벽-일,4a)

숑엽을 만히 따 싱을 찌허 넙덕지거든[108] 물뢰여 ᄀᆞ를 밍그로되 닙 두 말의 콩 ᄒᆞᆫ 되를 봇가 더온 김의 씨흐면 ᄀᆞᄅᆞ ᄒᆞ기 쉬오니 쁜 거슬 슬희여 ᄒᆞ거든 ᄀᆞᄅᆞᆯ 뼈셔 ᄯᅩ 씨흐면 쁜 마시 덜거니와 아니 ᄠᅵ니야[109] 긔운이 인ᄂᆞ니라

언해문(신구-장,4b)

숑엽을 만히 따 싱을 찌허 넙덕지거든 물뢰여 ᄀᆞ를 밍그로되 닙 두 말의 콩 ᄒᆞᆫ 되를 봇가 더온 김의 씨흐면 ᄀᆞᄅᆞ ᄒᆞ기 쉬오니 쁜 거슬 슬희여 ᄒᆞ거든 ᄀᆞᄅᆞᆯ 뼈셔 ᄯᅩ 씨흐면 쁜 마시 덜거니와 아니 ᄠᅵ니야 긔운이 인ᄂᆞ니라

---

103 도외ᄂᆞ니라: '도외-'(〈ᄃᆞ외-)는 나중에 '되-'로 변화한다.
104 미혹훈 사름: '미혹하-'는 "정신이 헷갈리어 갈팡질팡 헤맴"의 뜻이나 여기서는 한문의 '愚人'에 대한 언해이므로 '어리석은 사람'으로 풀이하는 것이 좋을 것이다.
105 슬히(부사): 형용사어간 '슳-'에 부사화접미사 '-이'가 접미되어 부사로 파생되었다. 근대국어시기에 '슳〉싫'이 되었다.
106 아니: 아녀〈고〉.
107 ᄒᆞ니ᄉᆞ: 'ᄒᆞ-ㄴ 이-ᄉᆞ'로 분석되고 '한 것이어야, 한 것이라야'의 의미다.
108 넙덕지거든: '넙덕이 되거든'의 의미이다.
109 ᄠᅵ니야: 'ᄠᅵ(동사)-ㄴ(어미) 이(명사)-야(조사)'로 분석되며, '찐 것이라야'의 뜻이다.

현대어역
송엽을 많이 따서 날 것을 찧어 넙적하게 되면 말려서 가루를 만들되, (솔)잎 두 말에 콩 한 되를 볶아 더운 김에 찧으면 가루 만들기 쉬우니, 쓴 것을 싫어하거든 가루를 쪄서 또 찧으면 쓴 맛이 덜지만 아니 찐 것이라야 기운이 있다.

한문
一法松葉擣碎盛於帒或以物裹束浸於流水中經三四日取出蒸之晒乾或突乾擣末其味極甘矣

언해문(구황-중,4b)
호 법은 솔닙홀 브스찌허110 쟐의111 녀커나 아못써스릐나112 끠려113 미야 흐르는 므레 돔가 사나홀만 디나거든 내여 뼈 벼틔나 구드레나 물외여 디허 フ르 밍글면 그 마시 フ장 됴호니라

현대어역
한 법은 솔잎을 바수어지게 찧어 자루에 넣거나 아무것에나 싸서 매어, 흐르는 물에 담가 사나흘만 지나면 내어 쪄서, 볕에나 구들에나 말린 후 찧어 가루 만들면 그 맛이 가장 좋다.

언해문(구벽-일,4b)
숑엽을 찌허 ᄇᆞ아 쟐릐 녀커나 헝거싀114 ᄡᅳ거나 든든 미여 흐ᄅᆞ는 믈에 돔갓다가 사나흘 디나거든 내여 뼈 볏희나 구들에나 물뢰여서 씨흐면 쁜 마시 업ᄂᆞ니라

---

110 브스찌허: 동사 '브스-〈브ᄉᆞ-'와 '찧-〈딯-'이 통합된 (비통사적)합성어로 볼 수 있다. 다른 이본에는 '찌허 ᄇᆞ아'로 언해되었다. '바수어지게 찧어'로 풀이된다.
111 쟐의: 명사 '쟈ᄅᆞ'는 중세국어에서 '쟐리, 쟐릐, 쟐롤' 등으로 곡용하였다. '자루에'의 뜻이다.
112 아못써스릐나: '아모-ㅅ 것-으로-이나'로 분석할 수 있다.
113 끠려(동사): '싸-, 안-'의 뜻이다.
114 헝거싀: '헝-것-의'로 분석되며 '헝'은 '헌'의 'ㄴ'이 '것'의 'ㄱ'에 동화된 것으로 보인다.

언해문(신구-장,4b)
숑엽을 찌허 ᄲᅡ아 잘ᄅᆡ[115] 녀커나 헝거싀 ᄡᅡ거나 ᄃᆞᆫᄃᆞᆫ ᄆᆡ여[116] 흐르ᄂᆞᆫ 믈에 ᄃᆞᆷ갓다가 사나흘 디나거든 내여 ᄧᅧ 볏희나 구들에나 ᄆᆞᆯ뢰여셔 찌흐면 ᄡᅳᆫ 마시 업ᄂᆞ니라

현대어역
송엽을 찧고 빨아 자루에 넣거나 헝겊에 싸거나 (하여) 단단히 매어 흐르는 물에 담갔다가 사나흘 지나거든 내어 쪄서, 볕에나 구들에나 말려서 찧으면 쓴 맛이 없다.

한문
取楡皮汁法

언해문(구황-충,4b)
느릅 믈 아ᄉᆞᆯ[117] 법

현대어역
느릅 물을 취하는 법

언해문(구벽-일)
없음.

언해문(신구-장)
없음.

---

115 잘ᄅᆡ: 쟐릐〈일〉.
116 ᄆᆡ여: ᄆᆡ여〈가〉.
117 아ᄉᆞᆯ(동사): '앗-'은 '취하-'의 의미이다. '빼앗-'은 '빼-'와 '앗-'의 비통사적 합성어이다.

한문
楡皮不計老嫩採[118]皮擣碎盛陶器或木槽浸水取汁用汁盡添水攪之則[119]汁出無窮

언해문(구황-충,5a)
느릅 거프를 늘근 져믄[120] 나모 굴히디 말오 거프를 즛찌허 딜그르시어나 구쉬어나[121] 담고 믈 브서 제 므를 내여 쓰듸[122] 업거든 다른 므를 더 브서 저스면 무쉬[123] 나ᄂ니라

현대어역
느릅 껍질을 늙거나 젊은 나무 가리지 말고, 껍질을 짓찧어 질그릇이나 구유에 담고 물을 부어 제 물을 내어 쓰되, (즙이) 없거든 다른 물을 더 부어 저으면 무수히 난다.

언해문(구벽-일,5a)
느릅 겁질을 늘근 남기나 져믄 남기나 혜디 말고 만히 벗겨 찌허 딜그르시나 나모 바조[124] 톄엿[125] 거싀 담아 믈 브어 둠가 즙이 나거든 쓰고 즙이 진커든 믈을 쏘 브어 저으면 무궁히 나ᄂ니라

---

118 柗: 採〈구벽〉.

119 則: 다른 판본에는 없는 글자이다.

120 늘근 져믄: 중세국어 관형사형의 병렬 형식으로서, '늘근'과 '져믄'(젊은)이 모두 뒤의 '나모'를 수식한다.

121 구쉬어나: '구슈-이-어-나'로 분석되고, 명사 '구슈'(>구유)는 '가축들에게 먹이를 담아 주는 그릇'을 말한다.

122 쓰듸(동사): '쓰-우-듸'로 분석된다.

123 무쉬: '무수-이'로 분석되고, '무수'는 한자어 '無數'에서 왔다.

124 바조: 바자(대, 갈대. 수수깡, 싸리 따위로 발처럼 엮거나 결어서 만든 물건)를 가리키는데 여기서는 이렇게 만든 그릇 종류로 해석하는 것이 좋겠다.

125 톄엿: '-와 같은 것' 또는 '(무엇) 等類'의 의미로 해석된다. '톄'는 한자어 '體'에서 온 것으로 보인다. "杇는 바리톄엿 그르시라"(가례언해10:31).

언해문(신구-장,5a)
느릅 겁질을 늘근 남기나 져믄 남기나 혜디 말고 만히 벗겨 씨허 딜그르{로}시나 나모 구유톄엿{엇} 거싀[126] 담아 믈 브어[127] 둠가 즙이 나거든 쓰고 즙이 진커든[128] 믈을 쏘 브어 저으면 무궁이 나ᄂ니라[129]

현대어역
느릅 껍질을 늙은 나무나 젊은 나무나 가리지 말고 많이 벗겨 찧어 질그릇이나 나무 바자 같은 것에 담아 물 부어 담가 (두었다가) 즙이 나면 쓰고 즙이 진하거든 물을 또 부어 저으면 무궁히 난다.

한문
作松葉粥法

언해문(구황-중,5a)
솔닙 죽 쑬 법{빕}[130]

현대어역
솔잎 죽 쑤는 법

언해문(구벽-일)
없음.

언해문(신구-장)
없음.

---

126 구유톄엿{엇}거싀: 톄엿〈중, 일〉.
127 브어: 브서〈가〉.
128 진커든: 진거든〈가, 일〉.
129 나ᄂ니라: 나ᄂ니리〈일〉.
130 법{빕}: 빕〈고〉.

한문

松葉末三合 米末一合 楡皮汁一升右和匀打粥可朝夕度飢延年 松葉性澁楡皮性滑和之以穀末大能益胃分利二腑不但度備凶歉至於有年欲善攝養者皆可用 治病延年勝於五穀膏粱

언해문(구황-중,5b)

솔닙 ㄹ 서 홉{흠}과 ᄡᆞㄹ ᄀᆞᆯ 흔 홉{흠}과 느릅{름}¹³¹ 믈 흔 되와를 서ᄭᅥ 죽 수워 머그면 가히 아ᄎᆞᆷ 나죄를¹³² 디내며 목숨도 길리라 솔닙흔 성이 직브드드ᄒᆞ고¹³³ 느릅은 성이 믯믯ᄒᆞ니 곡식 ᄀᆞᆯ을 섯그면 뉭히 댱위를¹³⁴ 됴케 ᄒᆞ며 견매며¹³⁵ 쇼마를¹³⁶ 훤훤케¹³⁷ ᄒᆞᄂᆞ니라 흔갓¹³⁸ 가난흔¹³⁹ 히를 무ᄉᆞ히 디낼 ᄯᅡ니 아니라 가ᄋᆞ면¹⁴⁰ 히예도 몸 잘 간슈흘 사ᄅᆞ은 다 쁠 거시라 병 고티기며¹⁴¹ 댱슈ᄒᆞ기예ᄂᆞᆫ 곡식이며 기름진 음식두곤¹⁴² 이거시ᅀᅡ 더으니라

현대어역

솔잎 가루 서 홉과 쌀가루 한 홉과 느릅 물 한 되를 섞어 죽 쑤어 먹으면 가히 아침과 저녁

---

131 느릅{름}: '믈'의 'ㅁ'에 동화되어 '름'으로 발음되는 것을 반영한 것으로 볼 수도 있다.
132 나죄를: '나조/나죄(나조ㅎ)'는 '저녁'(夕)이란 뜻이다.
133 직브드드ᄒᆞ고(형용사): '거칠고 껄껄하-'의 뜻 외에 '인색하-'의 뜻도 지닌다. '삽'(澁)에 '떫-'이란 의미가 있다.
134 댱위를: 한문에는 '胃'로 되어 있으나 '腸胃'로 풀이하여야 할 것이다.
135 견매며: '견마-이며'로 분석되는데, 명사 '견마'는 '대변'을 뜻한다.
136 쇼마(명사): '소변'의 뜻이다.
137 훤훤케(형용사): '훤훤하게' 즉, '시원하게'의 뜻이다.
138 흔갓(부사): "고작하여야 다른 것 없이 겨우"의 뜻이다.
139 가난흔(형용사): '가난ᄒᆞ-'<'가난ᄒᆞ-<간난ᄒᆞ-(←간난(艱難)-ᄒᆞ-)는 '어려운'의 의미인데 나중에 '살림살이가 넉넉하지 못하고 쪼들림'의 뜻으로 변하였다.
140 가ᄋᆞ면(형용사): '가ᄋᆞ몔(<가ᅀᆞ멸)-은'으로 분석되고 그 뜻은 '부유한'이다.
141 고티기며: '-(이)며'는 접속의 기능을 하는데, 여기서는 선택의 '-이나'로 풀이된다.
142 음식두곤: '두곤'(<도곤)은 현대어 '보다'의 의미이다.

을 지내며(즉, 아침저녁 밥을 대용하며) 목숨도 길 것이다. 솔잎은 성질이 거칠고 껄껄하고 (즉, 떫고) 느릅은 성질이 미끄러우니 곡식 가루를 섞으면 능히 장과 위를 좋게 하며 대변과 소변을 시원하게 한다. 한갓 어려운 해(즉, 흉년)를 무사히 지낼 뿐 아니라 부유한 해(즉, 풍년)에도 몸 잘 간수할 사람은 다 쓸 것이다. 병을 고치거나 장수하기에는 곡식이나 기름진 음식보다 이것이 더 좋다.

언해문(구벽-일, 5b)
숑엽 ᄀᆞᄅᆞ 서 홉 ᄡᆞᆯ ᄀᆞᄅᆞ ᄒᆞᆫ 홉 느릅 즙 ᄒᆞᆫ 되를 섯거 죽 ᄡᅮ면 됴셕을[143] 견딜 ᄲᅮᆫ 아녀[144] 병 업고 오래 사라 곡셕도곤 나으니라

언해문(신구-장, 5b)
숑엽 ᄀᆞᄅᆞ 서 홉 ᄡᆞᆯ ᄀᆞᄅᆞ ᄒᆞᆫ 홉[145] 느릅 즙 ᄒᆞᆫ 되를 섯거 죽 ᄡᅮ면[146] 됴셕을 견딜[147] ᄲᅮᆫ 아녀 병 업고 오래 사라 곡셕도곤 나으니라

현대어역
송엽 가루 서 홉, 쌀가루 한 홉, 느릅 즙 한 되를 섞어 죽 쑤면 아침저녁을 견딜 뿐 아니라 병 없고 오래 살아 곡식보다 낫다.

한문
楡皮或有多産之地或有不産之地不産之處則作粥不須用汁白水不妨但久服大便必堅秘太末和粥作之或生太浸潤嚼食

---

143 됴셕을: 한자어 '朝夕'에서 왔는데 여기서는 '아침저녁 끼니'의 뜻으로 풀이된다.
144 아녀: '아니-어'로 분석되는데, '여'는 'ㅣ' 모음 뒤에서 '어'가 변동된 것이다.
145 홉: 홉〈일〉.
146 ᄡᅮ면: 쑤면〈가, 일〉.
147 견딜: 견딜〈중, 일〉, 견될〈가〉.

언해문(구황-충,6a)

느릅이148 만히 나는 싸토149 이시며 아니 나는 싸토 인ᄂ니 아니 나는 싸히어든 구틔여 느릅 므레 말오 그저 므레 쑤워도 므던ᄒ니라 오직 오래옷{웃}150 머그면 견매151 굳ᄂ니 콩ᄀᆯ을 죽에 섯거 쑤며 혹 늘콩을 ᄃᆞᆷ가 불워152 시버 머그라

현대어역

느릅이 많이 나는 땅도 있으며 아니 나는 땅도 있으니, 아니 나는 땅이거든 구태여 느릅 물에 (하지) 말고 그저 물에 (죽을) 쑤어도 무던하다. 오직 오래 먹으면 대변이 굳으니 콩가루를 죽에 섞어 (죽을) 쑤며 혹 날콩을 담가 불려서 씹어 먹으라.

언해문(구벽-일,5b)

느릅이 혹 업슨 듸도 이시니 업스면 그저 믈로 죽을 쑤어도 므던ᄒ거니와 다만 하긔153 통티 못홀가 두려오니 콩 ᄀᆞᆯᄅᆞᆯ 섯거 쑤거나 혹 싱콩을 믈에 부럿다가 즛십어 머거도 됴ᄒ니라

언해문(신구-장,6a)

느릅이 혹 업슨 듸도 이시니 업스면 그저 믈로 죽을 뿌어도154 므던ᄒ거니와 다만 하긔 통티 못홀가 두려오니 콩155 ᄀᆞᆯᄅᆞᆯ 섯거 뿌거나156 혹 싱

---

148 느릅: "느릅나뭇과의 낙엽 활엽 교목"으로, '떡느릅나무, 뚝나무, 분유(枌楡)'라고도 한다.
149 싸토: '싸ㅎ(명사)-도(조사)'로 분석되며 '땅도'의 의미다.
150 오래옷{웃}: 오래옷〈고〉. '옷'(특수조사)은 '곳'이 'j' 아래에서 'ㄱ'이 탈락한 것으로 특수조사 '만' 정도의 의미를 가진다.
151 견매: 한문의 '大便'에 해당하는 말이다.
152 불위: '불(동사어간)-우(사동접미사)-'로 분석된다.
153 하긔: '대변'에 해당하는 것으로 한자어 '下氣'에서 왔다.
154 뿌어도: 쑤어도〈가, 일〉.
155 콩: 콩〈가〉.
156 뿌거나: 쑤거나〈가, 일〉.

콩[157]을 믈에 부럿다가 즛십어 머거도 됴흐니라

현대어역
느릅이 혹 없는 데도 있으니 없으면 그저 물로 죽을 쑤어도 무던하거니와 다만 하기가 통하지 못할까 두려우니 콩가루를 섞어 (죽을) 쑤거나 혹 생콩을 물에 불렸다가 짓씹어 먹어도 좋다.

한문
作楡皮餠法

언해문(구황-충,6b)
느릅 떡 밍글 법

현대어역
느릅 떡 만드는 법

언해문(구벽-일)
없음.

언해문(신구-장)
없음.

한문
楡白皮末一升 米末一合 松葉末一合右白湯和勻作餠內滾沸湯中熟過放冷取食

---

157 콩: 콩〈가〉.

언해문(구황-충, 7a)

느릅 힌 거플 ᄀᆞᄅᆞ ᄒᆞᆫ 되와 ᄡᆞᆯ ᄀᆞᄅᆞ ᄒᆞᆫ 홉과 솔닙 ᄀᆞᄅᆞ ᄒᆞᆫ 홉과를 더운 므레 골오[158] 쳐[159] 쩍 밍ᄀᆞ라 글른 므레 녀허 닉게 술마 시겨[160] 머그라

현대어역

느릅 흰 껍질 가루 한 되와 쌀가루 한 홉과 솔잎 가루 한 홉을 더운 물에 고루 쳐서(즉, 섞어서) 떡을 만들어, 끓는 물에 넣어 익게 삶아 식혀 먹으라.

한문

一法榆白皮末一升米末一合白湯作餠烹食或用鐵器以油少灼之煎餠取食如無油用蠟灼之亦得[黃蠟白蠟或有多産之地故幷錄][161]

언해문(구황-충, 7a)

ᄒᆞᆫ 법은 느릅 힌 거픐 ᄀᆞᄅᆞ ᄒᆞᆫ 되와 ᄡᆞᆯ ᄀᆞᄅᆞ ᄒᆞᆫ 홉과를 더운 므레 골오 쳐 쩍 밍ᄀᆞ라 술마 머그며 혹 솓두에예[162] 기름을 죠고마치[163] 븟쇠[164] 쎠글 부처도 머그라 기름곳 업거든 미를[165] 부쳐도 됴ᄒᆞ니라 미리 나는

---

158 골오(부사): '고르게, 고루'의 뜻이다.
159 쳐(동사): 여기서의 '치-'는 '섞-'의 의미로 풀이할 수 있다.
160 시겨: '식(동사)-이(사동접미사)-어'로 분석되며, '식히어'의 뜻이다.
161 협주 부문은 다른 판본에 없다.
162 솓두에: '솓(명사) 두에(명사)'로 분석되며 '솥뚜껑'을 이르는 말이다.
163 죠고마치(부사): '죠곰-아치'로 분석될 것으로 '조금'이란 의미다.
164 븟쇠(동사): '븣-'은 '갈-, 비비-'의 뜻으로 사용된 고어인데, 현대국어 '숫돌'(<븟돓←븣-돓)에 그 흔적이 남아 있다. 여기서는 '비비-, 치-'의 의미로 사용되었다.
165 밀(명사): "벌집을 만들기 위하여 꿀벌이 분비하는 물질"로서, '꿀밀, 밀랍, 벌똥, 봉랍, 황랍(黃蠟)'으로도 부른다.

싸히 이쇼모로[166] 조쳐 올이노라[167]

현대어역
한 법은 느릅 흰 껍질 가루 한 되와 쌀가루 한 홉을 더운 물에 고루 쳐서 떡 만들어 삶아 먹으며, 혹 솥뚜껑에 기름을 조금 치고 떡을 부쳐도 먹으라. 기름이 없거든 꿀밀을 쳐도 좋다. 밀이 나는 땅이 있으므로 따라(즉, 함께) 올린다.

언해문(구벽-일,6a)
느릅 겁질 ᄀᆞᄅᆞ ᄒᆞᆫ 되 ᄡᆞᆯ ᄀᆞᄅᆞ ᄒᆞᆫ 홉 숑엽 ᄀᆞᄅᆞ ᄒᆞᆫ 홉을 더운 믈에 믈아 ᄯᅥᆨ을 비저 ᄭᅳᆯᆫ 믈에 드리텨[168] 니겨 식거든 먹고 ᄯᅩ ᄒᆞᆫ 법은 기름에 지져도 먹고 기름 업거든 밀로 부쳐도 됴ᄒᆞ니라

언해문(신구-장,6b)
느릅 겁질 ᄀᆞᄅᆞ ᄒᆞᆫ 되 ᄡᆞᆯ ᄀᆞᄅᆞ ᄒᆞᆫ 홉 숑엽 ᄀᆞᄅᆞ ᄒᆞᆫ 홉을 더온 믈에 믈아 ᄯᅥᆨ을 비저 ᄭᅳᆯᆫ 믈에 드리텨 니겨 식거든 먹고 ᄯᅩ ᄒᆞᆫ 법은 기름의 지져도 먹고 기름 업거든 밀로 부쳐도 됴ᄒᆞ니라

현대어역
느릅 껍질 가루 한 되, 쌀가루 한 홉, 송엽 가루 한 홉을 더운 물에 말아 떡을 빚어서, 끓는 물에 넣어 익히고 식으면 먹고, 다른 법은 기름에 지져도 먹고 기름이 없거든 밀로 부쳐도 좋다.

---

166 이쇼모로: 이소모로〈고〉. '이시-오-ㅁ-으로'로 분석되는데 '으로'가 모음동화에 의해 '오로'로 표기되었다.

167 올이노라: 동사 어간 '오ᄅᆞ-'에 사동의 '-이-'가 접미된 것으로 '오ᄅᆞ-'는 특수어간 교체를 보이므로 '올이-'가 된다.

168 드리텨(동사): 여기서의 '드리티-'는 '떨어뜨리-, 던져넣-'(投)의 의미로 사용되었다.

한문
作糗法

언해문(구황-충,7b)
미시¹⁶⁹ 밍글 법

현대어역
미숫가루 만드는 법

언해문(구벽-일)
없음.

언해문(신구-장)
없음.

한문
松葉末二合太末一合和冷水服之能走一息不飢常須盛袋帶之

언해문(구황-충,7b)
솔닙 ᄀᆞᄅᆞ 두 홉{흡}¹⁷⁰과 콩 ᄀᆞᄅᆞ ᄒᆞᆫ 홉을 ᄎᆞᆫ 므레 프러 머그면 ᄒᆞᆫ 즘게를¹⁷¹ ᄃᆞ라도¹⁷² ᄇᆡ 골티¹⁷³ 아니ᄂᆞ니 샹해 모로미 주머니예 녀허 ᄯᅴ여 ᄃᆞ니라¹⁷⁴

---

169 미시(명사): '미숫가루'의 옛말이다.
170 홉{흡}: 홉〈고〉
171 즘게(명사): 하루 노정인 30~40리의 거리로서, 한문의 '一息'에 해당한다. 'ᄒᆞᆫ 즘게를 다라도'는 '하루를 달려도'로 풀이할 수 있다.
172 ᄃᆞ라도: 'ᄃᆞᆯ(동사)-아도(어미)'로 분석되며, '달려도(走)'의 의미이다.
173 골티(동사): '곯-디'로 분석된다.
174 ᄃᆞ니라(동사): 'ᄃᆞᆮ-니-라'로 분석되며 뒤의 'ㄴ'에 의해 'ㄷ'이 동화되었다. 기원적으로는 'ᄃᆞᆮ-니-'는 비통사적 합성어이다.

현대어역
솔잎 가루 두 홉과 콩 가루 한 홉을 찬 물에 풀어 먹으면, 하루 거리를 달려도 배고프지 아니하니 모름지기 늘 주머니에 넣어 (허리에) 띠고 다니라.

언해문(구벽-일,6b)
숑엽 ᄀᆞᄅᆞ 두 홉 콩 ᄀᆞᄅᆞ ᄒᆞᆫ 홉을 닝슈에 빠175 머그면 ᄒᆞᆫ 즘게를 ᄃᆞ라도 비 골프디176 아니ᄒᆞ니 젼대예177 ᄯᅴ고 ᄃᆞ닐 거시라

언해문(신구-쟝,7a)
숑엽 ᄀᆞᄅᆞ 두 홉 콩 ᄀᆞᄅᆞ ᄒᆞᆫ 홉을 닝슈의 타 머그면 ᄒᆞᆫ 즘게를 ᄃᆞ라도 비 골프디 아니ᄒᆞ니 젼대예 ᄯᅴ고 ᄃᆞ닐 거시라

현대어역
송엽 가루 두 홉, 콩가루 한 홉을 냉수에 타서 먹으면, 하루 거리를 달려도 배고프지 아니하니 전대에 띠고 다니라.

한문
千金酒法

언해문(구황-츙,8a)
븕나모쑐178 비즐 법

현대어역
붉나무술을 빚는 법

---

175 빠(동사): 'ᄩᆞ-아'로 분석된다.
176 골프디(형용사): '곯-브(←ᄇ)-디'로 분석된다.
177 젼대(명사): '허리에 띠는 주머니'인 전대(錢帶)를 말한다.
178 븕나모 쑐: '븕 나모-ㅅ 술'로 분석할 수 있다. '븕나모'는 "옻나뭇과의 낙엽 활엽 소교목" 으로, '오배자나무, 천금목'이라고도 한다.

언해문(구벽–일)
없음.

언해문(신구–장)
없음.

한문
先以糯稈於鍋中濃煎後去稈次入千金木皮再煎一二沸待冷入瓮斟酌和麯[179]末次日入米粥待醞釀成酒澄淸則味甘美服之消飢腫神驗 凡釀量水二盆米一升作粥醞之

언해문(구황–충,8a)
몬져 출우켓[180] 딥흘 가{기}마예 므르녹게 달힌 후에 그 딥흘 건뎌 브리고 버거[181] 븕나못 거프를 녀허 다시 ᄒᆞᆫ 소솜[182] 두 소솜만 글혀 시겨 추거든 도긔 녀코 누록 글을 짐쟉ᄒᆞ야 섯고 이틋날 ᄡᆞᆯ 쥭을 녀허 괴요 ᄆᆞᆯ[183] 기들워 ᄆᆞᆰ안ᄌᆞ면[184] 마{미}시 ᄃᆞᆯ오 됴ᄒᆞ니 머그면 굴머 브ᅀᅳᆫ ᄃᆡ ᄂᆞ초미 신긔로이 효험{험} 나ᄂᆞ니라 달힌 믈 두 동ᄒᆡ예 ᄡᆞᆯ ᄒᆞᆫ 되만 쥭 수워 비즈라

현대어역
먼저 찰볏짚을 가마솥에 무르녹게 달인 후에 그 짚을 건져 버리고, 다음으로 붉나무 껍질

---

179 麯: 麴〈구벽〉.
180 출우켓: '출(접두사)-우케(명사)'는 '찰벼'를 뜻한다.
181 버거: '다음으로, 다음에'의 뜻이다.
182 소솜: '솟-옴(음)'으로 분석된다. '솟옴' 즉 '끓음'의 의미이다.
183 괴요ᄆᆞᆯ: '괴-욤-ᄋᆞᆯ'로 분석되는데, 동사 '괴-'는 "술, 간장, 식초 따위가 발효하여 거품이 일다."란 뜻이다.
184 ᄆᆞᆰ안ᄌᆞ면(동사): 형용사 어간 'ᄆᆞᆰ-'과 동사 어간 '앉-'이 비통사적으로 합성된 것이다.

을 넣어 다시 한 솟음 두 솟음만 끓여 식히고 차가워지거든 독에 넣고 누룩 가루를 짐작하여 섞고 이튿날 쌀 죽을 넣어 괴기를 기다려 맑게 앉으면 맛이 달고 좋으니, (이를) 먹으면 굶어 부은 것을 낮추는 데 신기로운 효험이 난다. 달인 물 두 동이에 쌀 한 되만 죽 쑤어 빚어라.

언해문(구벽-일,7a)
출벼 딥흘 가마의 녀허 므르게 달힌 후에 딥흐란 건디고 븕나모 겁질을 녀허 두어 소솜 쓸혀 퍼 식거든 독의 녀코 누록 굴룰 짐쟉ᄒᆞ야 맛게 섯것다가¹⁸⁵ 이튼날 ᄡᆞᆯ 죽을 쑤어 녀흐되 믈 두 동희예 ᄡᆞᆯ ᄒᆞᆫ 되를 죽 쑤어 비저 닉거든 물켜¹⁸⁶ 머그면 브은 것 ᄂᆞᆺ기 효험이 인ᄂᆞ니라

언해문(신구-장,7b)
출벼 딥흘 가마의 녀허 므르게 달힌 후에 딥흐란 건디고 븕나모 겁질을 녀허 두어 소솜 쓸혀 퍼¹⁸⁷ 식거든 독의 녀코 누록 굴룰 짐쟉ᄒᆞ야 맛게 섯것다가 이튼날 ᄡᆞᆯ 죽을¹⁸⁸ ᄡᅮ어¹⁸⁹ 녀흐되 믈 두 동희예 ᄡᆞᆯ ᄒᆞᆫ 되를 죽 ᄡᅮ어¹⁹⁰ 비저 닉거든 물켜 머그면 브은 것 ᄂᆞᆺ기 효험이 인ᄂᆞ니라

현대어역
찰벼 짚을 가마에 넣어 무르게 달인 후에 짚은 건지고 붉나무 껍질을 넣어, 두어 솟음 끓여 퍼서 식거든 독에 넣고 누룩 가루를 짐작하여 알맞게 섞었다가 이튿날 쌀 죽을 쑤어 넣되, 물 두 동이에 쌀 한 되를 죽 쑤어 빚어 (이것이) 익거든 맑게 하여 먹으면 부은 것 낫기에 효험이 있다.

---

185 섯것다가: '섞-엇-다가'로 분석된다.
186 물켜(동사): '묽(형용사)-히(파생접미사)-어'로 분석되며, '맑게 하여'란 뜻이다.
187 퍼: 피〈일〉.
188 ᄡᆞᆯ죽을: 쑬죽을〈중, 가, 일〉.
189 ᄡᅮ어: 쑤어〈가, 일〉.
190 ᄡᅮ어: 쑤어〈가, 일〉.

한문
取穀末式[191]

언해문(구황-충,8b)
곡식 ᄀᆞᄅᆞ 아ᅀᆞᆯ[192] 법

현대어역
곡식 가루 얻는 법

언해문(구벽-일)
없음.

언해문(신구-장)
없음.

한문
白米一升可出末二升五合皮麥去芒連皮炒過作末可出末二升粟稷亦同

언해문(구황-충,9a)
ᄒᆡᆫ ᄡᆞᆯ ᄒᆞᆫ 되예 ᄀᆞᄅᆞ 두 되 닷 홉{홈}이 나ᄂᆞ니라 것쏠리[193] ᄀᆞᄉᆞ라기 업{엄}게 ᄒᆞ고 거플조차 봇{못}가 디흐면{먼} ᄀᆞᆯ이 두 되 나ᄂᆞ니 조피도[194] ᄒᆞᆫ가지라

현대어역
흰 쌀 한 되에서 가루 두 되 다섯 홉이 난다. 겉보리의 까끄라기를 없게 하고 껍질까지 볶

---

191 『구황벽곡방』과 『신간구황촬요』에는 "取穀末法"으로 되어 있다.
192 아ᅀᆞᆯ: '앗-'은 '취하-, 얻-'의 뜻이다.
193 것쏠리: '것쏠리'(←겇 보리)는 "껍질을 벗기지 아니한 보리" 즉 '겉보리'(皮麥)를 말한다.
194 조피: '조'(粟)는 "볏과의 한해살이풀"로서, "오곡의 하나로 밥을 짓기도 하고 떡, 과자, 엿, 술 따위의 원료로 쓴다." '피'는 '껍질'이다.

아 찧으면 가루가 두 되 나니 조피(즉, 조의 껍질)도 마찬가지다.

한문
大抵一升米末約二升五合可供二十五人一斗米末可供二百五十人

언해문(구황-충,9a)
대뎐디195 호 되 밧 ᄀᆞ리 두 되 닷 홉이니196 가히 스므다숫 사ᄅᆞᄆᆞᆯ 머기고 호 말 밧 ᄀᆞᆯ오로197 가히 이빅쉰 사ᄅᆞᄆᆞᆯ 머길 거시라

현대어역
대개 한 되 쌀가루가 두 되 다섯 홉이니 가히 스물다섯 사람을 먹이고, 한 말 쌀가루로 가히 이백쉰 사람을 먹일 것이다.

한문
若供一人則可資四朔三斗之米可備一年矣

언해문(구황-충,9b)
호 사ᄅᆞᆷ곳 머기면 가히 넉 ᄃᆞᆯ를 살 거시니 서 말 ᄡᆞᆯ로 가히 호 히ᄅᆞᆯ 디내리라

현대어역
한 사람만 먹이면 가히 넉 달을 살 것이니 서 말 쌀로 가히 한 해를 지낼 것이다.

언해문(구벽-일,8a)
ᄇᆡ미 호 되예 ᄀᆞᄅᆞ 두 되 닷 홉이 나고 것보{ᄇᆞ}리ᄅᆞᆯ ᄀᆞ스라기 업시 ᄒᆞ고

---

195 대뎐디: 한자어 '大天地'에서 온 것으로 보이며 의미는 '대개'이다.
196 홉이니: 홉이니〈고〉.
197 ᄀᆞᆯ오로: 'ᄀᆞᄅᆞ-으로'로 분석되는데 'ᄀᆞᄅᆞ'는 특수어간교체의 명사이므로 뒤에 모음으로 시작하는 조사가 오면 'ᄀᆞᆯㅇ'으로 어간이 교체한다. '오로'는 '으로'의 모음동화로 생긴 형태이다.

겁질조차 봇가 띠흐면 골리 두 되 나고 조피도 ᄀᆞᆮ니 ᄒᆞᆫ 되 ᄡᆞᆯ ᄀᆞᄅᆞ로 스믈다ᄉᆞᆺ을 머길 거시오 ᄒᆞᆫ 말로 이ᄇᆡᆨ쉰을 머기고 ᄒᆞ나히 머그면 넉 ᄃᆞᆯ을 머글 거시니 서 말이면 ᄒᆞᆫ 히ᄅᆞᆯ 견듸리라

언해문(신구–장,8a)
ᄇᆡ미 ᄒᆞᆫ 되예 ᄀᆞᄅᆞ 두 되 닷 홉이 나고 것보리ᄅᆞᆯ ᄀᆞᄉᆞ라기 업시 ᄒᆞ고 겁질좃차 봇가 띠흐면 골리[198] 두 되 나고 조피도 ᄀᆞᆮ니 ᄒᆞᆫ 되 ᄡᆞᆯ ᄀᆞᄅᆞ로 스믈다ᄉᆞᆺ을 머길 거시요[199] ᄒᆞᆫ 말로 이ᄇᆡᆨ쉰을 머기고 ᄒᆞ나히 머그면 넉 ᄃᆞᆯ을 머글 거시니 서 말이면 ᄒᆞᆫ 히ᄅᆞᆯ 견듸리라

현대어역
백미 한 되에 가루 두 되 다섯 홉이 나고 겉보리를 가스라기 없게 하여 껍질까지 볶아 찧으면 가루가 두 되 나고 조피도 같다. 한 되 쌀가루로 스물다섯 사람을 먹일 것이고, 한 말로 이백쉰 사람을 먹이고, 한 사람이 먹으면 넉 달을 먹을 것이니, 서 말이면 한 해를 견딜 것이다.

한문
沉醬式[200]

언해문(구황–충,9b)
쟝 ᄃᆞᆷ글 법

현대어역
장 담을 법

---

198 골리: 'ᄀᆞᄅᆞ(명사)–이(조사)'로 분석된다.
199 거시요: 거시오〈일〉.
200 『구황벽곡방』과 『신간구황촬요』에는 "沉醬法"으로 되어 있다.

언해문(구벽-일)

없음.

언해문(신구-장)

없음.

한문

沙參桔梗去蘆洗乾擣末篩過沉水去毒繁握去水入瓮約末十斗末醬一二斗入於其上塩水量入沉之則皆熟爲醬

언해문(구황-충,10a)

더덕과[201] 돌아줄[202] 머리 베혀 브리고 시서 물외야 디허 처 ᄀᆞᆯ 밍ᄀᆞ라 므레 ᄃᆞᆷ가 ᄡᆞᆫ[203] 긔운 업게 ᄒᆞ야 믈긔 업게 되오[204] ᄧᅡ 도긔 녀호ᄃᆡ ᄀᆞᆯ이 열 말만 ᄒᆞ면 며조 ᄀᆞᆯ올 ᄒᆞᆫ 말 두 말만 녀코 소곰믈 혜아려 브어[205] ᄃᆞᄆᆞ면 다 니거 쟝이 도외ᄂᆞ니라

현대어역

더덕과 도라지를 머리를 베어 버리고 (이를) 씻어 말리고 찧어 (체로) 쳐서 가루를 만들어 물에 담가 쓴 기운을 없게 하여 물기 없게 되게 짜서 독에 넣되, 가루가 열 말만 하면 메주 가루를 한 말이나 두 말만 넣고 소금물을 헤아려 부어 담으면 다 익어 장이 된다.

---

201 더덕(명사): '더덕'(사삼 沙蔘)은 "초롱꽃과의 여러해살이풀"로서, 자생기기도 하고 재배하기도 한다.

202 돌아줄: '돌앚-올'로 분석되고, '돌앚' 즉, '도라지'는 "초롱꽃과의 여러해살이풀"로서, "뿌리는 식용하거나 거담이나 진해의 약재로 쓴다."

203 ᄡᆞᆫ: 'ᄡᆞ-'(형용사)는 '쓰-'(苦)의 의미다.

204 되오(부사): '되게, 세게'의 의미다.

205 브어: '븟-어'로 분석되고 '부어'의 뜻이다.

언해문(구벽-일,8a)
더덕과 도라즐 싹 도다던²⁰⁶ 머리를 버히고 시서 물리여 ᄀᆞᄅᆞ 밍그라 믈에 우려 되오 ᄧᅡ 독의 녀코 그 ᄀᆞᄅᆞ 열 말의 메조 ᄒᆞᆫ 말이나 두 말이나 그 우희 녀코 소곰믈을 맛게 지어 브으면 다 니거 쟝이 되ᄂᆞ니라

언해문(신구-장,8b)
더덕과 도라즐 싹 도다션 머리를 버히고 시서 물리여 ᄀᆞᄅᆞ 밍그라 믈에 우려 되오 ᄧᅡ 독의 녁코 그 ᄀᆞᄅᆞ 열 말의 메조 ᄒᆞᆫ 말이나 두 말이나 그 우희 녀코 소곰믈을 맛게 지여 브으면 다 니거 쟝이 되ᄂᆞ니라

현대어역
더덕과 도라지를 싹 돋았던 머리를 베고 (이를) 씻어 말려서 가루를 만들어 물에 우려 되게 짜서 독에 넣고, 그 가루 열 말에 메주 한 말이나 두 말이나 그 위에 넣고 소금물을 알맞게 지어 부으면 다 익어 장이 된다.

한문
一法沙參桔梗熟過去蘆擣爛和塩盛瓮間間入末醬沉之爲醬亦好

언해문(구황-충,10b)
ᄒᆞᆫ 법은 더덕과 돌{들}아즐 닉게 슬마 머리 베혀 브리고 헤여디게²⁰⁷ ᄶᅵ허 소곰 섯거 도긔 녀호ᄃᆡ ᄉᆞ이ᄉᆞ이 며조 ᄯᅵᆯ을 녀허 ᄃᆞᆷ면 쟝이 도외여 ᄯᅩ흔 됴ᄒᆞ니라

현대어역
한 법은 더덕과 도라지를 익게 삶아 머리를 베어 버리고 헤어지게 찧어 소금을 섞어 독에

---

206 도다던: '돋-앗-더-ㄴ'으로 분석되는 것을 보면 〈신구〉의 '도다션'이 바른 표기로 보인다.
207 헤여디게(동사): '헤여디-'(←헤-어-디-)는 "뭉치거나 붙어 있는 물체가 따로따로 흩어지거나 떨어지다."의 뜻이다.

넣되, 사이사이에 메주 가루를 넣어 담으면 장이 되니 (이것) 또한 좋다.

한문, 언해문(구벽)
없음.

한문, 언해문(신구)
없음.

한문
一法太殼烹爛和塩間入末醬沉之爲醬甚好雖無末醬亦得
凡用須先沉水去毒氣煮用爲宜不然則必殺人

언해문(구황-충,10b)
ᄒᆞᆫ 법은 콩각대를 믈어디게[208] 솖마 소곰 섯거 ᄉᆞ이에 며조 ᄀᆞᆯ을 녀허 ᄃᆞᆷ면 쟝이 도외여 ᄀᆞ장 됴ᄒᆞ니라 비록 며죄 업서도 됴ᄒᆞ니라
믈읫 ᄡᅳᆯ 제어든 모로미 몬져 므레 ᄃᆞᆷ가 모딘[209] 긔우늘 업게 ᄒᆞ고 글혀 ᄡᅮ미 맛당ᄒᆞ니 그리옷{웃} 아니ᄒᆞ면 반ᄃᆞ시 사ᄅᆞᆷ을 주기ᄂᆞ니라

현대어역
한 법은 콩깍지를 물러지게 삶아 소금을 섞어 사이에 메주 가루를 넣어 담으면 장이 되니 (이것이) 가장 좋다. 비록 메주가 없어도 좋다.
대개 쓸 때면 모름지기 먼저 물에 담가 나쁜 기운을 없게 하고 끓여 쓰는 것이 마땅하니, 그리하지 않으면 반드시 사람을 죽이게 된다.

---

208 믈어디게(동사): '믈어디-'는 '무너지-'의 의미를 가지나, 한문의 '爛'에 의지하면 여기서는 '문드러지-, 물러지-'로 풀이하는 것이 좋을 것이다.
209 모딘(형용사): '모딜-ㄴ'으로 분석된다.

언해문(구벽-일,8b)
쏘 흔 법의는 콩각대늘 므르게 고아 소곰 섯거 스이스이 몌조 녀허 두 므면 쟝이 ᄀ장 됴코 몌죄 업서도 므던ᄒ니 몬져 믈에 둠가 독흔 긔운 을 업시 ᄒ여야 됴ᄒ니 그리 아니면 사름이 샹ᄒᄂ니라

언해문(신구-쟝,9a)
쏘 흔 법의는 콩각대를 므르게 고아 소곰 섯거 스이스이 몌조 녀허 두 므면 쟝이 ᄀ장 됴코 몌죄 업서도 므던ᄒ니 몬져 믈에 둠가 독흔 긔운 을 업시 ᄒ여야 됴ᄒ니 그리 아니면 사름이 샹ᄒᄂ니라

현대어역
또 한 법에는 콩깍지를 무르게 고아 소금을 섞어 사이사이에 메주를 넣어 담으면 장이 가장 좋고, 메주 없어도 무던하니, 먼저 물에 담가 독한 기운을 없게 하여야 좋으니 그리 아니하면 사람이 상하게 된다.

한문
一法太葉洗淨熟煮待汁濃入瓮平滿酌量和塩則成淸醬勝於豆醬

언해문(구황-츙,11a)
흔 법은 콩닙흘 시서 조케²¹⁰ ᄒ야 닉게 글혀 므리 걸거든 도긔 ᄀ드기 붓ᄉ고 짐쟉ᄒ야 소곰 섯그면 믉근 쟝이 되여 마시 콩쟝두곤 더으니라

현대어역
한 법은 콩잎을 씻어 깨끗하게 한 후 익게 끓여 물이 걸거든 독에 가득히 붓고 짐작하여 소금을 섞으면 맑은 장이 되니 맛이 콩장보다 더하다.

---

210 조케(형용사): '좋-'는 '깨끗하-'의 뜻이다.

언해문(구벽-일,9a)
쏘 콩닙흘 조히 시서 므르게 달혀 건²¹¹ 즙을 독의 ᄀ독이 녀코 소곰을 혜아려 섯그면 근쟝이 되ᄂ니라

언해문(신구-쟝,9b)
쏘 콩닙흘 조히 시서 므르게²¹² 달혀 건 즙을 독의 ᄀ득이 녀코 소금을 ²¹³ 혜아려 섯그면 근쟝이 되ᄂ니라

현대어역
또 콩잎을 깨끗이 씻어 무르게 달여 건(즉, 진한) 즙을 독에 가득히 넣고 소금을 헤아려 섞으면 간장이 된다.

한문
楡實亦可作醬

언해문(구황-츙,11a)
느릅 여름도 쏘 가히²¹⁴ 쟝을 밍글 거시라

현대어역
느릅 열매도 또 가히 장을 만들 것이다.

언해문(구벽)
없음.

언해문(신구)
없음.

---

211 건: '걸-으-ㄴ'으로 분석되는데, '걸-'(형용사)은 '진하-'(濃)의 뜻이다.
212 므로게: 므르게〈일〉.
213 소금을: 소곰글〈즁〉, 소곰을〈가, 일〉.
214 가히: 기히〈고〉.

한문
作糜法

언해문(구황-충,11a)
버므레²¹⁵ 밍글 법

현대어역
버무리 만드는 법

언해문(구벽)
없음.

언해문(신구)
없음.

한문
木麥花[彷藏伊]太葉太殼作末和穀末作糜蒸食極良如無此等物穀根細末作糜亦能度飢不腫

언해문(구황-충,11b)
모밀²¹⁶ 느정이와²¹⁷ 콩 닙과 콩각대를²¹⁸ ᄀᆞᄅ 밍ᄀᆞ라 곡식 ᄀᆞᆯ이 섯거 버므레 밍ᄀᆞ라 ᄣᅧ 머그라 ᄀᆞ장 됴ᄒᆞ니라 이것들콧²¹⁹ 업거든 곡식 불휘를

---

215 버므레: '버므레'(←버믈-에)는 "여러 가지를 한 데에 뒤섞어서 만든 음식"을 뜻하는 '버무리'이다.
216 모밀: '메밀'(목맥 木麥)은 "마디풀과의 한해살이풀"로서, "밭에 많이 심고 가물 때에는 논에 심기도 한다." '교맥, 오맥(烏麥)'이라고도 한다.
217 느정이: '줄기'를 뜻한다.
218 콩각대를: '각대'는 '깍지'를 뜻하므로 '콩깍지'를 뜻한다.
219 이것들콧: '이 것-둘-곳'으로 분석할 수 있다. 특수조사 '곳'은 '만'과 같은 뜻을 가지거나 강조의 의미를 지닌다. '둘'은 복수의 의미를 지닌다.

ᄀᄂ리 ᄀᄅ 밍ᄀ라 버므레 ᄒᆞ야 머그면 ᄯᅩ 붓{믓}디 아니ᄒᆞᄂ니라

현대어역
메밀 줄기와 콩잎과 콩깍지를 가루 만들어 곡식 가루에 섞어 버무리를 만들어 쪄서 먹으라. 가장 좋다. 이것들이 없거든 곡식 뿌리를 가늘게 가루 만들어 버무리를 하여 먹으면 역시 붓지 아니한다.

언해문(구벽–일,9b)
모밀 느정이과 콩 닙과 콩각대를 우려 물외여 ᄀᆞᄅ 밍ᄀ라 ᄡᆞᆯ ᄀᆞᄅ 섯거 ᄣᅥ 머그면 ᄀᆞ쟝 됴ᄒᆞ니 이것들히 업거든 곡셕 불희를 파[220] ᄀᆞᄅ 밍ᄀ라 버므레를 ᄒᆞ여도 ᄇᆡ 아니 고프고 붓디 아니ᄒᆞᄂ니라

언해문(신구–쟝,10a)
모밀 느정이과 콩 닙과 콩각대를 울여[221] 물외여 ᄀᆞᄅ 밍ᄀ라 ᄡᆞᆯ ᄀᆞᄅ 섯거 ᄡᅧ[222] 머그면 ᄀᆞ쟝 됴ᄒᆞ니 이것들히 업거든 곡셕 불희를 파 ᄀᆞᄅ 밍ᄀ라 버므레를 ᄒᆞ여도 ᄇᆡ 아니 고프고 붓디 아니ᄒᆞᄂ니라

현대어역
메밀 줄기와 콩잎과 콩깍지를 (물에) 우려 말려서 가루 만들어 쌀가루 섞어 쪄서 먹으면 가장 좋으니, 이것들이 없으면 곡식 뿌리를 파서 가루 만들어 버무리를 하여도 배 아니 고프고 붓지 아니한다.

한문
一法太殼烹熟溫突鋪乾作末浸水澄淸換水如此再三去毒氣後作糝極好

---

220 파(동사): '프-아'로 분석된다.
221 울여: 우려〈중, 가, 일〉.
222 쪄: ᄣᅥ〈중, 가, 일〉.

언해문(구황-충,11b)
혼 법은 콩각대를 닉게 술마 더운 구드레 실라 물외야 디허 ᄀᆞᄅᆞ 밍ᄀᆞ라 그{고} 굴올 므레 ᄃᆞᆷ가 므리 묽거든 믈 ᄀᆞ로ᄃᆡ 이러ᄐᆞ시 두세 번 ᄀᆞ라 모딘 긔운 업게 ᄒᆞᆫ 후에 버므레 ᄒᆞ면 ᄀᆞ장 됴ᄒᆞ니라

현대어역
한 법은 콩깍지를 익게 삶아 더운 구들에 깔아 말려서 찧어 가루 만들어 그 가루를 물에 담가 물이 맑거든 물을 갈되, 이렇듯이 두세 번 갈아 모진 기운 없게 한 후에 버무리를 하면 가장 좋다.

언해문(구벽-일,9b)
콩각대를 므르게 고아 구들에 펴 ᄆᆞᆯ뢰여 ᄀᆞᄅᆞ 찌허 믈에 서너 번이나 우려 버므레를 밍글면 ᄀᆞ장 됴ᄒᆞ니라

언해문(신구-장,10b)
콩각대를 므르게 고아 구들에[223] 펴 ᄆᆞᆯ뢰여 ᄀᆞᄅᆞ 찌허 믈에 서너 번이나 우려 버므레를 밍글면 ᄀᆞ장 됴ᄒᆞ니라

현대어역
콩깍지를 무르게 고아 구들에 펴 말려서 (이것을) 가루로 찧어 물에 서너 번이나 우려 버무리를 만들면 가장 좋다.

한문
又五六人居家米四五合作本殼末多置其上作飯食之亦能不飢連命

언해문(구황-충,12a)
ᄯᅩ 다엿만 사ᄂᆞᆫ 지븨 ᄡᆞᆯ 네닷 홉{흡}만 민[224] 두고 각댓 굴을 우희 만히

---

223 구들에: 구들〈일〉.
224 민: '민'은 '기본, 바탕, 원래'의 의미를 가진다. '민나랑(本國), 민집(本家), 민겨집(本妻)' 등

두어 밥 지어[225] 머그면 릉히 주으리디 아니ᄒᆞ야 목숨을 니ᄉᆞ리라

현대어역
또 대여섯만 사는 집에 쌀 네다섯 홉만 기본 (양식)으로 두고, 껍질 가루를 위에 많이 얹어 밥 지어 먹으면 능히 주리지 아니하여 목숨을 이을 것이다.

한문, 언해문(구벽)
없음.

한문, 언해문(신구)
없음.

한문
其餘民間自有救荒之物如咸鏡道之西土里菜江原道之木賊末及海邊之海菜雜物等皆自相傳故今不備錄

언해문(구황-충,12b)
그 나몬[226] 민가닉셔 가난흔 히 구ᄒᆞᄂᆞᆫ 것들혼[227] ᄌᆞ여니 다 잇ᄂᆞ니 함경도앳 셔투리 ᄂᆞ믈와[228] 강원도앳 속샛 ᄀᆞᄅᆞ와[229] 바랏ᄉᆡ애[230] 바랏ᄂᆞ믈

을 참조.

225 지어: 지이〈고〉.
226 나몬: '남-온'으로 분석할 수 있는데 이것이 '나머지'(명사)의 의미로 사용되었다. 어미 '-ㄴ'이 동명사적 기능을 하는 것이다.
227 것들혼: 거스들혼〈고〉.
228 셔투리 ᄂᆞ믈: 한문의 '西土里菜'의 언해인데 어떤 나물인지 미상이다.
229 속샛 ᄀᆞᄅᆞ: 속새의 가루. '속새'(목적 木賊)는 "양치식물 속샛과의 상록 여러해살이풀"로서, '그늘진 습지에서 자라는데' "줄기는 규산염이 들어 있어 뿔, 목재로 만든 기구를 닦는 데에 쓴다." '덕옥새'라고도 한다.
230 바랏ᄉᆡ애: 중세국어에서는 '바ᄅᆞᆯ-ㅅ ᄀᆞ-애'로 분석되었을 것이고 'ㅅ' 앞에서 종종 종성 'ㄹ'이 탈락하는 현상이 있어서 '바ᄅᆞᆺᄀᆞ애'로 표기될 수 있다. 'ㅅ'는 'ㄱ'가 경음화된 것을 반

그튼 잡것들흔 다 주어니²³¹ 서르 뎐ᄒᆞ야 아ᄂᆞᆫ 거시모로 여긔 다 올이디 ²³² 아니ᄒᆞ노라.

현대어역
그 나머지 민간에서 가난한 해(즉, 흉년)를 구하는 것들은 자연히 다 있으니, 함경도의 서투리 나물과 강원도의 속새 가루와 바닷가의 바다나물 같은 것들은 다 자연히 서로 전하여 아는 것이므로 여기 다 올리지 아니한다.

언해문(구벽)
없음.

언해문(신구)
없음.

한문(구황-중,12b)
救荒撮要終

한문(구벽)
救荒撮要終

한문(신구)
救荒撮要終

영한 것일 수 있다.
231 자여니: 주어니〈고〉.
232 올이디: 을이지〈고〉.

2. 『벽온방』(辟瘟方)

한문
疫之所興皆由一歲之內節氣不和寒暑乖候或有暴風疾而霧露不敢或
溝渠不泄其穢惡薰蒸而成者或地多死氣鬱發而成者或官吏枉抑怨讟
而成者須預服藥及法術以防之用屠蘇酒務成子螢火元李子建殺鬼煎老
君神明散皆辟法惟劉根別傳令於州治大歲六合處穿地深三尺濶亦如
之取淨沙三斛實之以醇酒三升沃其上俾使君祝之此亦消除疫氣之良
術所謂大歲六合者歲泄氣之所在故以壓禳

언해문(구벽온-일,1b)
병의 나기 하날 긔운이 사오납거나 기쳔을 츠디[233] 아녀 더러운 긔운이
사름의게 뽀이거나 관원이 사오나와 원망이 만하도 되느니[234] 브듸 미

---

233 츠디(동사): '치지'의 의미로, 근대국어시기에 처음 뒤의 'ㅡ'가 'ㅣ'로 바뀌었다.
234 관원이 사오나와 원망이 만하도 되느니: 관리의 핍박으로 인해 병이 생김을 말하는 것으로, 현대의 '스트레스'에 해당할 것이다.

리 약을 ᄒᆞ거나 방법을 ᄒᆞ야 마글 거시라 각관 관샤로셔²³⁵ 대셰²³⁶ 뉵합²³⁷ 고대 ᄯᅡᄒᆞᆯ 기픠 너븨 각 셕 자씩 ᄑᆞ고 조ᄒᆞᆫ 모래 셕 셤을 몌오고 됴ᄒᆞᆫ 술 서 되를 그 우희 븟고 원이 친히 빌면 됴ᄒᆞ니라[뉵합은 ᄌᆞ년의 튝디합이오 인년의 ᄒᆡ디오 묘년의 슐디오 진년{녀}의 유디오 ᄉᆞ년의 신디오 오년의 미디니 튝년이면 ᄌᆞ디 되ᄂᆞ니라]

현대어역
병이 나는 것은, 하늘의 기운이 사납거나 개천을 치지 아니하여 더러운 기운이 사람에게 쏘이거나 관원이 사나워서 원망이 많아도 되니(즉, 병이 나니), 부디 미리 약을 하거나 방법을 하여 막을 것이라. 각관 관사로서 대세(大歲 즉, 설날)에 육합(六合 곧, 여섯 방위) 곳에 땅을 깊이 넓이 각 석 자씩 파고 깨끗한 모래 석 섬으로 메우고 좋은 술 서 되를 그 위에 붓고 (고을) 원이 친히 빌면 좋다. [육합(六合)은 자년(子年)의 축지(丑地) 합이고 인년(寅年)의 해지(亥地)고 묘년(卯年)의 술지(戌地)고 진년(辰年)의 유지(酉地)고 사년(巳年)의 신지(申地)고 오년(午年)의 미지(未地)니 축년(丑年)이면 자지(子地)가 된다.]

한문
蘇合香元治鬼氣時氣鬼魅每服四丸溫水調服溫酒亦可老少可服一丸空心服之用蠟紙裏一丸如彈子大緋絹袋盛當心帶之一切邪神不敢近凡

---

235 관샤로셔: '관샤'는 여러 뜻으로 풀이할 수 있으나 '관의 일'(官事)로 보는 것이 뒤의 내용과 부합할 듯하다.
236 대셰: 한문의 '大歲'에 해당하는 언해인데, 『간이벽온방』(18a)의 '大歲日'을 『간이벽온방』(18b)에서 "한셜날"로 언해하고 있어서 이로 보면 '설날'을 뜻하는 듯하다. 『간이벽온방』(3a)에는 "大歲六合은 歲人 긔운 泄호미 인ᄂᆞᆫ 딜식 양직ᄒᆞᄂᆞ니라"란 언해가 있어 참고가 된다.
237 뉵합(六合): 『간이벽온방』(3b)에는 "六合은 天地와 四方이라"로 언해되어 있다. 또 『표준국어대사전』에는 '천지와 사방을 통틀어 이르는 말. 곧, 하늘과 땅, 동·서·남·북이다.'와 '맹춘(孟春)과 맹추(孟秋), 중춘(仲春)과 중추(仲秋), 계춘(季春)과 계추(季秋), 맹하(孟夏)와 맹동(孟冬), 중하(仲夏)와 중동(仲冬), 계하(季夏)와 계동(季冬)을 서로 짝하여 이르는 말'로 풀이되어 있다. 여기서는 전자를 말한다.

入瘟疫家先令開啓門戶以大鍋盛水二斗於堂中心用二十圓煎其香能散
疫氣凡病者各飲一甌後醫者却入診視不致相染

언해문(구벽온-일,2a)
소합원이 시병의[238] ᄀ장 됴ᄒᆞ니 늘그나 져므나 공심에 ᄃᆞᄉᆞᆫ 믈에 나 술에나 일 환식 ᄩᅡ 먹고 미지에[239] ᄡᅡ 블근 깁주머니에 녀허 가슴 마촘애 다혀[240] ᄎᆞ고 병ᄒᆞᆫ 집의 드러갈 제 문을 훤히 열고 큰 소틔 믈 두 말을 브어 집 가온대 노코 스므 환을 녀허 달혀 병ᄒᆞᆫ 사ᄅᆞᆷ이 각 ᄒᆞᆫ 보ᄋᆞ식[241] 머근 후에 의원이 드러 보면 뎐염티 아니ᄒᆞᄂᆞ니라

현대어역
소합원이 시병에 가장 좋으니, 늙은이나 젊은이나 빈속에 따뜻한 물에나 술에 일 환씩 타 먹고, (소합원을) 미지에(즉, 밀 먹인 종이에) 싸서 붉은 비단주머니에 넣어 가슴에 해당하는 곳에 닿게 차고, 병 하는 집에 들어갈 때 문을 훤히 열고 (들어간 후) 큰 솥에 물 두 말을 부어 집 가운데 놓고 스무 환을 넣어 달여 병 하는 사람이 각 한 보시기씩 먹은 후에 의원이 들어가서 보면 전염하지 아니한다.

한문
入疫家不相染雄黃硏細水調以華濃蘸塗鼻窮中與病人同床亦不相染
初洗面後及臨臥時點之凡瘟家自生惡氣聞之卽上泥丸散入百脉轉相傳
染若倉卒無藥以香油抹鼻端又以紙撚探鼻嚏之爲佳

---

238 시병의: 유창돈(1964)에는 '염병'으로 풀이하고 있다. 그러나 원문의 '鬼氣, 詩氣, 鬼魅'로 보면 계절이나 귀신과 관련된 병을 뜻하는 듯하다.
239 미지에: '밀지(蠟紙)'에서 처음 앞의 'ㄹ'이 탈락하여 '미지에'로 되었다. '밀(蜜)'을 먹인 종이란 뜻이다.
240 다혀: '닿(동사)-이(사동접미사)-어'로 분석된다. '닿도록, 닿게 하여'의 뜻이다.
241 보ᄋᆞ식: '보ᄋᆞ<보ᅀᆞ(명사)는 '보시기'를 말한다. '보시기'는 '사발보다 작은 그릇'이다.

언해문 (구벽온-일, 3a)

병호 집의 드러갈 제 셔웅황을[242] ㄱ늘게 ㄱ라 믈에 ᄆ라 붓에 흐웍이[243] 무텨 콘 굼긔 ᄇᄅ고 ᄂᆺ 시슨 후과 누을 적의도 딕으라 병ᄒᆞ는 집의 모딘 긔운이 나 사ᄅᆞᆷ이 마트면 즉제[244] 머리 쉿굼그로[245] 드러 혈믹의 흐터디니 창졸에[246] 약이 업거든 ᄎᆞᆷ기름을 코 긋테 딕고 ᄌᆞ치옴[247] ᄒᆞ면 됴ᄒᆞ니라

현대어역

병을 앓고 있는 집에 들어갈 때 석웅황을 가늘게 갈아 물에 말아 붓에 충분히 묻혀 콧구멍에 바르고 낯을 씻은 후와 누울 적에도 찍으라. 병 하는 집에 모진 기운이 나서 사람이 맡으면 즉시 머리 숨구멍으로 들어 혈맥에 흩어진다. 갑자기 약이 없거든 참기름을 코 끝에 찍고 재채기하면 좋다.

한문

又方雄黃人佩之鬼神不敢近

---

242 셔웅황을: '석웅황'을 뜻하는 것으로, "천연으로 나는 비소 화합물. 쪼개져 갈라진 면은 진주광택이 나며, 계관석과 더불어 산출된다. 등황색 또는 누런색을 띠며 염료 또는 화약에 쓰인다." 석황(石黃)·웅황(雄黃)이라고도 한다. 셔웅황 雄黃(구벽온-일,3a), 셔웅황 雄黃(구벽온-6b) 참조.

243 흐웍이(부사): '흡족히, 흡족하게'. '흐웍ᄒᆞ-'(형용사)에서 파생된 부사다.

244 즉제(부사): '즉시, 곧'의 의미다.

245 쉿굼그로: '숨구멍으로'란 뜻이다. 현대국어 '숫구멍'은 "갓난아이의 정수리가 굳지 않아서 숨 쉴 때마다 발딱발딱 뛰는 곳"이다. 어간이 '구무'와 '굵'으로 교체된다. '쉿구무'는 〈숫구무〈숨-ㅅ 구무 또는 〈쉼-ㅅ 구무로 어원을 추정할 수 있는데 '믓결〈믈-ㅅ 결'로 보면 후자일 가능성이 크다.

246 창졸에: 한자어 '倉卒'에서 온 것으로 '급작스럽게, 갑자기'의 뜻이다.

247 ᄌᆞ치옴(명사): '재채기'의 뜻이다.

언해문
셕웅황을 사름이 추면 귀신이 갓가이 오디 몯ᄒᆞ니라

현대어역
석웅황을 사람이 차면(즉, 패용하면) 귀신이 가까이 오지 못한다.

한문
又方家染時疫卽初病人衣服浣洗令淨飯甑中蒸之卽無傳染之患

언해문(구벽온-일, 3b)
집의 병이 들거든 처엄 병ᄒᆞᆫ 사름의 오술 조히 ᄲᅡ라 실릐²⁴⁸ ᄣᅵ면 뎐염티 아니ᄒᆞᄂᆞ니라

현대어역
집에 병이 들거든 처음 병을 한 사람의 옷을 깨끗이 빨아 시루에 찌면 전염하지 아니한다.

한문
又方問病於疫家以右手中指書次字握固

언해문
병ᄒᆞᄂᆞᆫ 집의 갈 제 올흔 손 댱가락의 버곰²⁴⁹ 次ᄌᆞ를 써 둔둔 쥐고 가라

현대어역
병을 하는 집에 갈 때 오른손 장가락에(즉, 중지에) '버금 次자(字)'를 써서 단단히 쥐고 가라.

---

248 실릐: '시르'(시루)의 처격형이다.
249 버곰: '버금, 버굼'으로도 표기되는데, 명사와 관형사로 사용된다. '다음'의 의미이다.

한문
又方常以雞鳴時心念四海神名三七遍可辟百邪惡鬼令人不病瘟疫如入病人室心念三遍尤好呪曰東海神阿明南海神祝融西海神巨乘北海神禺强

언해문(구벽온-일,4a)
민양 둙 울 때예 무음의 동히신 아명 남히신 튝늉 셔히신 거승 븍히신 웅강 세닐굽250 번을 념ᄒ고251 병ᄒᄂ 집의 들 제 세 번 념ᄒ면 됴ᄒ니라

현대어역
매양 닭 울 때에 (즉, 새벽에) 마음으로 동해 신 아명(阿明), 남해 신 축융(祝融), 서해 신 거승(巨乘), 북해 신 우강(禺强)을 삼칠(즉, 스물한) 번을 생각하고 (즉, 외우고), (또) 병을 하는 집에 들어갈 때 세 번을 외우면 좋다.

한문
又方元梵恢漠四字朱書佩之呑服

언해문
元梵恢漠252 네 ᄌᆞ를 블근 거스로 써 ᄎᆞ며 ᄉᆞᆷ끼라

현대어역
'원범회막(元梵恢漠)' 네 글자를 붉은 것으로 써서 차며 (또) 삼키라.

---

250 세닐굽(관형사): '세-닐굽'은 '3×7' 즉 21을 뜻한다.
251 념ᄒ고(동사): '마음속으로 생각하고' 또는 '외우고'의 뜻이다.
252 원범회막: 일종의 부적과 같은 것으로 보인다.

한문
又方籯䉜籯䉜等四字朱書貼門左右邊

언해문(구벽온-일,4b)
籯䉜籯䉜253 네 ᄌᆞ를 블근 거스로 써{셔} 문 두 편의 브티라

현대어역
'회부보충(籯䉜籯䉜)' 네 자를 붉은 것으로 써서 문 두 편(좌우)에 붙이라.

한문
又方側栢東向葉採取乾正細末或湯或酒服之

언해문
즉빅 동녁흐로 향ᄒᆞᆫ 닙흘 ᄆᆞᆯ뢰여 ᄀᆞᄅᆞ 밍그라 술에나 믈에나 ᄩᅡ 머그라

현대어역
측백(나무의) 동쪽으로 향한 잎을 말려서 가루 만들어 술에나 물에 타 먹으라.

한문
又方新布袋盛赤小豆沉井二日擧家各服二十一介

언해문
새 뵈254 주머니예 블근 ᄑᆞᆺᄎᆞᆯ 녀허 우믈에 이틀만 ᄃᆞᆷ갓다가 온 집 사ᄅᆞᆷ이 각각 스믈ᄒᆞ나식 머그라

---

253 회부보충: 일종의 부적과 같은 것으로 보인다.
254 뵈(명사): '베, 천'이다.

현대어역
새 천(으로 만든) 주머니에 붉은 팥을 넣어 우물에 이틀만 담갔다가 온 집안 사람이 각각 스물하나씩 먹으라.

한문
又方松葉細末一匙酒服日三

언해문(구벽온-일, 5a)
솔닙 ᄀᆞᄅᆞᆯ ᄒᆞᆫ 술식²⁵⁵ 술의 ᄩᅡ ᄒᆞᄅᆞ 세 번식 머그라

현대어역
솔잎 가루를 한 숟가락씩 술에 타 하루 세 번씩 먹으라.

한문
又方東向桃枝細剉煮湯浴之

언해문
동녁ᄒᆞ로 향ᄒᆞᆫ 복숑아 가지를 ᄌᆞᆯ게 싸흐라²⁵⁶ 믈 달혀 모욕ᄒᆞ라

현대어역
동쪽으로 향한 복숭아 가지를 잘게 썰어 물에 달여 목욕하라.

---

255 술식: '숟가락씩'의 뜻으로, '술(명사)-ㅅ 가락'이 '수-ㅅ 가락, 숫가락'을 거쳐 현대에는 '숟가락'으로 표기된다.

256 싸흐라(동사): 중세국어시기에는 '싸홀-'로서 '썰-'의 뜻이다.

한문
又方密以艾灸病人床四角各一壯不得令病人知之佳

언해문(구벽온-일,5b)
병인의 누은 평상 네 모흘 뿍{쑥}으로 훈 번 쯔되 병인이 모로게 ᄒᆞ라

현대어역
병인이 누운 평상의 네 모퉁이를 쑥으로 한 번 뜨되 병인이 모르게 하라.

한문
又方溫蕪菁葅汁合家大小並服不限多少

언해문
쉰무우²⁵⁷ 딤치국을²⁵⁸ 집안 사름이 다 머그라

현대어역
순무 김칫국을 집안 사람이 다 먹으라.

한문
又方元日食五辛葱韭蒜薤薑名五辛

---

257 쉰무우(명사): '순무'로서 만청(蔓菁), 무청(蕪菁)이라고도 한다. "십자화과의 한해살이풀 또는 두해살이풀. 무의 하나로 뿌리가 통통하며 물이 많고 흰색, 붉은색, 자주색을 띤다. 봄에 노란 꽃이 총상(總狀) 꽃차례로 피고 뿌리와 잎은 비타민을 많이 함유한 채소이다. 유럽이 원산지로 중국을 통해 우리나라에 들어왔다."

258 딤치국을: '김치국을', '김치'(<짐츼<짐치<딤치<팀치)는 한자어 '沈菜'에서 온 것이다.

언해문
한설날²⁵⁹ 아젹의²⁶⁰ 파과 염교과²⁶¹ 마늘과 히치과²⁶² 싱강과 다숫 가지 미온 거슬 머그라

현대어역
큰설날 아침에 파와 염교와 마늘과 해채와 생강 (이) 다섯 가지 매운 것을 먹으라.

한문
又方治時行疫癘苦參二兩擣篩每服三錢酒一盞煎至半盞去滓頓服卽差又苦參不拘多少水煎服差

언해문(구벽온—일,6a)
쁜 너삼²⁶³ 불희 두 냥을 ᄀᆞᄅᆞ 밍그라 서 돈식 술 ᄒᆞᆫ 사발의 반 사발식 되게 달혀 먹고 믈에 달혀 머거도 됴흐니라

현대어역
쓴너삼 뿌리 두 냥을 가루 만들어서, 서 돈씩 (든) 술 한 사발이 반 사발씩 되게 달여 먹거나 물에 달여 먹어도 좋다.

---

259 한설날(명사): '한'은 '큰'의 의미이므로 '큰설날'을 뜻한다. '작은설날'은 하루 전인 섣달 그믐날(또는 동짓날)이다.
260 아젹의: '아젹'(명사)은 '아침'이란 뜻이다.
261 염교과: '염교'(명사)는 '부추'의 옛말이다. 근대국어시기에는 모음 뒤에 조사 '과'가 표기되기도 했다.
262 히치: 한자어 '薤菜'로서 교자(藠子), 채지(菜芝)라고도 한다. "백합과의 여러해살이풀"로서, "잎은 절여서 먹으며, 중국 남부가 원산지이다."
263 쁜 너삼: 너삼(〈*널삼)에는 쁜너삼(고삼 苦蔘)과 단너삼(황기 黃芪)이 있다.

한문
又方小蒜一升擣取汁三合頓服之不過再作便差

언해문
효근²⁶⁴ 마늘 흔 되예 즛디허 즙 서 홉을 내여 머그면 됴흐니라

현대어역
작은 마늘 한 되를 짓찧어 즙 서 홉을 내어 먹으면 좋다.

한문
又方仲夏五日午時聚先所蓄時藥燒之辟疫氣或止燒蒼朮亦可

언해문
수릿날 낫만 ᄒᆞ야²⁶⁵ 잡약을 뫼화²⁶⁶ 틱오면 됴코 창튤만²⁶⁷ 틱와도 됴흐니라

현대어역
수릿날(즉, 단옷날) 낮이 되어 여러 약을 모아 태우면 좋고 창출만 태워도 좋다.

한문
又方爆竹辟妖氣

---

264 효근(형용사): '횩-'은 '작-, 가늘-'의 뜻이다.
265 낫만 ᄒᆞ야: 한문의 '오시'로 보아 낮 11시에서 13시까지를 가리키는 듯하다.
266 뫼화(동사): '뫼호-'는 '모으-'의 뜻이다.
267 창튤(명사): '창출'로서 "당삽주의 뿌리를 한방에서 이르는 말. 소화 불량, 설사, 수종(水腫) 따위에 쓴다."

언해문(구벽온-일,6b)
대를 틱오면 됴흐니라

현대어역
대나무를 태우면 좋다.

한문
又方端午日以艾爲人安門上辟溫

언해문
수릿날 뿍으로 사름 밍그라 문 우희 안치면 됴흐니라

현대어역
수릿날(즉, 단옷날) 쑥으로 사람을 만들어 문 위에 앉히면 좋다.

한문
又方五月五日日中飮菖蒲酒入雄黃於內謂之辟除諸疫而禁斷百蟲

언해문
수릿날 챵포²⁶⁸ 술의 셔웅황을 타 머그라

현대어역
단옷날 창포 술에 석웅황을 타서 먹으라.

---

268 창포(명사): '창포'로서 "천남성과의 여러해살이풀. 높이는 70~100cm이며, 온몸에 향기가 있다. 뿌리는 약용하고 단옷날에 창포물을 만들어 머리를 감거나 술을 빚는다."

한문
又方治溫疫白密和上色朱砂紛一兩以大歲日平朝大小勿食向東方立吞三七元如麻子大勿令齒近之幷吞赤小豆七枚投井泉中終身勿忘此法

언해문(구벽온-일,7a)
흰 꿀에 됴흔 쥬사269 ᄀᆞᄅᆞ 흔 냥을 ᄆᆞ라 열ᄡᅵ만치270 비븨여 한설날 아젹의 아므 것도 아니 머거셔 동향ᄒᆞ야 세닐곱을 숨ᄭᅵ되 니에 다티 아니케 ᄒᆞ고 블근 ᄑᆞᆺ 닐급 조차271 숨ᄭᅵ고 나므니란272 우믈의 드리텨273 죵신토록 이 법을 닛디 말라

현대어역
흰 꿀에 좋은 주사 가루 한 냥을 말아 삼씨만큼 비비어 (두고), 큰설날 아침에 아무 것도 아니 먹어서 동쪽으로 향하여 삼칠(즉, 스물하나)을 삼키되 이에 닿지 않게 하고, 붉은 팥 일곱을 함께 삼키고, 남은 것은 우물에 던져 넣어 (보관하여 먹되) 종신토록 이 법을 잊지 말라.

한문
又方正月初上寅日取廁前草燒中庭辟瘟

---

269 쥬사(명사): 진사(辰沙), 단사(丹沙), 단주(丹朱)라고도 한다. "수은으로 이루어진 황화 광물. 흔히 덩어리 모양으로 점판암, 혈암, 석회암 속에서 나며 수은의 원료, 붉은색 안료(顔料), 약재로 쓴다."

270 열ᄡᅵ만치: '열ㅎ(명사) 씨(명사)'는 '삼(麻)씨'를 말한다. '만치'는 '만큼'의 뜻이다.

271 조차(동사): '좇-'(따르다)의 부사형으로 '따라서, 이어서, 함께'의 의미로 쓰였다.

272 나므니란: '남(동사)-으-ㄴ 이(명사)-란'으로 분석할 수 있는데, '남은 것은'을 의미한다.

273 드리텨(동사): '드리티-'는 '들이치-'와 '넣-'의 두 가지 의미를 가졌는데, 후자의 경우는 어간 '들이-'(使入)에 강세의 '-티-'가 통합된 것으로 파악된다.

언해문(구벽온-일,7b)
정월 첫 저우룸날²⁷⁴ 뒷남글²⁷⁵ 뫼화 뜰 가온대 술오라

현대어역
정월 첫 인일(寅日)에 뒷간 나무를 모아 뜰 가운데에서 사르라.

한문
又方燒降眞香 牛糞 皂莢

언해문
강진향이나²⁷⁶ 쇠똥이나 주엽이나²⁷⁷ 퓌우라

현대어역
강진향이나 쇠똥이나 주엽을 피우라.

한문
又方療寒熱邪氣灸甘草末一錢小便三合攪令散服以差爲度

언해문
감초 ᄀᆞᄅᆞ ᄒᆞᆫ 돈을 쇼변 서 홉의 빠 머그라

---

274 첫 저우룸날: 한문의 '初上寅日'을 따르면 '저우룸날'은 '寅日'이 된다. '저우름, 저우롬'으로도 표기한다.

275 뒷남글: '뒤-ㅅ 낡-을'로 분석되고 '뒤'는 '뒷간'(厠)을, '낡'은 '나무'를 의미한다.

276 강진향(명사): "중국, 타이, 일본의 오키나와 등지에서 나는 향나무로 만든" 향이다.

277 주엽(명사): 조협(皂莢). "쥐엄나무의 열매를 말린 한약재. 성질이 따뜻하고 맛은 시고 짜며 약간의 독이 있다. 중풍이나 마비의 치료와 가래를 없애는 데 쓴다."

현대어역
감초 가루 한 돈을 소변 서 홉에 타서 먹으라.

한문
又方療溫疾山嵐瘴氣除煩蒼朮細切不拘多少米泔浸一宿焙乾爲末溫水調服

언해문
창튤을²⁷⁸ 싸ᄒᆞ라 ᄡᅳ믈의 ᄒᆞᄅᆞᆺ밤을 ᄃᆞᆷ갓다가 블에 ᄆᆞᆯ뢰여 ᄀᆞᄅᆞ ᄒᆞ야 믈에 ᄩᅡ 머그라

현대어역
창출을 썰어 뜨물에 하룻밤을 담갔다가 불에 말려 가루 만들어 물에 타 먹으라.

한문
又方辟瘟疫馬蹄屑二兩絳囊帶之男左女右

언해문(구벽온-일,8a)
ᄆᆞᆯ굽 슬흔²⁷⁹ ᄀᆞᄅᆞ 두 냥을 블근 주머니예 녀허 ᄉᆞ나히ᄂᆞᆫ²⁸⁰ 왼녁 겨집은²⁸¹ 올ᄒᆞᆫ녁희 ᄎᆞ라

---

278 챵튤(명사): "당삽주의 뿌리를 한방에서 이르는 말. 소화 불량, 설사, 수종(水腫) 따위에 쓴다."
279 슬흔(동사): '슳-'은 '닳-' 또는 '쓸-'의 뜻이다. '쓸-'의 현대어 예로 "줄로 톱날을 쓸다."를 들 수 있다.
280 ᄉᆞ나히(명사): '사내, 사나이'(ᄉᆞ나희/ᄉᆞ나히/싸히←손 아히) 즉 '남자'를 뜻한다.
281 겨집(명사): '계집' 즉 '여자'를 뜻한다.

현대어역
말굽 쓸은 가루 두 냥을 붉은 주머니에 넣어 남자는 왼편, 여자는 오른편에 차라.

한문
又方猪屎治天行熱病黃疸母猪屎一升水宿浸去滓頓服之

언해문
암도틱[282] 쫑 한 되를 믈에 둠가 밤 자여[283] 즈의[284] 업시 하고 다 머그라

현대어역
암퇘지의 똥 한 되를 물에 담가 밤을 재워 찌꺼기를 없이 하고 다 먹으라.

한문
又方雄狐糞燒之去瘟疫[糞在木石上尖頭堅者是]

언해문(구벽온−일,8b)
수여의[285] 쫑을 퓌우라

현대어역
숫여우의 똥을 피우라.

---

282 암도틱: '암(雌) 돝(猪)−의(속격조사)'로 분석된다.
283 자여(동사): '자−'의 사동형 '자−이−어' 즉 '재−어'를 '자여'로 표기하였다.
284 즈의(명사): '찌꺼기'(滓)의 뜻으로 '즈싀, 즈싀'로도 표기되었다.
285 수여의: '수여ᅀ' 즉 '숫여우'를 뜻한다. '수여우, 수여으'(〈수여ᅀ)에 속격조사 '의'가 결합된 형태이다.

한문
又方獺肉去疫氣瘟病治如食法食之

언해문
슈달의²⁸⁶ 고기를 샹녜²⁸⁷ 먹드시 ᄒᆞ여 머그라

현대어역
수달의 고기를 늘 먹듯이 하여 먹으라.

한문
又方升麻殺百精老物殃鬼辟瘟疫瘴氣邪氣細剉一兩水一升煎取濃汁服之入口卽吐出邪氣

언해문
승마²⁸⁸ ᄒᆞᆫ 냥을 줄게 싸ᄒᆞ라²⁸⁹ 믈 ᄒᆞᆫ 되예 달혀 즙이 걸거든²⁹⁰ 머그면 입에 들며 샤긔를 토ᄒᆞ여 내ᄂᆞ니라 ○야인간²⁹¹ 월경슈²⁹² 납셜슈²⁹³ 빙

---

286 슈달(명사): "족제빗과의 포유동물. 몸의 길이는 60~80cm, 꼬리의 길이는 40~50cm이고 머리와 몸은 편평하다. 가죽은 옷을, 털은 붓을 만드는 데에 쓴다. 천연기념물 제330호."
287 샹녜(부사): '상례, 늘'의 의미다.
288 승마: "미나리아재빗과의 여러해살이풀. 열매는 골돌과(蓇葖果)이며 뿌리는 약용한다." 또는 그 뿌리줄기. "풍열(風熱)로 인한 두통과 치통, 기함(氣陷)으로 인한 자궁 하수, 위하수 따위에 쓴다."
289 싸ᄒᆞ라(동사): '싸흘-' 즉 '썰-'의 부사형이다.
290 걸거든: '걸-(濃)은 '짙-, 진하-'의 뜻이다.
291 야인간: 『간이벽온방』(17a-b)의 '人尿汁'에 '卽野人乾松間者佳'란 협주를 달고 이어 "野人乾은 소ᅌᆞ리예 치사 됴ᄒᆞ니라"(야인건은 솔 사이에서 친 것이라야 좋다)로 언해하고 있다. '사람의 분뇨 즙'을 뜻한다.
292 월경슈: 『간이벽온방』(17b)에 '婦人月經水亦可'에 대해 "겨집의 月水도 됴ᄒᆞ니라"란 언해가 있다. '月經水'는 『벽온신방』(8b)에도 나온다. '여성의 달거리 물'을 뜻한다.
293 납셜슈: '臘雪水'는 '섣달에 눈 녹인 물'이란 뜻이다. 臘享 ᄡᅩᆯ 눈므른(『간이벽온방』22a), 섯ᄃᆞᆯ

슈²⁹⁴ 디룡즙은²⁹⁵ 다 녜스 쓰ᄂᆞ니라²⁹⁶

현대어역
승마 한 냥을 잘게 썰어 물 한 되에 달여 즙이 걸거든 먹으면, 입에 들어가는 즉시 나쁜 기운을 토하여 낸다. ○야인간, 월경수, 납설수, 빙수, 지룡즙은 다 예사로 쓰는 것이다.

한문(구벽온-일,9a)²⁹⁷
香蘇散治四時瘟疫傷寒
香附子[炒四毛四兩] 甘草[炙一兩] 紫蘇葉[四兩] 陳皮[不去白二兩]
蒼朮[炒黃二兩]
右爲麁末每服三錢水一盞煎七分去滓熱服不拘時日三服

언해문(간벽5b-6b)
향소솬은 ᄉᆞ시예 온역이며 샹한을 고티ᄂᆞ니라
향부ᄌᆞ[봇가 터럭 업게 녁 량] 감초[구어 ᄒᆞᆫ 량] ᄌᆞ소엽[녁 량] 딘피[힌 것 앗디 말오 두 량] 창튤[두 량]
이 약들흘 굵게 사ᄒᆞ라 ᄒᆞᆫ 복애 서 돈식 ᄒᆞ야 믈 ᄒᆞᆫ 사발 브어 달히니 닐굽 분이어든 즈싀 업게 ᄒᆞ고 더우니를 머고ᄃᆡ ᄢᅢ 혜디 말오 ᄒᆞᄅᆞ 세

눈믈(『벽온신방』7b).

294 빙슈: '氷水'인 듯하다.
295 디룡즙: 『벽온신방』(8a)의 '地龍汁'이 있는바, '지렁이즙'을 말한다.
296 야인간 월경슈 납셜슈 빙슈 디룡즙은 다 녜스 쓰ᄂᆞ니라: 이 부분은 한문이 없이 언해문만 있는 부분이다.
297 언해되지 않은 〈구벽〉의 아래 부분과 다음의 〈납약증치일〉은 『벽온방언해』(1518)〈벽온〉, 『간이벽온방언해』(1525)〈간벽〉, 『벽온신방언해』(1653)〈벽신〉, 『언해납약증치방』〈납증〉 중에서 해당 부분을 찾아 여기 옮겨 독자의 이해를 돕기로 한다. 한자는 독음으로 표기한다.

번식 머그라

한문
十神湯治時令不正瘟疫妄行感冒發熱
川芎 甘草[灸] 麻黃 乾葛 升麻 白芷 陳皮 香附子 赤芍藥 紫蘇葉[各四兩]
右剉散每服三錢水一盞半薑五片煎七分去滓熱服不以時候

언해문(간벽6b-7b)
십신탕은 시{사}령이 블졍ᄒᆞ야 덥단 병이 간대로 힝ᄒᆞ며 감모로 발열ᄒᆞ니를 고티ᄂᆞ니라
쳔궁 감초[굽고] 마황[불휘 업게 ᄒᆞ고] 건갈 승마[머리 업게 ᄒᆞ고] 보지 딘피 향부ᄌᆞ[봇가 터럭 업게 ᄒᆞ고] 젹쟉약 ᄌᆞ소엽[각 넉 량]
이 약들흘 죡게 사ᄒᆞ라 ᄒᆞᆫ 복애 서 돈식 ᄒᆞ야 믈 ᄒᆞᆫ 사발 가온과 ᄉᆡᆼ강 다ᄉᆞᆺ 편 녀허 달히니 닐굽 분이어든 즈싀 업게 ᄒᆞ고 더우니를 ᄢᅢ 혜디 말오 머그라

한문(구벽온-일,9b)
升麻葛根湯治傷寒時疫頭痛增寒壯熱
升麻 白芍藥 甘草[各一兩] 葛根[一兩半]
右剉散每服四錢水煎去滓熱服不拘時

언해문(간벽7b-8b)²⁹⁸

숭마갈근탕은 샹한커나 시긔ㅅ병ㅎ야 머리 알ㅎ며 치운 긔운이 더으며 ᄀ장 덥달어든 고티며 (또 치움 더우미 시절에 맛갓디 아니ㅎ야 사름이 만히 모딘 병ㅎ{ᄂ}ᄂ 니ᄅᆞᆯ 조차 고티ᄂ니라)

숭마 빅쟉약 감초[各각 ᄒᆞᆫ 량] 갈근[ᄒᆞᆫ 량 반]

이 약들흘 흑게 사ㅎ라 ᄒᆞᆫ 복애 너 돈식ㅎ야 믈 (ᄒᆞᆫ 사발 가온 브ᅀᅥ) 달히니 (닐ᄋᆞ사발로 ᄒᆞ나히어든) 즈의 업게 ᄒᆞ야 잠깐 더여 빼 혜디 말오 (ᄒᆞᄅᆞ 두세 번식 머고되 병 업고 몸 ᄎᆞ도록 ᄒᆞ라)

한문

屠蘇酒辟疫氣令人不染溫病

大黃 桔梗 蜀椒 桂心[各一兩半] 虎杖根[一兩一戔] 白朮[一兩八戔] 烏頭[六戔]

右七味㕮咀絳袋盛以十二月晦日中懸沉井中令至泥正月朔日平曉出藥置酒中煎數沸於東向戶飲之先從小至大其滓三日後還置井中

언해문(간벽8b-10a)

도소쥬는 모딘 병긔를 업게 ᄒᆞ야 사름의게 드디 몯게 ᄒᆞᄂ니라

대황 길경 쇽쵸 계심[각 ᄒᆞᆫ 량 반] 호댱근[ᄒᆞᆫ 량 ᄒᆞᆫ 돈] 빅튤[ᄒᆞᆫ 량 여듧 돈] 오두[여슷 돈]

이 닐굽 가짓 약을 사ㅎ라 블근 깁 쟐이 녀허 십이월 그믐날 낫만 우믈

---

²⁹⁸ 숭마갈근탕 샹한과 시긧병ㅎ여 머리 알ㅎ며 치운 긔운이 더으며 ᄀ장 덥다는 증을 고티ᄂ니라 이 약을 싸ㅎ라 ᄒᆞᆫ 복을 밍그라 믈 ᄒᆞᆫ 되 다ᄉᆞᆷ 브어 칠 홉 되게 달혀 즈의란 ᄇᆞ리고 아므 때나 잠깐 덥게 ᄒᆞ여 머그되 ᄒᆞᄅᆞ 두세 복을 뻐 병이 ᄒᆞ리고 몸 시기로 흔을 삼으라(벽신2a-2b)

가온디 믿 흙이 다케 둠갓다가 정월ㅅ초 ᄒᆞᄅᆞᆺ날 새배 내여 수우레 녀허 두세 소솜 글혀 동녁 문을 향ᄒᆞ야 머고디 몬져 아히브터 얼운 지히 머그라 ᄒᆞ나히 머그면 ᄒᆞᆫ 지비 병이 업고 ᄒᆞᆫ 지비 머그면 ᄒᆞᆫ ᄆᆞ슬히 병이 업ᄂᆞ니 그 즈ᅴ를 사흘 후에 도로 우므레 드리티면 덥단 병긔를 크게 업시 ᄒᆞᄂᆞ니라

한문(구벽온-일,10a)
螢火丸主辟疾病惡氣百鬼
螢火 鬼箭 蒺藜[各一兩] 雄黃 雌黃 礬石[各二兩] 羚羊角 鍛竈灰 鐵錘柄 入鐵處[各一兩半]
右九味擣篩爲散以雞子黃丹雄雞冠一具和之如杏仁大作三角絳囊盛五丸帶左臂若從軍繫腰中

언해문(간벽10a–11a)
형화환은 질병이며 모딘 긔운이며 온가짓 귓거슬 업게 ᄒᆞᄂᆞ니라
형화 귀젼 질려[각 ᄒᆞᆫ 량] 웅황 ᄌᆞ황 변셕[즙 업게 ᄉᆞ니 각 두 량] 고양각 단조회 텰튜병 입텰쳐[각 ᄒᆞᆫ 량 반]
이 아홉 가짓 약을 디허 처 둘기알 누른 ᄌᆞ식과 블근 수툵의 벼츽 피오로 내여 조쳐 섯거 슬고ᄢᅵ만 크게 ᄒᆞ야 세 쓸 가진 블근 ᄂᆞᄆᆞ치 다ᄉᆞᆺ 환을 녀허 왼녁 엇게에 메라 만이레 군듕에 갈던대ᄂᆞᆫ 허리예 미여 (모매 내디 말라 ᄯᅩ 지븨어든 문 우희 거러 두면 도적을 업게 ᄒᆞᄂᆞ니라)

한문
虎頭殺鬼元辟瘟

虎頭[五兩] 朱砂 雄黃 雌黃[各一兩半] 鬼臼 皂莢 蕪荑[各一兩]
右七味末之以蜜蠟和爲元如彈子大絳囊盛繫臂男左女右晦望夜半庭燒一

언해문(간벽11a-12a)
호두살귀원은 덥듯흔 병을 업게 ᄒᆞᄂᆞ니라
호두[닷 량] 쥬사 웅황 ᄌᆞ황[각 흔 량 반] 귀구 조협 무이[각 흔 량]
이 닐굽 가짓 약을 ᄀᆞ라 꿀와 밀와예 무라 탄ᄌᆞ만케 ᄒᆞ야 블근 깁 ᄂᆞᄆᆞ치 녀허 남지ᄂᆞᆫ 왼풀해 미오 겨지븐 올흔풀해 미라 쏘 집 네모해도 들며 쏘 그믐날와 보롬날 밤 ᄯᅡᆼ만 ᄯᅳᆯ 가온ᄃᆡ 흔 환곰 술라

한문(구벽온-일,10b)
神明散辟瘟

白朮 附子[各二兩] 桔梗 細辛[各一兩] 烏頭[四兩]
右五味麤擣篩絳囊盛帶之得疫者酒服方寸匕覆取汗得吐即差

언해문(간벽12a-12b)
신명산은 모딘 병을 업게 ᄒᆞᄂᆞ니라
빅튤 부ᄌᆞ[구어 겁질 벗겨 각 두 량] 길경 셰신[각 흔 량] 오두[구어 겁질 벗겨 넉 량]
이 다ᄉᆞᆺ 가짓 약을 굵게 디허 처 블근 ᄂᆞᄆᆞ치 녀허 ᄎᆞ면 사ᄂᆞᆫ 므슬히 다 병이 업스리라 쏘 병 어더 잇거든 ᄃᆞ손 수우레 흔 술만 프러 먹고 더퍼 ᄯᆞᆷ도 내며 토ᄒᆞ면 즉재 됴ᄒᆞ리라

한문
逼瘟丹燒之辟瘟
白檀香 降眞香 馬蹄香 千金草 蒿本 白芷 蒼朮[各二兩] 大黃[四兩二錢] 黃丹[四兩爲衣]
右細末糊元兩作六丸

언해문(간벽19b–20a)
픱온단을 퓌우면 덥듯흔 모딘 병을 업게 ᄒᆞᄂᆞ니라
빅단향 강진향 마뎨향 쳔금초 고본 빅지 창튤[각 석 량] 대황[녁 량 두 돈] 황단[녁 량으로 의 니피라]
이 약을 ᄀᆞ라 프레 (탄ᄌᆞᄀᆞ티) ᄒᆞ되 흔 량의 여슷 환을 밍ᄀᆞ라

한문
辟瘟方終

한문(구벽납–일,1a)
淸心元 治不語恍惚煩鬱痰熱傷寒發熱心氣不足神志不定一切病發熱等證又治卒中風不省人事痰涎壅塞精神昏憒言語蹇澁口眼喎斜手足不遂每取一丸溫水化下

언해문(납증1a–1b)
(우황)쳥심원은 듕풍으로 말 못ᄒᆞ며 어즐코 답답ᄒᆞ며 담쳔으로 열흔 증이며 샹한의 열이 나며 심긔 브죡ᄒᆞ여 졍신과 ᄯᅳᆺ을 뎡티 못ᄒᆞ며{며} 온갓 병의 열 나는 증들을 고티고 쏘 과ᄀᆞ리 듕풍ᄒᆞ여 인ᄉᆞ를 ᄎᆞ히디 못ᄒᆞ며 건춤이 막켜 졍신이 아득ᄒᆞ며 말이 어을프며 입과 눈이 기올며

손발을 거두디 못호믈 고티ᄂᆞ니 ᄒᆞᆫ 번의 ᄒᆞᆫ 환을 ᄃᆞᄉᆞᆫ 믈의 프러 ᄂᆞ리오라

한문
蘇合元 治傳尸鬼氣卒心腹痛霍亂時氣瘴瘧暴利赤白月閉痃癖小兒吐乳大人狐狸等疾大能順氣化痰又治一切氣疾及中風上氣氣逆氣鬱氣痛 有龍腦則名龍腦蘇合元每用四丸早朝空心井華水下或溫酒下

언해문(납증2a–3b)
소합원은 뎐염ᄒᆞᄂᆞᆫ 주검 긔운과 귀신 긔운이며 과ᄀᆞᆯ리 가슴 ᄇᆡ 알프며 곽난이며 시병이며 바다ᄉᆡ 모던 기운으로 된 고곰이며 과ᄀᆞ른 젹빅 니질이며 월경이 막히며 슈긔과 담이 웅결ᄒᆞᆫ 중이며 어린아ᄒᆡ 졋 토ᄒᆞ기며 얼운이 여이며 숡긔 홀리인 병들을 고티고 크게 능히 긔운을 슌케 ᄒᆞ며 담을 프러디게 ᄒᆞ고 ᄯᅩ 온갓 긔증 담증과 듕풍으로 긔운이 올오며 긔운이 거스리ᅘᅧ며 긔운이 답답ᄒᆞ며 긔운으로 알ᄂᆞᆫ 증을 고티ᄂᆞ니 룡노 녀허 지으니ᄂᆞᆫ 룡노소합원이라 니ᄅᆞ고 룡노 업시 지으니ᄂᆞᆫ 샤향소합원이라 니ᄅᆞᄂᆞ니 ᄒᆞᆫ 번의 두세 환이어나 혹 네다ᄉᆞᆺ 환을 이른 아젹 공심의 졍화쉬어나 혹 ᄃᆞᄉᆞᆫ 술의 프러 ᄂᆞ리오ᄃᆡ

(병이 급ᄒᆞ거든 ᄣᅢ를 거리ᄭᅵ디 말고 먹고 가슴 ᄇᆡ 알ᄂᆞᆫ 이와 긔운으로 된 병과 담으로 된 중에 다ᄉᆞᆺ 나히 아ᄒᆡ 오좀으로ᄡᅥ 프러 ᄂᆞ리오면 효험이 더 나으리라 어린 아ᄒᆡ ᄒᆞᆫ 환을 ᄡᅡ 블근 깁 주머니예 녀허 가슴의 당ᄒᆞ여 ᄎᆞ면 온갓 샤긔 옛귀신이 감히 갓갑디 못ᄒᆞᄂᆞ니라)

한문

牛黃凉膈元 治上焦壅熱風痰蘊積口乾喉痛□[299]焦頰赤口舌生瘡渴而不安用一丸 又治小兒急驚用半丸幷薄荷湯下 又治咽喉腫痛口舌生瘡頷頰赤腫熱痰壅塞

언해문(납증7a-7b)

우황냥격원은 목굼기 브어 알프며 입과 혜 헐며 특 아래와 보죠개 블거 브으며 열흔 담이 마키믈 고티고 풍열을 덜며 헐므은 듸를 스러디게 ᄒᆞᄂᆞ니 ᄒᆞᆫ 번의 ᄒᆞᆫ 환을 머금어 프러디게 ᄒᆞ며 혹 박하 달힌 믈의 십버 ᄂᆞ리오고 어린 아ᄒᆡ 급경풍의란 ᄒᆞᆫ 번의 반 환을 쓰되 만일 박해 업거든 ᄃᆞᄉᆞᆫ 믈의 ᄂᆞ리오라

한문(구벽납-일,1b)

加減薄荷煎元 治頭目昏眩口舌生瘡痰涎壅塞咽喉腫痛除風熱消瘡疹 又治風熱咽喉腫痛一名龍腦川芎丸每用一丸嚼化

언해문(납증7b)

가감박하젼원은 머리과 눈이 아득ᄒᆞ며 어즐ᄒᆞ고 입과 혜 헐며 건춤이 마키며 풍열로 목굼기 브어 알프믈 고티고 풍열을 덜며 헐므은 듸를 스러디게 ᄒᆞᄂᆞ니 ᄒᆞᆫ 번의 ᄒᆞᆫ 환을 머금어 프러디거든 ᄉᆞᆷ기라

한문

龍腦膏 治證與薄荷煎元同

---

[299] 판독하기 어려움.

언해문(납증8a)
룡노고는 병중 고티기 가감 박하젼원과 흔가지니(하략)

한문
神保元 治諸氣注痛又治心膈痛腹脇痛腎氣痛每五七丸薑湯溫酒任下

언해문(납증12a-13b)
신보원은 모든 긔운이 뉴주ᄒᆞ여 알른 증을 고티고 쏘 가슴 알프며 비 알프며 녑 알프며 신장 긔운으로 알른 증을 고티ᄂᆞ니 ᄒᆞᆫ 번의 다숫 환 닐곱 환식 싱강 달힌 믈이어나 ᄃᆞ손 술의 임으로 ᄂᆞ리오고 (긔운으로 알 ᄅᆞᆫ 디란 목향 달힌 믈의 ᄂᆞ리오라)

한문
感應元 治虛中積冷氣弱有傷飢飽飮食心下脇間腎滿霍亂嘔吐久痢赤白膿血相雜米穀不化中酒嘔吐惡心頭旋四肢倦怠姙娠傷寒小兒傷滯赤白或進或退連綿不絶又治積痢久痢赤白膿血相雜每用一丁米飮調下或作丸菉豆大十丸呑下

언해문(납증10a-12a)
감응원은 빗소기 허ᄒᆞ여 닝이 싸혀 긔운이 약ᄒᆞ며 주리거나 비 브르기로 음식의 샹ᄒᆞ미 이셔 명치 아래와 녑히 든든코 턍만ᄒᆞ며 곽난으로 토ᄒᆞ며 오란 젹빅 니질의 고롬 피 섯겨 나며 머근 밥이 삭디 아니며 술의 샹ᄒᆞ여 토ᄒᆞ며 눅눅ᄒᆞ며 머리 어즐ᄒᆞ며 ᄉᆞ지 거두디 슬ᄒᆞ며 ᄌᆞ식 빈 딕 샹한이며 어린 아ᄒᆡ 톄흔 거시 샹ᄒᆞ여 젹빅 니질이 오락가락ᄒᆞ여 오래 그치디 아니믈 고티ᄂᆞ니 ᄒᆞᆫ 번의 ᄒᆞᆫ 뎡을 미음의 빠 ᄂᆞ리오고 혹 녹

두 마곰환을 지어 열 환식 슴끼라

한문(구벽납-일,2a)
溫白元 治心腹積聚癥癖積年食不消下又治積聚癥癖黃疸鼓脹十種水氣八種痞塞五種淋疾九種心痛遠年瘧疾及療七十二種風三十六種尸疰癲狂邪崇一切腹中諸疾

언해문(납증17a-18b)
온빅원은 가슴과 빅예 싸힌 긔운으로 뭉긘 증이 히 오래여 머근 거시 사가 ᄂᆞ리디 아니ᄒᆞ며 황달과 고턍증이며 열 가지 슈죵 병과 여듧 가지 덧부록ᄒᆞ여 마킨 증과 다ᄉᆞᆺ 가지 님질과 아홉 가지 가슴 알키과 오란 고곰을 고티고 ᄯᅩ 닐흔두 가지 브룸증과 셜흔여ᄉᆞᆺ 가지 주검 긔운으로 뉴주ᄒᆞᄂᆞᆫ 증과 딜알과 미친병과 사긔증과 복듕 온갓 병을 고티ᄂᆞ니 (ᄒᆞᆫ 번의 세 환 혹 다ᄉᆞᆺ 환으로 닐곱 환의 니ᄅᆞ히 ᄡᅳ되 ᄉᆡᆼ강 달힌 믈이어나 혹 ᄌᆞ소 달힌 믈의 ᄂᆞ리오고 만일 ᄉᆡᆼ강과 ᄌᆞ쇠 업거든 ᄃᆞᄉᆞᆫ 믈의 ᄂᆞ리오라)

한문
好合茵陳丸 治天行病急黃疸及瘴瘧發黃三丸或五丸溫水下

언해문(납증22b-23b)
호합인딘환은 텬힝ᄒᆞᄂᆞᆫ 시병으로 급히 난 황달이며 바다ᄉᆡ 모딘 긔운으로 된 고곰애 황달 발ᄒᆞᆫ 증이며 (열병의 열독이 소게 드러 미친증을 고티ᄂᆞ니) ᄒᆞᆫ 번의 세 환이나 혹 다ᄉᆞᆺ 환을 ᄃᆞᄉᆞᆫ 믈의 슴기되 (토ᄒᆞ며 즈치기로 효험을 삼으라)

한문(구벽납-일,2b)
九味淸心元 治證與淸心元大同小異治熱之功尤捷

언해문(납증2a)
구미쳥심원은 병증 고티기 우황쳥심원과 흔가지로딕 열 다스리는 공이 더옥 샏르니라

한문
至寶丹 治中風不語諸毒山嵐瘴氣蠱肉水毒産後血暈悶亂難産又治小兒諸癎急驚卒中客忤不得眠煩燥風搐每用二三丸至五丸人參湯下或小便和薑汁用之又治卒中急風不語不省人事及風中臟精神昏胃

언해문(납증4a-5a)
지보단은 듕풍으로 말 못ᄒᆞ며 모든 독과 묏 안개 긔운과 바다싀 모딘 기운이며 노올이며 고기 독이며 믈엣 독이며 ᄌᆞ식 나흔 후의 피로 어즐코 답답고 어즐어오며 ᄌᆞ식 나키를 어려이 호믈 고티고 ᄯᅩ 어린 아히 모든 디랄증이며 급흔 경풍이며 과ᄀᆞ리 긔된 샤긔를 마자 줌 못자 번열ᄒᆞ며 ᄇᆞ람으로 뒤틀리며 과ᄀᆞ른 듕풍으로 인ᄉᆞ를 출히디 못ᄒᆞ며 ᄇᆞ롬이 오장의 마자 정신이 아득호믈 고티ᄂᆞ니(하략)

한문
至聖保命丹 治小兒胎驚內吊腹肚堅脹目睛上視角弓反張一切急慢驚風痰涎等證又治急慢驚風及胎驚天吊初生小兒半丸乳汁下周歲兒一丸薄荷湯下十歲以上二丸薄荷湯下

언해문(납증30a-30b)

지셩보명단은 어린 아히 틱듕의셔 놀라셔 안히 혀이여 비 든든코 탕ᄒᆞ며 눈ᄌᆞ의 티쁘이며 등이 졋혀이기 샐활 뒤지은 듯ᄒᆞ며 온갖 급경풍이며 만경풍이며 건춤 흐르는 증들을 고티ᄂᆞ니 ᄀᆞᆺ난 아히란 반 환을 졋즙의 프러 ᄂᆞ리오고 ᄒᆞᆫ 돌 디난 아히란 ᄒᆞᆫ 환을 박하 달힌 믈의 ᄂᆞ리오고 열 술 이상 아히란 두 환을 쓰되 만일 박해 업거든 ᄃᆞ슨 믈의 프러 ᄂᆞ리오라

한문(구벽납-일, 3a)

催生丹 治産婦生理不順産育艱難或橫或逆每用一丸溫水下

언해문(납증28b)

최싱단은 산뷔 ᄌᆞ식 나키 슌티 아녀 혹 빗ᄭᅴ 낫커나 혹 거스리 나는 이를 고티ᄂᆞ니 ᄒᆞᆫ 번의 ᄒᆞᆫ 환을 쓰되 ᄃᆞ슨 믈의 (ᄀᆞ라 머그면 즉시 슌히 낫ᄂᆞ니라)

한문

水煮木香膏 治脾胃受濕臟腑滑泄腹痛無度腸鳴水聲不思飮食每欲下痢裏急後重或下赤白便膿又治一切諸痢每一丸水一盞棗一枚同煎四五沸和滓服食前

언해문(납증9b-10b)

슈쟈목향고ᄂᆞᆫ 비위에 습긔 들어 장뷔 활ᄒᆞ여 즈치기를 도쉬 업스며 ᄇᆡ 알프며 ᄇᆡ 울기믈 소리 ᄀᆞᆮᄒᆞ며 음식을 싱각디 아니며 미양 즈치고져 ᄒᆞ며 닉 급ᄒᆞ고 뒤히 므즑ᄒᆞ며 혹 젹빅니를 누며 대변의 고롬 ᄀᆞᆮᄐᆞᆫ 것 나

믈 고티고 쏘 온갓 모든 니질을 고티ᄂᆞ니 ᄒᆞᆫ 번의 ᄒᆞᆫ 환을 믈 ᄒᆞᆫ 되예 대쵸 ᄒᆞᆫ 낫과 ᄒᆞᆫ듸 달혀 (칠 홉만 ᄒᆞ거든 대쵸란 ᄇᆞ리고) ᄌᆞ의조차 공심의 ᄃᆞᆺ스히 ᄒᆞ여 머그라

한문
九痛元 治九種心痛及卒中惡腹脹痛口不能言又治連年積冷流在心胸幷墮落傷損 又治九種心痛及積冷心胸痛三五丸溫酒下

언해문(납증13b-14b)
구통원은 아홉 가지 가슴 알키와 과글리 듕악ᄒᆞ여 ᄇᆡ 탕ᄒᆞ고 알프며 능히 말 못ᄒᆞᄂᆞᆫ 증을 고티고 ᄯᅩ 여러 ᄒᆡ 싸힌 닝이 명치며 가슴의 머므러 이시며 낙샹ᄒᆞᆫ 증을 고티ᄂᆞ니 (ᄒᆞᆫ 번의) 세 환 다ᄉᆞᆺ 환식 (공심의) ᄃᆞᆺ손 술의 ᄂᆞ리오라

한문(구벽납-일,3b)
瀉靑丸 治肝熱急驚搐搦每用半丸或一丸竹葉湯砂糖水化下

언해문(납증9a-9b)
샤쳥환은 간장 열이며 급ᄒᆞᆫ 경풍으로 뒤틀리는 증을 고티고 쏘 안질을 고티ᄂᆞ니 어린 아히는 ᄒᆞᆫ 번의 반 환이나 혹 ᄒᆞᆫ 환을 댓닙 달힌 믈이어나 혹 사당믈의 프러 ᄂᆞ리오고 (얼운은 두 세 환을 ᄡᅳ라)

한문
稀痘免紅元 初生小兒二三丸乳汁送下一歲兒五丸或七丸三歲後十五丸

久服則遍身發出紅班是其驗也臘日或初八日爲丸

언해문(납증29a-29b)

희두토홍원은 갓난 아히란 두세 환을 졋즙의 ᄂᆞ리오되 ᄒᆞᆫ 살 머근 아히란 다ᄉᆞᆺ 환이어나 혹 닐곱 환이오 세 살 후란 열다ᄉᆞᆺ 환을 머기라 오래 머그면 온 몸의 블근 뎜 퍼디기 이 효험이니라

한문

錢氏安神丸 治邪熱驚啼心府面黃頰赤壯熱又治急驚風及心熱驚啼每用一丸砂糖水化下

언해문(납증29b-30a)

젼시안신환은 어린 아히 샤긔예 열로 놀나 울며 심경 허로증으로 ᄂᆞᆺ치 누로고 보죠개 븕고 거륵ᄒᆞᆫ 열을 고티고 쏘 급경풍증과 심열로 놀라 우ᄂᆞᆫ 증을 고티ᄂᆞ니 ᄒᆞᆫ 번의 ᄒᆞᆫ 환을 사당믈의 프러 ᄂᆞ리오고 (하략)

한문

木香保命丹 治諸風眩暈中風口噤手足偏枯頭目昏暗心神恍惚及諸般冷氣又治中風一切諸證每用一丸細嚼酒或熟水下或沉酒服之

언해문(납증5b-6a)

목향보명단은 모든 ᄇᆞᄅᆞᆷ증으로 아득고 어즐ᄒᆞ며 ᄇᆞᄅᆞᆷ 마자 입을 다믈며 손발이 ᄒᆞᆫ 편이 므르며 머리와 눈이 아득ᄒᆞ며 어즐ᄒᆞ고 ᄆᆞ음과 졍신이 어즐홈과 모든 닝긔를 고티고 쏘 듕풍의 온갓 모든 증을 고티ᄂᆞ니 ᄒᆞᆫ 번의 ᄒᆞᆫ 환식 쓰되 ᄀᆞ늘게 씨버 ᄃᆞ슨 술이어나 혹 더운 믈의 프러 ᄂᆞ리오고 혹 (세 환을 믈근) 술 (ᄒᆞᆫ 병의) ᄃᆞ므되 (하략)

한문(구벽납-일,4a)
捉虎丹 治四氣爲脚氣無問遠近一切注痛臨發時空心一丸趕到脚面上必赤腫痛不敢再一丸趕到脚中心出黑汗乃除根及中風癱瘓手足痲痺不仁偏枯不得屈伸每用二丸溫酒下

언해문(납증20b-22b)
착호단은 풍한과 셔습 긔운으로 다리 알ᄂᆞᆫ 증이 된 디 오라며 갓가오믈 뭇디 말며 다른 온갓 긔운으로 뉴주ᄒᆞ여 알히ᄂᆞᆫ 증을 고티ᄂᆞ니 병이 발ᄒᆞᆯ ᄠᅢ예 ᄒᆞᆫ 번의 ᄒᆞᆫ 환을 공심의 ᄃᆞ슨 술의 프러 ᄂᆞ리오라 알히ᄂᆞᆫ 긔운이 ᄯᅩ치여 발등의 다ᄃᆞᄅᆞ면 블거븟고 알히ᄂᆞᆫ 거시 허여디디 아니ᄒᆞᄂᆞ니 다시 ᄒᆞᆫ 환을 머거 알히ᄂᆞᆫ 긔운이 ᄯᅩ치여 발바당 가온대 ᄂᆞ려 가거든 ᄯᆞᆷ이 나야 병근이 업ᄂᆞ니라 ᄯᅩ 듕풍으로 좌우편을 거두디 못ᄒᆞᄂᆞᆫ 증이며 빅호녁 졀풍증이며 손발이 잘이고 범븨여 ᄡᅳ디 못ᄒᆞ며 ᄒᆞᆫ 편이 몰라 곱가ᄭᅵ디 못ᄒᆞᄂᆞᆫ 증을 고티ᄂᆞ니 ᄃᆞ슨 술의 프러 ᄂᆞ리오ᄃᆡ 두 환식 년ᄒᆞ여 두 번을 머그라

한문
保安丸 治産前産後諸疾每用一丸溫酒下

언해문(납증28a-28b)
보안환은 ᄒᆡ산 젼과 ᄒᆡ산 후 모든 병을 고티ᄂᆞ니 다 술의 ᄒᆞᆫ 환을 프러 ᄂᆞ리오ᄃᆡ (하략)

한문
紫金丹 治蠱毒桃生毒狐狸鼠莽惡菌河㹠死牛馬肉毒山嵐瘴氣毒諸藥

金石草木鳥獸百虫一切諸毒自縊落水鬼迷驚死心頭溫者並令冷水磨灌
蛇犬傷酒磨調下每用半丁或一丹薄荷湯下

언해문(납증23b-25a)
주금단은 노올 독과 여이며 슭의 홀리인 병과 쥐며 구렁의게 믈리인 병
과 독훈 버스시며 복이며 절로 주근 므쇼 고기 머근 독과 묏안개 긔운
과 바다신 모딘 긔운이며 모든 약독이며 쇳독 돌독이며 플독 나모독이
며 새 즘승의게 샹훈 독이며 빅 가지 버러지게 샹훈 독과 온갓 모든 독
이며 종긔며 모딘 창질이며 두드러기며 혹이며 단독증을 고티ᄂ니 호
번의 반 덩이어나 혹 훈 덩을 쓰되 박하 달인 믈의 ᄂ리오라 목 미야 주
그니며 믈의 쌔뎌 주그니며 귀긔로 놀라 주근 사ᄅᆞᆷ이 가슴의 ᄃᆞ슨 긔
운 인는 쟈를 다 닝슈의 ᄀᆞ라 입의 흘리면 즉시 씨ᄂ니 또 빅암이며 개
게 믈려 샹ᄒ니와 모든 모딘 버러지게 믈려 샹ᄒ여거든 술의 ᄀᆞ라 머기
고 (하략)

한문(구벽납-일,4b)
靈寶丹 治推積滯除腹痛一切無名惡瘡毒腫每用一丸凉水下如欲三五
行先呑凉水三五口

언해문(납증18b-19b)
녕보단은 대변을 누디 못홈을 고티며 싸혀 태훈 거슬 ᄂ리오며 온갓
일홈 업슨 모딘 창질과 독훈 종긔를 고티ᄂ니 훈 번의 훈 환을 춘 믈의
ᄂ리오되 세 번 즈츼러 ᄒ면 몬져 춘 믈 세 머곰 머근 후의 춘 믈의 ᄉᆞᆷ
ᄭᅵ라

한문
萬病元 治七種癖塊八種痞病五種癲癇十種疰忤七種飛尸十二種蠱毒五種黃疸十二種瘧疾十種水痢八種大風十二種濕痺及積聚脹滿久遠心腹痛疳蛔寸白諸虫久積痰飲消瘦疲困或婦人子莊瘀血凝滯因此斷産腹此藥以三丸爲一劑不過三劑其病悉除說無窮盡故稱爲萬病元用之以吐利爲度

언해문(납증15a-17a)
만병원은 닐곱 가지 뭉귄 증과 여듧 가지 막혀 턍만흔 증과 다숫 가지 딜알과 열 가지 뉴주ᄒᆞᄂᆞ 샤긔며 닐곱 가지 ᄂᆞ라 뎐ᄂᆞᄂᆞ 주검 긔운이며 열두 가지 모올과 다숫 가지 황달과 열두 가지 고곰과 열 가지 슈종병과 여듧 가지 대풍증과 열두 가지 습으로 범빈 증과 ᄯᅩ 복듕의 ᄡᅡ힌 긔운으로 턍만ᄒᆞ며 오란 가슴 빈 알히며 감튱이며 회튱이며 촌빅튱과 모든 튱증이며 오래 ᄡᅡ힌 담으로 여위고 피곤ᄒᆞ며 혹 부인 ᄌᆞ장의 어혈이 엉긔여 막혀 일로 인ᄒᆞ아 ᄌᆞ식 나키 그처시믈 고티ᄂᆞ니 이 약 먹기를 세 환으로 ᄒᆞᆫ 졔를 삼을ᄯᅵ니 세 졔예 디나디 못ᄒᆞ여셔 그 병이 다 업ᄂᆞ니 고티ᄂᆞᆫ 증이 무궁ᄒᆞᄆᆞ로 일홈을 만병원이라 ᄃᆞ순 믈이어나 혹 싱강 달힌 믈의 세 환식 ᄂᆞ리와 토ᄒᆞ며 즈치기로 ᄒᆞᆫ을 삼으라

한문(구벽납-일,5a)
小兒淸心元 小兒諸熱及驚熱煩燥每用一丸竹瀝下

언해문(납증28b-29a)
쇼ᄋᆞ청심원은 어린 아히 모든 열흔 증과 놀나고 열ᄒᆞ여 답답흔 증을 고티ᄂᆞ니 흔 번의 흔 환을 ᄡᅳ되 듁녁의 ᄩᅡ ᄂᆞ리오고 (만일 듁녁이 업거든 ᄀᆞᆺ 기른 우믈믈의 ᄩᅡ ᄂᆞ리오라)

한문
抱龍丸 治驚風潮搐身熱昏睡能下痰熱百日內兒一丸三分用五歲兒一二丸溫水化下

언해문(납증31a)
포룡환은 경풍증으로 뒤틀리기 오락가락ᄒᆞ며 몸이 열ᄒᆞ고 아득고 조으는 증을 고티고 ᄯᅩ 능히 담열로 쳔급ᄒᆞᆫ 승을 ᄂᆞ리오ᄂᆞ니 백일 안히 아ᄒᆡ란 반 환이오 다ᄉᆞᆺ 술의 아ᄒᆡ는 ᄒᆞᆫ 환 두 환을 ᄃᆞᄉᆞᆫ 믈의 프러 ᄂᆞ리오ᄃᆡ (듁녁의 ᄲᅡ ᄡᅳ면 더욱 긔특ᄒᆞ니라)

한문
玉樞丹 治法與紫金丹同

언해문(납증25a-26a)
옥츄단은 병증 고티기 ᄌᆞ금단과 ᄒᆞᆫ가지로ᄃᆡ (효험이 더 나으리라)

한문
臘享膏或云蠟香膏 治諸凍瘡不差臨用以藥水先洗後塗諸瘡皆可

언해문(납증32b-33a)
납향고는 ᄃᆞ라 허러 됴티 아니홈을 고티ᄂᆞ니 ᄡᅳᆯ 때예 약믈로 몬져 시슨 후의 ᄇᆞᄅᆞ라 므릇 모든 헌 ᄃᆡ 오래 됴티 아니ᄒᆞ거든 ᄇᆞᄅᆞ면 효험이 인ᄂᆞ니라

한문
神聖辟瘟丹 辟瘟正元焚一炷四季保平安

언해문(납증33a)
신성벽온단은 (뉴뎐ᄒᆞ여 인셰간의 잇ᄂᆞ니) 한설날 아{야}젹의 ᄒᆞᆫ 환을 픠오면 ᄒᆞᆫ 힉를 평안히 디내ᄂᆞ니라

한문
備急元 治心腹諸卒暴百病已死者折齒灌之中惡客忤尤妙每用三丸

언해문(납증19b-20b)
비급원은 가슴 빅 알프며 모든 과ᄀᆞ른 빅 가지 병을 다 고티ᄂᆞ니 이믜 주거셔도 니를 썩고 브으라 듕악과 긱된 샤긔에 더옥 긔특ᄒᆞ니 ᄒᆞᆫ 번의 세 환을 ᄡᅳ되 ᄃᆞᄉᆞᆫ 믈의 숨끼라

한문(구벽납-일,5b)
解毒雄黃元 治喉閉口噤水漿不下危急者每七丸茶淸下若口噤醋和灌鼻

언해문(납증8a-9a)
히독웅황원은 목굼기 마키고 입이 다믈려 믈도 ᄂᆞ리디 아닛는 위급ᄒᆞᆫ 증을 고티ᄂᆞ니 ᄒᆞᆫ 번의 닐곱 환을 믈근 차의 ᄂᆞ리오되 입이 다믈렷거든 초의 프러 코해 흘리라

한문
鬼哭丹 治痎瘧每用三十丸隔夜臨睡冷酒呑下次日早再服

언해문(납증26a-26b)
귀곡단은 오란 고곰을 고티ᄂᆞ니 ᄒᆞᆫ 번의 셜흔 환식 ᄡᅳ되 안날 밤 잘 ᄯᅢ예 ᄎᆞᆫ 술의 ᄃᆞᆷ끼고 이튼날 아져긔 ᄯᅩ 머그라

한문
勝金丹 治諸瘧久不愈服法上同

언해문(납증26b-27a)
승금단은 모든 고곰이 오래 됴티 아니믈 고티ᄂᆞ니 (하략)

한문
脾寒丹 治諸瘧

언해문(납증27a-27b)
비한단은 모든 고곰을 고티ᄂᆞ니 (하략)

한문
安胎丸 治懷孕四五月常墮不安一二丸白湯下

언해문(납증27b)
안틴환은 ᄌᆞ식 빈 네다ᄉᆞᆺ ᄃᆞᆯ만의 ᄆᆡ양 낙틴ᄒᆞ여 편안티 아니홈을 고티ᄂᆞ니 ᄒᆞᆫ 번의 ᄒᆞᆫ 환 두 환을 ᄭᅳᆯ힌 믈의 프러 ᄂᆞ리오라

한문

臘劑各種 証治與使用之法 雖詳載方書 而考閱未易 且遠外窮鄕 雖得刀圭 未知下用之方 人多病之 玆摘古方要語 刊印以傳

현대어역

납제(臘劑)[300]의 각 종류들은 증치(證治)하고 사용하는 방법이 비록 방서(方書)에 상세히 실려 있지만 상고하여 열람하기가 쉽지 않고, 또 먼 외방의 궁벽한 시골에서 비록 도규(刀圭)[301]를 얻었다 하더라도 하용(下用)하는 방법을 알지 못하여 사람들이 많이 병에 걸린다. 이에 옛 방책들의 요긴한 말들을 가려 이를 간행하여 전한다.

---

300 한약의 일종.

301 도규(刀圭): '약을 뜨는 숟가락' 또는 '의술'을 뜻하는데, 여기서는 '의술'이나 '좋은 약'을 지칭하는 것으로 보인다.

3. 『구황보유방』(救荒補遺方)

한문
雜物食法

현대어역
여러 (음)식물을 먹는 법

한문
松葉摘取熟擣則葉糜碎成泥須擣之甚熟以成泥爲限以穀末作淡粥

언해문(신구보-장,1a)
솔닙플 따다가 방하의 닉게 찌흐면 닙피 오로[302] 즈긔여[303] 니긴 흙ᄀᆞ티 될 거시니 ᄡᆞ리나 것곡이나[304] ᄀᆞᄅᆞ 밍그라 됴곰 녀코 죽을 묽게 뿌어

---

302 오로(부사): '온전히, 완전히'의 뜻이다.
303 즈긔여: 한문의 '糜碎'에 해당하는 의미로서 '짓개-'로 풀이할 수 있을 듯하다.
304 것곡이나: '것곡'은 쌀 외의 다른 곡식을 뜻한다. '이나'는 열거의 의미를 지니는 특수조사이다.

솔닙 씨흐니를³⁰⁵ 녀허 흔 딕³⁰⁶ 프러 머그라

현대어역
솔잎을 따다가 방아에 익게 찧으면 잎이 온전히 짓개어 이긴 흙같이 될 것이니, 쌀이나 겉곡을 가루로 만들어 조금 넣고 죽을 묽게 쑤어 솔잎 찧은 것을 넣어 함께 풀어 먹으라.

한문
舊方初擣成片曝乾更擣爲末其爲末遲味亦不好至於以楡汁作粥則味極惡不堪食此方則可卽時爲末而味甚好

언해문(신구보-장,1b)
녯 방의는 처엄의 씨허 쥐여기³⁰⁷ 지어³⁰⁸ 믈릐여 쏘 굴롤 밍그니 더듸고 맛도 됴티 아니ᄒ고 느릅 즙으로 죽을³⁰⁹ 쑤면³¹⁰ 그 마시 ᄀ장 사오납거니와³¹¹ 이 법은 마시 됴ᄒ니라

현대어역
옛 방에는 처음에 찧어 조각을 만들어 말려서 또 가루를 만드니, (이는) 더디고 맛도 좋지 아니하고 느릅 즙으로 죽을 쑤면 그 맛이 아주 좋지 않지만, 이 법은 맛이 좋다.

---

305 씨흐니를: '찧-으-ㄴ 이-를'로 분석되며 '찧은 것을'을 뜻한다.
306 흔 딕: '흔 딕'는 '한 곳에'의 의미를 가지지만 이런 표현이 굳어져서 '함께'를 뜻하게 되었다.
307 쥐여기: 한문의 '片'에 해당하므로 '조각' 정도로 풀이할 수 있다.
308 지어(동사): 일반적으로 '짓-'은 '만들-'(作)의 의미를 가지는데, 여기서는 위와 같이 풀이하여도 좋고, 또는 '되-'(成)로 보아 '조각이 되어'로 풀이하여도 좋을 것이다.
309 죽을: 쥬글〈가, 일〉.
310 쑤면: 쑤면〈중, 가, 일〉.
311 사오납거니와(형용사): '사오납-'은 '사납-, 억세-, 나쁘-'의 의미를 가진다. 이와는 달리 '약하-'의 뜻을 지니기도 한다.

한문
松葉久食大便不通則太末一二匙和水飮連二三日大便卽通

언해문(신구보-장,1b)
솔닙플 오래 머거 대변이 막키거든 콩 ᄀᆞᄅᆞ 두 술을 믈에 타 이사나흘³¹² 머그면 즉시 통ᄒᆞᄂᆞ니라

현대어역
솔잎을 오래 먹어 대변이 막히거든 콩가루 두 술을 물에 타 2~4일 동안 먹으면 즉시 통한다.

한문
桔梗淨洗爛烹入袋沉水踏之令苦味盡出而糜爛成泥和飯食之雖無穀而食亦不飢

언해문(신구보-장,2a)
도랏슬³¹³ 조히 시서³¹⁴ 므르게³¹⁵ 숢마 쟈릐³¹⁶ 녀허 므레 됨가 즛ᄇᆞ라³¹⁷ ᄡᅳᆫ³¹⁸ 마슬 다 나게 ᄒᆞ고 즛긔여 밥을 석거 머그라 곡셕 업시 저만 머거도 됴ᄒᆞ니라

---

312 이사나흘(명사): 한문의 '二三日'의 뜻으로 보이나, '2~4일'로 풀이하는 것이 좋을 듯하다.

313 도랏슬: '도랏, 도랒'은 "초롱꽃과의 여러해살이풀"로서 "뿌리는 식용하거나 거담이나 진해의 약재로 쓴다."

314 시서: 씨서〈일〉.

315 므르게: 무르게〈가, 일〉.

316 쟈릐: 쟐릐〈중, 가, 일〉. '쟈르(〈쟈ᄅᆞ)-의(처격조사)'로 분석할 수 있는데, 중세국어 '쟈ᄅᆞ'는 뒤에 처격조사가 오면 '쟐ᄅᆞ'로 교체된다.

317 즛ᄇᆞ라: '짓밟아'(踏)의 뜻이다.

318 ᄡᅳᆫ: 쓴〈중, 가, 일〉.

현대어역
도라지를 깨끗이 씻어 무르게 삶아 자루에 넣고, 물에 담가 짓밟아 쓴 맛이 다 나가게 하고 짓개어 밥에 섞어 먹으라. 곡식 없이 그것만 먹어도 좋다.

한문
木麥半熟莖葉柔軟時刈取乾之並莖實細剉炒過擣篩作末和水食之此一鉢足當飯一鉢可以度朝夕苦未及秋刈取則以經打之藁炒擣作末如上法食之但秋刈者食之與食穀同秋後刈者不可獨食須和穀末乃可食之

언해문(신구보-장, 2b)
모밀이 반만 니거 줄기와 니피 연흔 쌔예 븨어³¹⁹ 물뢰여 줄기와 여름을 ᄀᆞ놀게 싸흐라³²⁰ 미이³²¹ 복가 씨허 처 ᄀᆞᄅᆞ 밍그라 믈에 타 머그면 이 흔 사발이 밥 흔 사발을 당ᄒᆞᄂᆞ니라 쭈드린³²² 후에 딥도 이ᄀᆞ티 ᄒᆞ여 먹거니와 그ᄂᆞᆫ 브듸 곡셕 ᄀᆞᄅᆞᆯ 셕거야³²³ 먹ᄂᆞ니라³²⁴

현대어역
메밀이 반만 익어 줄기와 잎이 연한 때에, 베어 말려 줄기와 열매를 가늘게 썰어, 매우 볶고 찧고 쳐서 가루 만들어 (이것을) 물에 타 먹으면 이 한 사발이 밥 한 사발을 당한다. 두드린 후(즉, 추수한 후)에 짚도 이같이 하여 먹거니와 그것은 꼭 곡식 가루를 섞어야 먹을 수 있다.

---

319 븨어: 뷔여〈가〉, 븨여〈일〉.
320 싸흐라: 싸흐라〈중, 가, 일〉.
321 미이(부사): '몹시, 매우'의 뜻이다.
322 쭈드린: '쭈드리-'는 '두드리-'의 뜻인데 여기서는 '곡식을 두드리-' 즉, '추수하-'의 의미로 쓰였다.
323 셕거야: 셕겨야〈일〉.
324 먹ᄂᆞ니라: 먹ᄂᆞ니랴〈일〉.

한문
葛根淨洗去皮爛擣水飛去其根絲取成泥泥沉漉去水和米作飯粥食之
[扞城葛粉最好和菉末作麪能解渴沙土中者良]

언해문(신구보-장,3a)
츩325 불희를326 조히 삐서327 겁질 벗기고 즛두들여 그 건디를328 업시 ᄒᆞ고 믈에 ᄀᆞ라안츠와329 ᄆᆞᄅ거든 그 ᄀᆞᆯᄅᆞᆯ ᄡᆞᆯ의 범으려330 죽 뿌어331 머그면 됴ᄒᆞ니라 [간성332 츩 불히333 ᄀᆞ장 됴ᄒᆞ니 녹두 ᄀᆞᆯᄅᆞᆯ 석거 면을 밍글면 능히 목ᄆᆞᄅᆞ디 아니ᄒᆞ니라]

현대어역
칡뿌리를 깨끗이 씻어 껍질을 벗기고 짓두드려 그 건더기를 없애고 물에 가라앉히어서 마르거든 그 가루를 쌀에 버무려 죽 쑤어 먹으면 좋다. [간성 칡뿌리가 가장 좋으니 녹두 가루를 섞어 면을 만들면 능히 목마르지 아니할 것이다.]

한문
薯蕷取根蒸熟食之或擣粉作麪食之凶年可以充粮不飢最佳[本草]

---

325 츩(명사): '칡'을 가리키는데 근대국어시기에 처음 아래의 'ㆍ'가 'ㅣ'로 변한 예의 하나다. "콩과의 낙엽 활엽 덩굴성 식물. 뿌리의 녹말은 식용하고 뿌리는 약용한다."
326 불희를: 블희를〈일〉.
327 삐서: 씨서〈중, 가, 일〉.
328 건디(명사): '건더기'를 말한다.
329 ᄀᆞ라안츠와: 'ᄀᆞᆯ-(동사)'과 '앉-(동사)'의 복합어로 '가라앉혀서'의 뜻이다.
330 범으려: 범오려〈일〉.
331 뿌어: 쑤어〈중, 가, 일〉.
332 간성: 간성(扞城)은 강원도 고성군에 있는 읍을 가리킨다.
333 불히: 블희〈중, 가, 일〉.

언해문(신구보-장,3b)

마홀334 키여 쪄 먹고 혹 찌허 ᄀᆞᄅᆞ335 면을 밍그라 머그면 흉년의336 가히 ᄡᅥ337 빈 고프디 아니ᄒᆞ니 ᄀᆞ장 아름다오니라

현대어역

마를 캐어 쪄 먹고 혹 찧어 가루(로) 면을 만들어 먹으면 흉년에 가히 배고프지 아니하니 가장 아름답다(즉, 좋다).

한문

栗煨熟食之令人耐飢[本草]

芋煮熟食之可以當粮而度飢年[本草]

蠟仙經斷穀最爲要用今人但嚼食方寸者終日不飢也

언해문(신구보-장,3b)

밤을 닉게 구어 머그면 사름이 빈 고프디 아니ᄒᆞ니라 토란을 달혀 머그면 가히 ᄡᅥ338 냥식 ᄀᆞᄐᆞ여339 빈340 고프기를 디내ᄂᆞ니라 이제 사름이 341 다만 밀만 찌버342 머그면 날이 못도록 빈 고프디 아니ᄒᆞ니라

---

334 마홀: '맣'는 "맛과의 여러해살이 덩굴풀"로서 "실눈은 식용하고 뿌리는 '산약(山藥)'이라 하여 강장제로 쓴다." 산우(山芋), 서여(薯蕷)라고도 한다.

335 ᄀᆞᄅᆞ: '가루'를 뜻한다.

336 흉년의: 흉년의〈일〉.

337 ᄡᅥ: 써〈일〉.

338 ᄡᅥ: 써〈가, 일〉.

339 ᄀᆞᄐᆞ여: 형용사 'ᄀᆞᄐᆞ-아' 즉 '같아'의 뜻으로 볼 수 있으나 'ㅣ' 모음에 유의한다면 이를 사동접미사로 보고 'ᄀᆞᄐᆞ-이-어' 즉 '같게 하여'로 해석할 수 있을 것이다.

340 빈: 븨〈가〉.

341 사름이: 삼름이〈중〉.

342 찌버: 씨버〈중, 가, 일〉.

현대어역
밤을 익게 구워 먹으면 사람이 배고프지 아니할 것이다. 토란을 달여 먹으면 가히 양식 같아서 배고픈 것(즉, 해)을 지낼 수 있다. 요즈음 사람이 다만 꿀밀만 씹어 먹으면 날을 마치도록(즉, 종일토록) 배고프지 아니할 것이다.

한문
用黃蠟炒粳米嚼食充飢可辟穀不飢食胡桃肉卽解

언해문(신구보-장,4a)
누른 밀과³⁴³ 복근 춥뿔을 삐버³⁴⁴ 머그면 가히 졀곡ᄒᆞ여도³⁴⁵ ᄇᆡ 아니 고프고 츄ᄌᆞ곳³⁴⁶ 머그면 즉제 ᄂᆞ리ᄂᆞ니라³⁴⁷

현대어역
누른 꿀밀과 볶은 찹쌀을 씹어 먹으면 가히 절곡하여도 배 고프지 아니하고, 추자(만)를 먹으면 즉시 내린다(즉, 해소된다).

343 밀(동사): "벌집을 만들기 위하여 꿀벌이 분비하는 물질. 누런 빛깔로 상온에서 단단하게 굳어지는 성질이 있다. 절연제, 광택제, 방수제 따위로 쓴다." 꿀밀, 벌똥, 봉랍, 황랍(黃蠟)이라고도 한다.
344 삐버: 씨버〈중, 가, 일〉.
345 졀곡ᄒᆞ여도: 한문의 '辟穀'에 해당하므로 '곡식을 먹지 않음'(絶穀)의 뜻이지만 '곡식을 절약함'이 실제 내용에 가깝다.
346 츄ᄌᆞ곳: '츄ᄌᆞ'(명사)는 한문의 '胡桃'에 해당한다. "호두나무의 열매. 속살은 지방이 많고 맛이 고소하여 식용하며, 한방에서 변비나 기침의 치료, 동독(銅毒)의 해독 따위의 약재로 쓴다." '곳'은 '만'의 뜻을 가진 특수조사이다.
347 ᄂᆞ리ᄂᆞ니라: '내리-'의 뜻인바, 여기서는 한문의 '解'에 유의하여 '해소되-'로 풀이하는 것이 나을 듯하다.

한문

白麪一斤黃蠟爲油作煎餅飽食可百日不飢

合松脂杏仁棗肉茯苓等分爲末作丸服五十丸便不飢

언해문(신구보-장,4b)

흰[348] ᄀᆞᄅᆞ ᄒᆞᆫ 근을 누른 밀을 슬혀 쩍 밍그라 빈 브르도록 머그면 가히 빅 날이라도 빈 아니 고프고 숑지과[349] 술고씨과[350] 대쵸를[351] 씨를[352] 업시 ᄒᆞ고 복녕과[353] ᄒᆞᆫ듸 작말ᄒᆞ여[354] 환 지어 쉰 환식[355] 머그면 빈 아니 고프니라

현대어역

흰 가루 한 근을 누른 꿀밀과 끓여 떡 만들어 배부르도록 먹으면 가히 백 날이라도 배 고프지 아니하고, 송진과 살구씨와 대추를 씨를 없애고 복령과 함께 가루를 만들어 환 지어서 쉰 환씩 먹으면 배고프지 아니할 것이다.

---

348 흰: 힌〈일〉.

349 숑지과: '숑지'는 '송진'을 뜻하는데, 근대국어시기에 조사 '와'의 자리에 '과'가 표기되기도 하였다.

350 술고씨과: 술고씨과〈가, 일〉. 살구의 "살은 식용하고 씨의 알맹이는 한약재로 쓴다." 육행(肉杏)이라고도 한다.

351 대쵸를: 대쵸를〈가, 일〉.

352 씨를: 씨를〈가, 일〉.

353 복녕: "구멍장이버섯과의 버섯"으로 백복령과 적복령이 있다. "공 모양 또는 타원형의 덩어리로 땅속에서 소나무 따위의 뿌리에 기생한다. 이뇨의 효과가 있어 한방에서 수종(水腫), 임질, 설사 따위에 약재로 쓴다."

354 작말ᄒᆞ여: '작말'(作末)은 가루를 만든다는 뜻이다.

355 환식: 환씩〈가, 일〉.

한문
古人荒歲多食蠟以度飢當合大棗咀嚼卽易爛[本草]

언해문(신구보-장,4b)
녯 사름이 가난흔 히예 만히 밀을 머거 빅 고프기를 디내니 맛당히 대쵸를 흔듸 씨버³⁵⁶ 머그면 밀이 수이³⁵⁷ 므르느니라

현대어역
옛 사람이 가난한 해에(즉, 흉년에) 꿀밀을 많이 먹어서 배고프기를 지내니, 마땅히 대추를 함께 씹어 먹으면 밀이 쉽게 무르게 된다.

한문
黑豆炒熟以棗肉同搗之爲麨可以代粮

언해문(신구보-장,5a)
거믄 콩을 닉게 복가 대쵸을³⁵⁸ 씨³⁵⁹ 업시 ᄒ고 솔만 콩과 흔듸 씨허 ᄀᄅ ᄆᆡᆼ그라 머그면 가히 냥식을 디ᄒᆞᄂᆞ니라

현대어역
검은 콩을 익도록 볶고, 대추를 씨 없이 하여 그 살만 콩과 함께 찧어 가루 만들어 먹으면 가히 양식을 대신할 것이다.

---

356 씨버: 씨버〈중, 가, 일〉.
357 수이(부사): '쉽(형용사)-이'에서 'ㅸ'와 모음 'ㅣ'가 탈락한 형태로 '쉽게'의 뜻이다.
358 대쵸을: 대쵸를〈가, 일〉. 근대국어시기에 모음 아래에서 조사 '을'이 표기된 예가 있다.
359 씨: 씨〈가, 일〉.

한문

左元放救荒年法擇取雄黑豆三七粒生者熟按之令煖氣徹豆心先一日不食次早以冷水吞下魚肉菜果不復經口渴則飮冷水初雖小困十數日後體力壯健不復思食矣[本草]

仙方修製大豆黃末服餌之可辟穀度飢年[本草]

언해문(신구보-장, 5b)

흉황훈 히예[360] 큰 거믄 콩 스믈훈[361] 낯출 싱으로[362] 미이[363] 믄딜러 더온 긔운이 콩 소기 스뭇게[364] ᄒ여 흘를 젼긔ᄒ야[365] 굶고 잇튼날[366] 일[367] 닝슈에 머그며 숨긔라[368] 어육과 치과 실과를 먹디 말고 목ᄆᆞᄅ거든 닝슈를 머그면 처엄은 비록 됴곰[369] 곤홀씨라도[370] 열흘곳 너므면 긔력이 츙장ᄒ야 다시 밥념이 업ᄂ니라 콩기름[371] 굴롤 머그면 가히 흉황훈 히를 디내ᄂ니라

현대어역

흉황한 해(즉, 흉년)에 크고 검은 콩 스물한 낱을 생것으로 매우 문질러 더운 기운이 콩 속

---

360 흉황훈 히: "곡식 농사가 잘 안되어 농사가 결딴난" 해 즉, 흉년을 말한다.
361 스믈훈: 스몰훈⟨가⟩.
362 싱으로: '싱'이 명사로도 사용된 예로서 '생것, 날것'의 의미다.
363 미이(부사): '매우'의 뜻이다.
364 스뭇게(동사): '스뭇(⟨스못⟩-게)로 분석되며 '사무치게'의 뜻이다.
365 젼긔ᄒ야: 문맥으로 보아 '전기(全飢)' 즉, '종일 굶음'을 뜻한다. 뒤에 '굶고'가 이어지는 것으로 보아 '전기(全期)'로 볼 수도 있다.
366 잇튼날: 잇른날⟨일⟩.
367 일(부사): 형용사 '이르-' 또는 '일-'에서 접사 없이 파생된 것으로 '일찍'의 의미다.
368 숨긔라: 숨기라⟨가, 일⟩.
369 됴곰: 죠곰⟨중, 가, 일⟩.
370 곤홀씨라도: '피곤할지라도, 힘들지라도'의 의미다.
371 콩기름: '콩 길-움'으로 분석된 것인데, '콩나물'을 뜻하는 것으로 보인다.

에 스며들게 하여, 하루를 종일 굶고 이튿날 일찍 냉수에 머금어 삼키라. 어육과 채소와 과일을 먹지 말고 목마르거든 냉수를 먹으면 처음은 비록 조금 힘들지라도 열흘만 넘으면 기력이 충장하여 다시 밥생각이 없게 된다. 콩나물 가루를 먹으면 가히 흉황한 해를 지낼 것이다.

한문
粳米荒年穀貴無以充粮取粳米一升酒三升漬之出曝乾又漬又曝酒盡乃止稍稍食之渴飮冷水辟三十日足一斛二升辟周年

언해문(신구보-장,6a)
됴흔 니쁠³⁷² 흔 되를 술 서 되예 둠갓다가 건뎌 볏틔 물뢰여 쏘 그 술에 둠가 쏘 물뢰여 술이 업거든 긋쳐 졈졈 머그라 목므르거든 닝슈를³⁷³ 머그면 흔 둘을 견듸느니 흔 곡³⁷⁴ 두 되만 흐면 돌³⁷⁵ 도라오도록 견듸느니라

현대어역
좋은 입쌀 한 되를 술 서 되에 담갔다가 건져서 볕에 말리고 또 그 술에 담갔다가 또 말려서 술이 없어지면 그치고 조금씩 먹으라. 목마르거든 냉수를 먹으면 한 달을 견디니 한 섬 두 되만 하면 돌이 돌아올 때까지 견딜 것이다.

---

372 니쁠: '니-쁠'(>이쁠)입쌀'로 분석되며, '멥쌀'이라고도 한다.
373 닝슈를: 닝슈를<가>.
374 곡(명사): 한문의 '斛'은 곡식을 재는 단위로서 10말에 해당하므로 1섬이다.
375 돌(명사): '해마다 돌아오는 때' 즉 '주년(周年)'을 말한다.

한문
又大米三合炒過以黃蠟二兩熔銚內入米炒令乾任便食之數日不飢如食胡桃二箇卽思食[本草]

언해문(신구보-장,6b)
쏘 니뿔 서 홉을 미이 복가 밀 두 냥을 노겨 뿔을 밀의 브어 므르도록 복가 임의로 머그면 두어 날이나 빅 고프디 아니ᄒᆞᄂᆞ니 츄즈³⁷⁶ 두 낫곳 머그면 즉제³⁷⁷ 밥 먹고져 시브니라³⁷⁸

현대어역
또 입쌀 서 홉을 매우 볶아, 봉밀 두 냥을 녹여 (볶은) 쌀을 봉밀에 부어서 마르도록 볶아 (두고) 임의로 먹으면 두어 날이 (지나도) 배고프지 아니하니, 추자(즉, 호두) 두 낱을 먹으면 즉시 밥이 먹고 싶어진다.

한문
糯米若遇凶年穀貴取糯米一斗淘洗百蒸百曝搗末日一湌以冷水得三十日都盡則可終身不食不飢[本草]

언해문(신구보-장,6b)
ᄎᆞᆸ뿔 ᄒᆞᆫ 말을 조히 삐서³⁷⁹ 일빅 번 쪄³⁸⁰ 일백 번 몰뢰여 ᄀᆞᄅᆞ 밍그라 ᄒᆞᄅᆞ ᄒᆞᆫ 번씩³⁸¹ 닝슈에 타 먹기를 셜흔 날만의 다 머그면 몸이 뭇도록³⁸²

---

376 츄즈(명사): 한문의 '胡桃'에 해당한다.
377 즉제(부사): '즉자히〉즉재'를 거쳐 '즉제'로도 표기되었다. '즉시'의 뜻이다.
378 시브니라(형용사): '시브-니라'로 분석되며 '시브-'는 '싶-'의 뜻이다.
379 삐서: 씨서〈중, 가, 일〉.
380 쪄: 뼈〈중〉, 쪄〈가〉.
381 씩: '식'이 경음화한 것으로 표기하였다.
382 뭇도록(동사): '뭋-도록'으로 분석되며, '마치도록'의 뜻이다.

빈 고프디 아니ᄒᆞ니라

현대어역

찹쌀 한 말을 깨끗이 씻어 일백 번 찌고 일백 번 말려서 가루 만들어 (두고), 하루 한 번씩 냉수에 타 먹기를 서른 날만에 다 먹으면 몸이 마치도록(즉, 종신토록) 배고프지 아니할 것이다.

한문

靑粱米一斗以苦酒一斗漬之三日出百蒸百曝好裹藏之遠行一飡十日不飢重飡九十日不飢
○靑粱醋拌百蒸百曝可作糇粮辟穀[本草]

언해문(신구보-장,7a)

쳥냥미[383] ᄒᆞᆫ 말[384]을 쁜[385] 술 ᄒᆞᆫ 말의 ᄃᆞᆷ가 사흘만의 내여 일ᄇᆡᆨ 번 쪄[386] 일ᄇᆡᆨ 번 물뢰여 잘 싸{사}[387] 간딕ᄒᆞ엿다가[388] 먼 길 ᄃᆞ닐 제 ᄒᆞᆫ 번 머그면 열흘이라도 ᄇᆡ 고프디 아니ᄒᆞ고 다시 머그면 아흔 날이라도 ᄇᆡ 고프

---

383 쳥냥미(명사): '靑粱米'는 "차조의 하나인 생동찰의 알맹이"를 말하는데 '생동쌀, 청정미'라고도 한다.

384 말: 만⟨일⟩.

385 쁜: 쓴⟨가, 일⟩.

386 쪄: 뗘⟨중⟩, 쪄⟨가⟩.

387 싸{사}: ᄡᅡ⟨중⟩, 싸⟨가, 일⟩ 이런 표기로 보면 장서각본은 후대본이거나 방언을 반영한 것일 가능성이 있다.

388 간딕ᄒᆞ엿다가: '간딕-ᄒᆞ-엿-다가'로 분석된다. '-엿-'은 과거를 나타내는 선어말어미이다.

지³⁸⁹ 아니호ᄂ니라 쳥냥미를 초의³⁹⁰ 버므려 빅 번 쪄³⁹¹ 빅 번 물료오면 가히 냥식이 되ᄂ니라

현대어역
청량미 한 말을 쓴 술 한 말에 담가 사흘만에 내어 일백 번 찌고 일백 번 말려서 잘 싸서 간직하였다가, 먼 길 다닐 때 한 번 먹으면 열흘이 (지나더라도) 배고프지 아니하고 다시 먹으면 아흔 날이 (지나더라도) 배고프지 아니할 것이다. 청량미를 식초에 버무려 백 번 찌고 백 번 말리면 가히 양식이 된다.

한문
蔓菁子取子用水煮三遍令苦味盡曝乾搗末水服二錢日三久漸增服可以辟穀

○又蔓菁取苗葉莖根四時長服可以備饑歲[本草]

언해문(신구보-장,7b)
쉰무우씨를³⁹² 믈에 세 번을 달혀 쓴³⁹³ 마시 다 나게 ᄒ야 볏틱 물뢰여 ᄀᆞᆯ 밍그라 두 돈씩³⁹⁴ 믈에 타 먹기를 ᄒᆞᄅ 세 번씩³⁹⁵ 졈졈 머그면 빅

---

389 고프지: 고프디⟨중, 가, 일⟩. 장서각본에는 구개음화를 반영한 표기가 거의 보이지 않으므로 '고프지'는 매우 이례적인 표기라 할 수 있다. 이로 미루어 보면 장서각본은 후대본이거나 방언을 반영한 것일 가능성이 있다.

390 초(명사): '초'(醋) 즉 '식초'를 말한다.

391 쪄: 뼈⟨중⟩.

392 쉰무우씨를: 쉰무우삐를⟨중⟩, 쉰무우씨를⟨일⟩. '쉰무우'는 '순무'를 말한다.

393 쓴: 뿐⟨중⟩.

394 씩: 식⟨중⟩.

395 번씩: 번식⟨중⟩, 번씩⟨가, 일⟩.

고프디 아니ᄒᆞᄂᆞ니라 ᄯᅩ 쉰무우 줄기 닙 불휘³⁹⁶ ᄉᆞ시예³⁹⁷ 머그면 가히 비 고프디 아니ᄒᆞ니라

현대어역
순무 씨를 물에 세 번 달여 쓴 맛이 다 나가게 하고 볕에 말려서 가루 만들어 두 돈씩 물에 타 먹기를 하루 세 번씩 조금씩 먹으면 배고프지 않을 것이다. 또 순무 줄기, 잎, 뿌리를 사시(즉, 사철)에 먹으면 가히 배고프지 않을 것이다.

한문
辟穀絶食方

현대어역
곡식을 먹지 않고 (솔잎, 느릅, 대추, 밤 따위를 먹어서) 식량을 절약하는 방법

한문
年荒穀貴或遠方水火不便或修行人欲休粮宜服此黑豆五升淘洗蒸三遍晒乾去皮爲末大麻子三升[一作五升]湯浸一宿漉出晒乾蒸三遍令口開去皮爲末用糯米粥合和搗勻成團如拳大再入甑蒸之從夜至子住火至寅取出磁器盛盖勿令風乾每服一二塊以飽爲度不得喫一切物

---

396 불휘: 불회〈가〉.
397 ᄉᆞ시예: ᄉᆞ시에〈중〉.

언해문(신구보-장,8b)

거믄 콩 닷 되를 조히[398] 씨서 세 번 쪄[399] 세 번 믈뢰여 겁질 벗기고[400] ᄀᆞᄅ 밍그라 대마ᄌᆞ[401] 서 되를 더온 믈에 ᄃᆞᆷ가 ᄒᆞᄅᆞᆺ밤 자여[402] 건뎌 세 번 쪄[403] 세 번 믈뢰여 부리[404] 버러디거든 겁질을[405] 벅기고 ᄀᆞᄅ 밍그라 두 가디[406] 거슬 ᄎᆞᆸ발 쥭에 므라 ᄢᅵ허 주먹만 ᄒᆞ게 뭉긔여[407] 실릭[408] 다마 ᄊᆡ되[409] 밤으로브터[410] 즈시예[411] 니르러 블을[412] 무덧다가 인시예[413] 내여 사긔예 다마 ᄇᆞ람 쏘여 므ᄅᆞ게 말고 ᄆᆡ양 두어 덩이씩[414] 빅 브르도록 머그되 다른 거슬란[415] 먹디 말라

---

398 조히(부사): '깨끗하-'란 뜻을 가진 형용사 '좋-'에 부사파생접미사 '-이'가 결합된 것이다.
399 쪄: 뼈⟨중⟩.
400 벗기고: 벅기고⟨중, 가, 일⟩.
401 대마ᄌᆞ(명사): '대마' 즉 '삼'은 "뽕나뭇과의 한해살이풀. 종자는 식용·약용하거나 사료로 쓰고 줄기의 껍질은 섬유의 원료로 쓴다."
402 자여: 재워.
403 쪄: 뼈⟨중⟩.
404 부리: 입이나 사물의 뾰족한 부분을 가리킨다.
405 겁질을: 겁지를⟨일⟩.
406 가디: 가지⟨중, 가, 일⟩. '가지'를 '가디'로 표기한 것은 구개음화의 과도교정에 해당하는 것인데 장서각본에만 이렇게 표기되어 있다. 과도교정은 17세기 이전에도 일어난 것으로 보고되어 있다. 김주필(1994) 참조.
407 뭉긔여: '뭉개어'의 뜻이다.
408 실릭: 실릐⟨중, 가, 일⟩.
409 ᄊᆡ되: 삐되⟨중⟩.
410 밤으로브터: 밤으로븟터⟨중, 가, 일⟩.
411 즈시: '子時' 즉 '밤 11시에서 1시 사이'이다.
412 블을: 블를⟨중, 가, 일⟩.
413 인시: '寅時' 즉 '밤 3시에서 5시 사이'이다.
414 덩이씩: 덩이씩⟨중, 가⟩, 덕이씩⟨일⟩.
415 거슬란: 거슬란⟨일⟩.

현대어역

검은 콩 닷 되를 깨끗이 씻어 세 번 찌고 세 번 말린 후 껍질 벗기고 가루 만들어 (두고), 대마(즉, 삼) 서 되를 더운 물에 담가 하룻밤 재운 뒤 건져 세 번 찌고 세 번 말려서 부리가 벌어지거든 껍질을 벗기고 가루 만들어 (둔다). (이) 두 가지 것을 찹쌀 죽에 말아 찧어 주먹만 하게 뭉개어서 시루에 담아 찌되 밤 자시(子時 즉, 밤 11시~새벽 1시)에 이르러 불을 묻고(즉, 끄고) 인시(寅時 즉, 새벽 3시~5시)에 내어 사기(그릇)에 담아 (두되), 바람 쐬어 마르게 (하지) 말고 매번 두어 덩이씩 배부르도록 먹되 다른 것은 먹지 말라.

한문

第一頓七日不食第二頓七七日不食第三頓一百日不食第四頓永不飢容貌佳勝更不憔悴如渴則飮大麻汁以滋潤臟腑若要喫物服葵菜湯解之或葵子三合杵碎煎湯冷服亦可

○一方有白茯苓五兩[類聚] [大麻子非閭里所種之麻俗云虎荏而未詳]

언해문(신구보-장,9a)

ᄒᆞᆫ 번 머그면 닐웨를 밥을 아니 먹고 두 번 머그면 마ᅀᆞᆫ아ᄒᆞ래를⁴¹⁶ 밥을 아니 먹고 세 번 머그면 일ᄇᆡᆨ 날를⁴¹⁷ 밥을 아니 먹고 네 번곳 머그면 영영 빈 고프디 아니ᄒᆞᄂᆞ니라

현대어역

한 번 먹으면 이레(즉, 7일)를 밥을 아니 먹고, 두 번 먹으면 마흔아흐레를 밥을 아니 먹고, 세 번 먹으면 일백 날을 밥을 아니 먹고, 네 번만 먹으면 영영 배고프지 아니할 것이다.

---

416 마ᅀᆞᆫ아ᄒᆞ래를: 마흔아흐레를〈가, 일〉.
417 날를: 날을〈일〉.

언해문(신구보-장,9b)
목모ᄅᆞ는 듯ᄒᆞ거든 대마즙을 먹고 만일 먹고뎌⁴¹⁸ 시븐 것 잇거든 아옥을⁴¹⁹ 달혀 먹고 혹 아옥ᄡᅵ⁴²⁰ 서 홉을 달혀 ᄎᆞ게 ᄒᆞ야{아}⁴²¹ 머그라 빅복녕⁴²² 닷 냥도 녀케 ᄒᆞ엿ᄂᆞ니⁴²³

현대어역
목마른 듯하거든 대마즙(즉, 삼즙)을 먹고, 만일 먹고 싶은 것이 있으면 아욱을 달여 먹고, 아욱씨 서 홉을 달여 차갑게 하여 먹으라. 백복령 닷 냥도 넣게 하였다.

한문
蘿葍根早朝煨熟食之則不飢不寒[俗方]

언해문(신구보-장,9b)
댄무우를⁴²⁴ 신됴애⁴²⁵ 구워 머그면 빈도 아니 고프고 칩도⁴²⁶ 아니ᄒᆞᄂᆞ니라

---

418 먹고뎌: 먹고저〈중, 일〉.
419 아옥을: 악옥을〈일〉.
420 아옥ᄡᅵ(명사): 아옥씨〈가, 일〉. '아옥'(〈아옥〈아혹)은 "두해살이풀"로서, 연한 줄기와 잎은 국을 끓여 먹고, 씨는 동규자(冬葵子)라고 하여 한방에서 이뇨제로 사용한다.
421 ᄒᆞ야{아}: ᄒᆞ야〈중, 가, 일〉.
422 빅복녕(명사): 백복령(白茯苓)은 "빛깔이 흰 복령"으로, "오줌이 잘 나오게 하고 담병, 부종(浮腫), 습증 따위를 다스리거나 몸을 보하는 데 쓴다."
423 ᄒᆞ엿ᄂᆞ니: ᄒᆞ엿ᄂᆞ니라〈일〉.
424 댄무우를: 댓무우를〈중〉, 댄무우를〈일〉. '댄무우'는 '蘿葍根'을 가리킨다.
425 신됴: 신조(新朝)를 뜻하는 듯하여 '새 아침, 이른 아침'으로 풀이할 수 있을 것이다.
426 칩도: '칩-'(형용사)은 '춥-'의 뜻이고 '도'는 특수조사다. 동사나 형용사의 어간에 특수조사 '도'가 직접 결합하고 뒤에 '아니ᄒᆞ-'가 와서 부정의 뜻을 나타낸다. 이런 구성은 중세국어와 근대국어에서는 물론이고 현대의 일부 방언에서도 사용된다.

현대어역
댄무우를 이른 아침에 구워 먹으면 배도 아니 고프고 춥지도 아니할 것이다.

한문
不畏寒法

현대어역
추위를 이기는(즉, 견디는) 법

한문
欲不畏寒取天門冬白茯苓等分爲末酒服二錢日再則大寒時單衣汗出 [本草]

언해문(신구보―장,10a)
텬문동과[427] 빅복녕을[428] 등분ᄒᆞ야 ᄀᆞᄅᆞ 밍그라 두 돈씩[429] 술의 타 먹기를 ᄒᆞᄅᆞ 두 번식 ᄒᆞ면 대한의 홋오슬 니버도 ᄯᆞᆷ이 나ᄂᆞ니라

현대어역
천문동과 백복령을 등분하여 가루 만들어 두 돈씩 술에 타 먹기를 하루 두 번씩 하면 대한에[430] 홑옷을 입어도 땀이 날 것이다.

---

427 텬문동(명사): 천문동(天門冬)은 "바닷가에서 자라는 백합과의 여러해살이풀"로서 "애순은 식용하고 뿌리는 약용한다."
428 빅복녕(명사): "빛깔이 흰 복령"으로, "오줌이 잘 나오게 하고 담병, 부종(浮腫), 습증 따위를 다스리거나 몸을 보하는 데 쓴다."
429 돈씩: 돈씩〈중, 가, 일〉.
430 대한: '大寒'은 소한(小寒)과 입춘(立春) 사이에 드는 이십사절기의 하나이다.

한문
二月以後則田菜山菜橡實松白皮檀葉[핑닙]櫸葉[느틔닙]蒿葉[쑥]等物皆可以救飢而民間皆自知之然必和以穀末而食之乃可以生無穀而食則亦不得生矣故須自穀物稍有時預爲撙節和雜物食之無使於牟前頓盡可也

언해문(신구보-중,10b)
이월로뻐 후에는 밧ᄂᆞ믈이나 묏ᄂᆞ믈이나 샹실이나[431] 숑피나 핑닙히나[432] 느틔 닙히나 쑥 닙히나 다 가히 뻐 주리기를 구완ᄒᆞᆯ 거시니 빅셩이 다 스스로 알거니와 그러나 반ᄃᆞ시 곡셕 ᄀᆞᆯᄅᆞᆯ 섯거 머거야 살고 곡셕 ᄀᆞᆯᄅᆞ 업시 ᄂᆞ믈만 머그면 사디 못ᄒᆞᄂᆞ니 브듸 곡셕 인ᄂᆞᆫ[433] ᄣᅢ예 미리 존졀ᄒᆞ야[434] 잡거시나 섯거 먹어 보리 젼의 곡셕이 다 업게 아니ᄒᆞ여야 가ᄒᆞ니라[435]

현대어역
이월 이후에는 밭나물이나 산나물이나 상수리나무의 열매나 송피나 팽나무잎이나 느티나무잎이나 쑥잎이나 다 가히 (굶)주리는 것을 구완할 것이니, 백성이 다 스스로 알 것이다. 그러나 반드시 곡식 가루를 섞어 먹어야 살고 곡식 가루 없이 나물만 먹으면 살지 못하니, 부디 곡식 있는 때에 미리 알맞게 아껴 쓰고 다른 것을 섞어 먹어서 보리 (나기) 전에 곡식이 다 없게 아니 하여야 한다.

---

431 샹실: '상수리나무의 열매', '상수리나무'는 "참나뭇과의 낙엽 교목"으로 "열매는 묵을 만드는 데 쓰고 목재는 가구의 재료로 쓴다." '상목(橡木), 작목(柞木), 참나무'로 부르기도 한다.

432 핑닙히나: '핑닢'은 '팽나무 잎'을 말하고, '팽나무'는 "느릅나뭇과의 낙엽 활엽 교목"으로 "산기슭이나 골짜기, 개울가에서 자라는데 목재는 건축, 기구재로 쓰고 정자나무로 재배한다."

433 인ᄂᆞᆫ(형용사): '잇-ᄂᆞᆫ' 또는 '잇-ᄂᆞ-ㄴ'으로 분석되는데 'ㅅ'이 뒤의 'ㄴ'에 동화되어 '인ᄂᆞᆫ'으로 되었다.

434 존졀ᄒᆞ야: 존절(撙節)은 "씀씀이를 아껴 알맞게 씀"을 뜻한다.

435 이 언해는 국립중앙도서관본에만 있고 장서각본, 가람본, 일사본에는 없다.

한문
造淸醬法

현대어역
청장 만드는 법

한문
塩七合炒之極燥眞末八合又和塩炒之俟眞末色黃後陳甘醬三合和水六鉢煎至四鉢淸醬味好

언해문(신구보-장,10b)
소금[436] 칠 홉을 ᄆᆞᆯ게[437] 복고 진말[438] 팔 홉을 소금과[439] 섯거[440] 다시 복가 ᄀᆞᄅᆞ 비치[441] 누르거든 무근 감쟝[442] 서 홉과 믈 평사발로 여ᄉᆞᆺ 브어 미이 달혀[443] 네 사발이 되게 ᄒᆞ면 지령이[444] 됴ᄒᆞ니라

현대어역
소금 칠 홉을 마르게 볶고 밀가루 팔 홉을 소금과 섞어 다시 볶아 가루 빛이 누르게 되면 묵은 감장 서 홉과 물 여섯 평사발을 부어 매우 달여 네 사발이 되게 하면 지령 (맛)이 좋다.

---

436 소금: 소곰⟨중, 가, 일⟩. 장서각본의 '소금'은 후대에 나타나는 표기형이므로 간년이 후대일 가능성이 있다.
437 ᄆᆞᆯ게: ᄆᆞ르게⟨중, 가, 일⟩.
438 진말(명사): '眞末'은 '밀가루'를 뜻한다.
439 소금과: 소곰과⟨중, 가, 일⟩.
440 섯거: 석거⟨중, 가, 일⟩.
441 비치: 빗치⟨중, 가, 일⟩.
442 감쟝(명사): 감장(甘醬)은 '맛이 단 간장'을 뜻한다.
443 달혀: 달혀⟨중⟩.
444 지령(명사): '지령'은 "진하지 아니한 간장" 즉 '청장(淸醬)'의 옛말이다. 현대 일부 방언에도 '지령, 지렁'이 사용된다.

한문
太一斗爛烹眞麥五升取精炒擣碎交合溫堗鋪乾色黃爲限曝乾再三極燥後塩六升以湯水和合沉之置於陽地頻頻攪揮過一七日成醬

언해문(신구보-장,11a)
콩 흔 말을 므르게 숢고 밀 닷 되을[445] 졍히[446] 굴희여[447] 복가 씨허 보아 콩과 석거 미이 쳐[448] 더온 구들의 펴 물뢰여 빗티[449] 누르거든 볏 쬐여[450] 두세 번 미이 므른 후의 소금[451] 엿 되를[452] 더온 믈의 섯거 둠아 양디예 두워 즈로[453] 저어 닐웨 디나면 쟝이 되ᄂᆞ니라

현대어역
콩 한 말을 무르게 삶고 밀 닷 되를 세밀히 가려서 볶아 찧고 빻아 콩과 섞어 매우 쳐서 더운 구들에 펴서 말리고, 빛이 누르게 되면 볕에 쬐여 두세 번 바싹 말린 후에, 소금 엿 되를 더운 물에 섞어 담아 양지에 두고 자주 저어 이레를 지나면 장이 된다.

한문
太一斗爛烹麴子三升塩四升合擣人缸堅封置陽地其味好

---

445 되을: 되를〈중, 가, 일〉.
446 졍히(부사): 한문의 '精'으로 보아 '세밀히, 정교하게'로 풀이할 수 있다.
447 굴희여(동사): '굴희-'(〈골히-)는 '가리-'(選, 擇)의 의미다.
448 쳐: 쳐〈중, 가, 일〉.
449 빗티: 빗치〈중, 가, 일〉.
450 쬐여(동사): 어두의 'ㅉ'은 대개 『倭語類解』(17세기 말~18세기 초)에 처음 나타나는 것으로 알려졌지만 여기의 자료는 그보다 빠른 것이 된다.
451 소금: 소곰〈중, 가, 일〉.
452 되를: 되를〈중, 가, 일〉.
453 즈로(부사): '자주'의 의미이다.

언해문(신구보-장, 11b)

콩 흔 말을 미이 솖고 누룩 서 되 소금[454] 넉 되를 합ᄒᆞ여 씨허 항의 녀허 든든이 봉ᄒᆞ여 볏틔 두면 그 마시 됴ᄒᆞ니라

현대어역

콩 한 말을 매우(즉, 푹) 삶고 누룩 서 되 소금 넉 되를 합하여 찧어 항아리에 넣어 단단히 봉하여 볕에 두면 그 맛이 좋다.

한문

一法可沉十斗之瓮當腰中橫置木五六枝或以草索結網或編蒿爲小簾鋪於其上以隔上下而入置末醬五斗於其上注塩水滿瓮則熟爲淸醬滿瓮矣

언해문(신구보-장, 12a)

며조 열 말 둡ᄂᆞᆫ 독의 반만 남그로[455] ᄃᆞ리[456] 디ᄅᆞ고 발을[457] 역거 그 우희 ᄭᆞᆯ고 그 우희 며조 닷 말을 씨서[458] 담고 소곰 믈을[459] 독의 ᄀᆞ득 부어 두면 지령이 ᄀᆞ장 만히 되ᄂᆞ니라

현대어역

메주 열 말 담는 독의 가운데쯤에 나무로 다리를 지르고 발을 엮어 그 위에 깔고, 그 위에 메주 닷 말을 씻어 담고 소금물을 독에 가득 부어 두면 지령(즉, 청장)이 가장 많이 된다.

---

454 소금: 소곰〈일〉.

455 남그로: '나무'의 중세국어형태는 '나모~남ㄱ'(명사)인데 여기에 모음으로 시작되는 조사가 오면 '남ㄱ-으로' 즉 '남그로'로 된다.

456 ᄃᆞ리(명사): '다리'는 "물체의 아래쪽에 붙어서 그 물체를 받치거나 직접 땅에 닿지 아니하게 하거나 높이 있도록 버티어 놓은 부분"을 말한다.

457 발을: 바를〈중, 가, 일〉, '발'(염 簾)은 "가늘고 긴 대를 줄로 엮거나, 줄 따위를 여러 개 나란히 늘어뜨려 만든 물건. 주로 무엇을 가리는 데 쓴다."

458 씨서: 씨서〈중, 가, 일〉.

459 믈을: 므룰〈중〉, 므를〈가, 일〉.

한문
一法太葉爛烹其烹水及太葉入缸和塩末醬量入熟則得淸醬

언해문(신구보-장,12b)
콩 닙플 므르게 달혀 그 믈조차[460] 닙과 흔듸[461] 항의 녀코 소곰 믈을 프러 며조를 짐쟉ᄒᆞ야 녀흐면 니거 디령이[462] 되ᄂᆞ니라

현대어역
콩잎을 무르게 달여 그 물과 잎을 함께 항아리에 넣고 소금물을 풀어 메주를 짐작하여 넣으면 익어 지령(즉, 청장)이 된다.

한문
謫仙燒酒方

현대어역
적선[463] 소주 만드는 법

한문
白米一升五合百洗徑宿作末湯水四斗作粥待冷好麴末三升和合入瓮夏則三日冬則五日後粘米一斗百洗徑宿蒸飯本酒和合入瓮待熟分四注之則一注出四升合十六升味好

---

460 믈조차: '조차'는 동사로 '따라', 특수조사로 '조차, 마저, 까지'의 의미로 사용되는데 여기서는 '에, 와'의 의미로 풀이하는 것이 더 자연스러운 듯하다.
461 흔듸: '한 곳에'의 의미인데 여기서는 '함께'로 풀이하는 게 좋을 듯하다.
462 디령이: 지령이〈증, 가, 일〉.
463 적선: "벌을 받아 인간 세계로 쫓겨 내려온 선인(仙人)"이나 "어지러운 속세를 떠나서 사는 사람"을 가리킨다.

언해문(신구보-장,12b)

흰 뿔 훈 되 닷 홉을⁴⁶⁴ 빅 번 뻐서⁴⁶⁵ 밤 디난 후의 굴룰 밍그라⁴⁶⁶ 쓸힌 믈 너 말의 죽을 뿌어⁴⁶⁷ ᄎ거든 됴흔 ᄀᄅ 누록 서 되룰 ᄒᆞᆫᄃᆡ 석거 독의 비저 녀름은 사흘이오 겨을흔 닷샌만의 ᄎᆞᆸᄡᆞᆯ 훈 말을 빅 번 씨서 밤 재여 ᄭᅥ셔⁴⁶⁸ 본 술의 석거 그 독의 비저 닉거든 네희 ᄂᆞ화 고오ᄃᆡ⁴⁶⁹ 훈 ᄆ이예⁴⁷⁰ 너 되식 나니 합ᄒᆞ야 말 엿 되 나니 마시 됴흐니라

현대어역

흰쌀 한 되 닷 홉을 백 번 씻어 밤 지난 후에 가루를 만들어 끓인 물 네 말에 죽을 쑤어 차게 되거든 좋은 가루 누룩 서 되를 함께 섞어 독에 (술을) 빚어 (놓는다). 여름은 사흘이고 겨울은 닷새만에, 찹쌀 한 말을 백 번 씻어 밤을 재운 뒤 쪄서 본 술(즉, 앞의 술)에 섞어 그 독에 빚어 (두고), 익거든 넷으로 나누어 고되 한 번 내림에 네 되씩 나므로 합하여 한 말 엿 되가 나니 (그렇게 하면) 맛이 좋다.

한문

又方松筍多數折取滿盛於大瓮中湯水極溫入於瓮中盈滿過數三日後拯出松筍後瓮水以篩去滓還入瓮中粘米一斗蒸熟麯子一升交合和瓮水釀之封瓮口過十五日後用之其味甚烈雖過多日其味不變

---

464 닷 홉을: 닥 곱을⟨중, 가⟩, 닥 곱을⟨일⟩.
465 뻐서: 씨서⟨중, 가, 일⟩.
466 밍그라: 밍그라⟨일⟩.
467 뿌어: 쑤어⟨중, 가, 일⟩.
468 ᄭᅥ셔: 뼈서⟨중⟩.
469 고오ᄃᆡ: 고오되⟨중, 가, 일⟩. '고오-'는 "술 따위를 얻기 위하여 김을 내어 증류하다."의 뜻이다.
470 ᄆ이예: 'ᄆ이'는 한문의 '注'에 해당하므로 '(소주) 내림'으로 풀이할 수 있을 것이다.

언해문(신구보-장, 13b)

솔슌을⁴⁷¹ 만히 걱거다가⁴⁷² 큰 독의 ᄀᆞ득 녀코 믈을 미이 ᄭᅳᆯ혀 그 독의 ᄀᆞ득 브어 ᄒᆞ잇틀⁴⁷³ 디나거든 솔슌을 다 건뎌 ᄇᆞ리고 그 믈을⁴⁷⁴ 체예 밧타⁴⁷⁵ 그 독의 도로 녀코 ᄎᆞᆸᄡᆞᆯ ᄒᆞᆫ 말을 닉게 쪄⁴⁷⁶ 누룩 ᄒᆞᆫ 되 교합ᄒᆞ야 그 독의 녀코 봉ᄒᆞ야 두면 보롬⁴⁷⁷ 디나거든 내여 ᄡᅳ면⁴⁷⁸ 그 마시 ᄀᆞ장 됴코 과하ᄒᆞ야도⁴⁷⁹ 변미 아니ᄒᆞ니라

현대어역

솔순을 많이 꺾어다가 큰 독에 가득 넣고 물을 매우 끓여 그 독에 가득 부어 사흘이 지나거든 솔순을 다 건져 버리고, 그 물을 체에 밭여 그 독에 도로 넣고 찹쌀 한 말을 익게 쪄서 누룩 한 되에 섞어 그 독에 넣고 봉하여 두었다가, 보름 지나서 내어 쓰면 그 맛이 가장 좋고 오래 지나도 그 맛이 변하지 아니한다.

한문

薺菜性溫利肝氣和中利五臟煮粥喫能引血歸肝[本草]
○蔡西山讀書時啖薺療飢

---

471 솔슌을: '솔슌'은 '송순(松筍)'으로 "새로 돋아난 소나무의 순"을 말한다.
472 걱거다가: '겪(〈졌)-어-다가'로 분석된다.
473 ᄒᆞ잇틀: 한문의 '三日'에 대한 언해이다. '하루와 이틀' 즉, '삼일'을 뜻한다.
474 믈을: 므를〈가, 일〉.
475 밧타: '밭-'은 "건더기와 액체가 섞인 것을 체나 거르기 장치에 따라서 액체만을 따로 받아 냄."의 뜻이다.
476 쪄: 뼈〈중〉.
477 보롬: 보름〈가, 일〉.
478 ᄡᅳ면: 쓰면〈일〉.
479 과하ᄒᆞ야도: 한문의 '過多日'에 해당하므로 '여러 날이 지나도, 오래 지나도, 오래 되어도'로 풀이할 수 있을 것이다.

언해문(신구보-장,14a)
나이⁴⁸⁰ 셩이 온ᄒᆞ여 듕긔를⁴⁸¹ 화ᄒᆞ고⁴⁸² 오장을 니케 ᄒᆞᄂᆞ니 죽 뿌어⁴⁸³ 머그라 ○ 채 셔산이⁴⁸⁴ 글 닐글 제 나이를 먹고 뇨긔ᄒᆞ니라

현대어역
냉이는 성질이 따뜻하여 내장을 부드럽게 하고 오장을 이롭게 하니 죽 쑤어 먹으라. 채 서산이 글 읽을 때에 냉이를 먹고 요기하였다.

한문
取朮作丸散久久服餌可以代糧
○一人避亂山中飢困欲死有人敎以服朮遂不飢數十年還鄕里顔色如故 [本草]

언해문(신구보-장,14b)
삽쥬⁴⁸⁵ 불휘를⁴⁸⁶ 환 지어 먹거나 ᄀᆞ를 믈 타 먹거나 ᄒᆞ기를 오래 ᄒᆞ면

---

480 나이(명사): '나이'(제채 薺菜) 즉, 냉이는 '들이나 밭에 자라는 십자화과의 두해살이풀로서 어린잎과 뿌리는 식용한다.'
481 듕긔를: '듕긔'의 '듕'은 한문 '和中'의 '中'에 대당하므로 '듕긔'를 '중긔'(中氣)로 보아 '내장의 기운'으로 볼 수 있을 것이다.
482 화ᄒᆞ고: '화하-'(형용사)는 "날씨나 마음, 태도 따위가 따뜻하고 부드럽다."의 뜻인데 여기서는 '화하게 하-'로 풀이할 수 있다.
483 뿌어: 쑤에〈중〉, 쑤어〈가, 일〉.
484 채 셔산: 중국 송(宋)의 서산(西山) 채원정(蔡元定)을 일컫는데 그는 서산(西山)의 꼭대기에 올라 굶주림을 참고 나물을 먹으며 글을 읽었다는 고사가 있다.
485 삽쥬: 삽듀〈중〉, 삽쥬〈일〉. '삽주'(출 朮)는 '산과 들, 언덕에서 나는 국화과의 여러해살이풀'로서 "어린잎은 식용하고 뿌리는 약용한다." 마계(馬薊), 산강(山薑), 산계(山薊), 산정(山精)으로 부르기도 한다.
486 불휘를: 블희들〈일〉.

가히 양식을 디흐리라 훈 사름이 산듕의 피란흐여 주려 죽게[487] 흐엿더니 훈 사름이 삽쓔[488] 불희[489] 먹는 법을 그른티니[490] 비 고프디 아니흐여 스므나믄 힛만의 딥의[491] 도라오니 눗빗치 녜 굿써라

현대어역
삽주 뿌리를 환 만들어 먹거나 가루를 물에 타 먹거나 하기를 오래 하면 가히 양식을 대신할 것이다. 어떤 사람이 산중에 피란하여 굶주려 죽게 되었더니 한 사람이 삽주 뿌리 먹는 법을 가르치니 배고프지 아니하여 이십여 년 만에 집에 돌아오니 낯빛이 예전과 같더라.

한문
羊蹄根納之坑中冬月盖藏密塡勿入寒氣則萌芽卽生取以煮羹則柔滑有味最好充腸取芽後還入坑中旋取旋生食之無窮[俗方]

언해문(신구보-장,15a)
소롯[492] 블희을[493] 굿의[494] 녀코 겨을의[495] 둔둔이 더퍼 춘 긔운이 못 들게

---

487 죽게: 죽쎄〈가, 일〉.
488 삽쓔: 삽듀〈즁〉.
489 불희: 블희〈즁〉.
490 그른티니: 그른치니〈즁, 가, 일〉.
491 딥의: 집의〈즁, 가, 일〉. 중세국어 형태 '집'이 여기서는 '딥'으로 표기되어 있다. 이는 구개음화의 과도교정에 의한 것이다.
492 소롯: '소로'(羊蹄 양제)는 '소루쟁이'로서 우리나라 중부 이북에 분포하고 습한 들에 자라는 "마디풀과의 여러해살이풀"이다. 어린잎은 식용하는데 '독채(禿菜), 양제초·우설채'라고도 한다.
493 블희을: 블희룰〈즁, 가, 일〉.
494 굿의: '굿'(명사)에는 '구석' 등의 의미가 있으나 여기서는 한문의 '坑'으로 보아 '구덩이'로 풀이하는 것이 좋을 듯하다.
495 겨을의: 겨울의〈가〉.

ᄒᆞ면 움이 나거든 움을 국을 ᄒᆞ여 머그면 맛도 됴코 뇨긔ᄒᆞᄂᆞ니 움을란 비히고496 그 불희ᄅᆞᆯ 도로 굿의 녀흐면 움이 ᄯᅩ 나고 ᄯᅩ 버히면 ᄯᅩ 나ᄂᆞ니 무궁이 먹ᄂᆞ니라

현대어역
소루쟁이 뿌리를 구덩이에 넣고 겨울에 단단히 덮어 찬 기운이 못 들어가게 하면 움이 나는데, 움으로 국을 끓여 먹으면 맛도 좋고 요기가 된다. 움은 베고 그 뿌리를 도로 구덩이에 넣으면 움이 또 나고 또 베면 또 나니 무궁히 먹을 수 있다.

한문
閣皁山一寺有異僧專力種芋歲收極多杵之如泥造墼爲墻人莫測其爲後遇大無餓芋塞路獨此寺四十餘僧食芋墼免死人始異之[墼격未燒磚也今人以小板爲匡而納土躡實旣乾築墻]

언해문(신구보-장,15b)
각조산 뎔의 ᄒᆞᆫ 듕이497 토란 시므기ᄅᆞᆯ498 힘뻐499 ᄒᆞ여 ᄒᆡ마다 만히 거두워 즌흙ᄀᆞ티 찌허 벽톄로500 밍그라 ᄡᅡ하501 담을 밍그니 사ᄅᆞᆷ이 아므 쓰딘502 줄 모로더니 흉황흔 ᄒᆡᄅᆞᆯ 만나 주려 죽ᄂᆞ니503 길히 ᄀᆞ득ᄒᆞ되 이

---

496 비히고: 버히고〈일〉.
497 듕이: 즁이〈즁, 가, 일〉.
498 시므기을: 시므기를〈즁, 가, 일〉. '심-'의 이전 어간은 '숾-'와 '시므-'가 있어서 명사형어미 '-기'가 뒤에 오면 '시므-기'로 활용된다.
499 힘뻐: 힘써〈가, 일〉.
500 테로: 벽톄로〈가〉. '테로'(〈體로)는 '처럼'으로 변화한다.
501 ᄡᅡ하: 싸하〈즁, 가, 일〉.
502 쓰딘: 뜨딘〈즁〉.
503 죽ᄂᆞ니: '죽-는 이' 또는 '죽-ᄂᆞ-ㄴ 이'로 분석된다.

뎔의 마으나믄 듕이⁵⁰⁴ 그 토란을⁵⁰⁵ 먹고 사라나니 모다 그제야 긔이히 녀기더라

현대어역
각조산 절의 한 중이 토란 심기를 힘껏 하여, 해마다 많이 거두어 진흙같이 찧어 벽처럼 만들어 쌓아 담을 만드니, 사람들이 무슨 뜻인 줄 모르더니, 흉황한 해(즉, 흉년)를 만나 굶주려 죽는 사람이 길에 가득하되 이 절의 사십여 중이 그 토란을 먹고 살아나니 모두 그제야 기이히 여기었다 한다.

한문
齊民要術曰芋可以救飢餓度凶年今中國多不以此爲意餓死滿道白骨交橫而人或不知此方或知而不種坐致滅歿悲夫爲人牧者安可不督課之哉

언해문(신구보-장,16a)
졔민요슐의⁵⁰⁶ 글오디 토란이 흉황호 제 가히 긔근{군}을⁵⁰⁷ 구홀 써시어눌⁵⁰⁸ 이제 만히 모로며 혹 아라도 시므디 아니호여 굴머 주그니 슬프도다 슈령이 엇디 힘써⁵⁰⁹ 심기디⁵¹⁰ 아니호리오

---

504 듕이: 중이〈중, 가, 일〉.

505 토란을: 로란을〈일〉.

506 졔민요슐(齊民要術): "중국 북위(北魏)의 가사협(賈思勰)이 지은 농서(農書). 6세기 전반에 펴낸 것으로 보이며 오늘날 전하는 농서 가운데 가장 오래된 완본(完本)이다. 곡물류의 재배법, 가축의 사육법, 술과 된장의 양조법 따위를 체계적으로 기술하였다. 조, 수수로 대표되는 화베이(華北)의 건조 농법을 전하는 중요한 자료이다. 10권 92편."

507 긔근{군}을: 긔근을〈중, 가, 일〉. '기근'은 "흉년으로 먹을 양식이 모자라 굶주림"을 뜻한다.

508 써시어눌: 거시어눌〈중〉, 써시어놀〈일〉.

509 힘쎠: 힘써〈중, 가, 일〉.

510 심기디: '싥(동사)-이(사동접미사)-디'로 분석되는데 '싥-이-'는 '심게 하-'의 뜻이다.

현대어역
제민요술에 가로되, 토란이 흉황한 때에 가히 기근을 구할 것인데, 요즈음 많이 모르며 혹 알아도 심지 아니하여 굶어 죽으니, 슬프도다 수령이 어찌 힘껏 심게 하지 아니할 것인가.

한문
種芋宜揀肥地近水處厲其傍以種旱則澆之以水有草卽耘鋤之不厭頻治芋如此則其收常倍[俗方]

언해문(신구보-장,16a)
토란[511] 시므기를 믈 갓가이 걷[512] 듸 심엇짜가 ᄀ물거든 믈을 다히고[513] 기음을[514] ᄌᆞ조 ᄆᆡ면 토란이 빅히 나ᄂᆞ니라

현대어역
토란 심기를 물 가까이 비옥한 땅에 심었다가 가물면 물을 대고 기음을 자주 매면 토란이 배가 난다.

한문
作區方深皆三尺取豆箕納區中足踐之厚尺五寸以水澆之令潤澤好芋五介置四角及中央以豆箕盖之足踐之旱數澆水一區可收三石二三月可種 [氾勝之區種芋法]

---

511 토란: "천남성과의 여러해살이풀"로서, "뿌리줄기는 잎자루와 함께 식용한다." '우자(芋子)·타로감자·토련(土蓮)·토지(土芝)' 등으로도 부른다.
512 건: '걸-ㄴ'으로 분석되는데 '걸-'(형용사)은 '비옥하-'의 뜻이다.
513 다히고(동사): '다히-고'로 분석되고, '대-'의 뜻이다.
514 기음(명사): "논밭에 난 잡풀" 즉, '김'(<기음<기음←깆-음)을 말한다.

언해문(신구보-장,16b)

굿을 모나게 너븨[515] 기픠 다 석 자식 ᄒᆞ여 콩각디를[516] 굿의 녀코 발로 ᄇᆞ라 두틔[517] 자가옷만[518] ᄒᆞ게 ᄒᆞ고 믈을 브어 적신 후의 됴ᄒᆞᆫ 토란 다ᄉᆞ슬 네모의 ᄒᆞ나식 시므고 가온대 ᄒᆞ나만 시믄 후의 각디를[519] 덥고 발로 ᄇᆞ라 ᄀᆞ믈거든 믈 주면 ᄒᆞᆫ 굿의[520] 석 셤식 나ᄂᆞ니 이삼 월의 시므라

현대어역

구덩이를 모나게 넓이 깊이 다 석 자씩 하여 (파서) 콩깍지를 구덩이에 넣고 발로 밟아 두께 한 자가웃만 하게 하고 물을 부어 적신 후에, 좋은 토란 다섯을 네모에 하나씩 심고 가운데(에도) 하나만 심은 후에 깍지를 덮고 발로 밟아, 가물거든 물을 주면 한 구덩이에 세 섬씩 나니, 이삼 월에 심으라.

한문

小柿蒸熟去核大棗亦去核同擣取食足以代粮[俗方]
○烏芋作粉食之或煮熟食令人不飢一名鳧茨漢書荊州飢饉民採鳧茨而食之俗名烏昧草范仲淹巡撫江淮時進此草

---

515 너븨: '닙(형용사)-의(명사파생접미사)'로 분석된다. 당시에는 '너븨'는 파생명사로, '너비'는 파생부사로 구별되었다. '기픠, 기피', '노픠, 노피' 등도 마찬가지다.
516 콩각디를: 콩각지를〈중, 가, 일〉.
517 두틔: '둩-의'로 분석된다. '둩-'에서 '두텁-'이 파생된다. '-의'는 명사파생접미사이다.
518 자옷: 현대국어 '가웃'으로, "절반 정도 분량의 뜻을 더하는 접미사"다.
519 각디롤: 각지로〈중〉, 각지롤〈가, 일〉.
520 굿의: 굿의〈중, 가〉, '굿'(명사)은 '구덩이'의 뜻이다.

언해문(신구보-장,17a)

고욤을[521] 닉게 뼈[522] 삐 브르고[523] 대쵸 삐 불라 ᄒᆞᆫ듸 씨허 머그면 양식을 디ᄒᆞ리라 올미를[524] ᄀᆞᄅᆞ 밍그라 먹거나[525] 혹 술마 닉게 ᄒᆞ야 머그면 비 고프디 아닌ᄂᆞ니[526] ᄯᅩ ᄒᆞᆫ 일홈은 가츠라기니[527] 습디에 나ᄂᆞ니라

현대어역

고욤을 익도록 쪄서 씨를 발라내고, 대추씨를 발라 함께 찧어 먹으면 양식을 대신할 것이다. 올방개를 가루 만들어 먹거나 혹 삶아 익혀 먹으면 배고프지 아니할 것이다. (올방개의) 또 한(즉, 다른) 이름은 가치라거이니 습지에서 난다.

한문

荏子服食斷穀 可蒸令熟烈日乾之當口開春取米食亦休粮[本草]

---

521 고욤(명사): '고욤'(소시 小柹)은 "고욤나무의 열매. 감보다 작고 맛이 달면서 좀 떫다." '군천자(桾櫏子), 우내시(牛嬭柹), 홍영조(紅桾棗)'라고도 한다.

522 뼈: 쪄〈가, 일〉.

523 브르고(동사): '브ᄅᆞ-'는 "껍질을 벗기어 속에 들어 있는 알맹이를 집어내다."란 현대국어 '바르-'에 해당하는 것으로서 이전에는 '브리-'가 쓰였다.

524 올미를: 올미를〈일〉. '올미'(오우 烏芋)는 '올방개'의 덩이줄기를 한방에서 이르는 말이다. "사초과의 여러해살이풀"로서, "덩이줄기는 식용"한다. "갈증을 풀어 주고 산후 복통이나 어혈, 젖이 부족할 때에 쓰인다." '지율(地栗)'이라고도 한다.

525 먹거나: 먹ᄶᅥ나〈가, 일〉.

526 아닌ᄂᆞ니: '-라'의 탈락으로 보인다.

527 가츠라기: 〈동의보감 湯液2:26〉에 "올미 又云 가츠라기(烏芋)"가 있다.

언해문(신구보-장,17b)
들뻬를528 머그면 곡셕을 긋느니 닉게 쪄529 된530 볏틱 물뢰와 부리 버러 디거든 찌허 뿔 밍그라531 머그면 굶디 아니ᄒᆞ느니라

현대어역
들깨를 먹으면 곡식을 그치니(즉, 먹지 않아도 되니), (들깨를) 익게 쪄서 강한 볕에 말려 부리가 벌어지면 찧어 쌀과 함께 먹으면 굶지 아니한다.

한문
黃精久服斷穀不飢甘美易食根葉花實皆可服餌或蒸熟或晒乾丸散隨宜凶年之時可休粮[本草] [其葉相對爲黃精不對爲偏精功用劣平安道有之]

언해문(신구보-장,18a)
듁대532 불휘는 오래 머그면 곡셕 긋고 주리디 아닌ᄂᆞ니 불휘 닙 곳 여름을 다 먹느니 혹 쪄533 먹거나 혹 볏틱 물뢰와534 환 디어535 먹거나 글

---

528 들뻬: '들깨'(임자 荏子)는 "꿀풀과의 한해살이풀"로서 "잎은 독특한 냄새가 있어 반찬으로 쓰고, 씨는 기름을 짜서 식용하는데 고소한 냄새가 난다." '백소(白蘇), 수임(水荏), 야임'이라고도 한다.

529 쪄: 뼈〈중〉.

530 된: '되-'의 뜻 중에서 '강하-, 굳-'의 뜻으로 쓰였다.

531 뿔 밍그라: 한문의 '取米'로 보면 '쌀을 취해, 쌀을 구해'로 풀이하는 게 좋을 것이다.

532 듁대(명사): 우리나라 특산종인 '죽대'(황정 黃精)는 "백합과의 여러해살이풀"로서, "어린잎은 식용하고 뿌리는 약용"하는데 산지에서 자라고 제주도, 울릉도, 일본 등지에 분포한다.

533 쪄: 뼈〈중〉.

534 물뢰와: 물리와〈일〉.

535 디어: 지어〈중, 가, 일〉.

룰536 먹거나 ᄒᆞ면 가히 흉년의 ᄇᆡ 고프디 아닌ᄂᆞ니라

현대어역
죽대 뿌리를 오래 먹으면 곡식을 그치어도 주리지 아니할 것이다. 뿌리와 잎과 꽃과 열매를 다 먹으니 혹 쪄서 먹거나 혹 볕에 말려 환 지어 먹거나 가루를 먹거나 하면 가히 흉년에 배고프지 아니할 것이다.

한문
天門冬取根蒸熟去皮心食之甚香美荒年取啖之足以斷穀止飢[本草]
白合採根蒸煮食之甚益人可休粮草本

언해문(신구보-장,18a)
텬문동537 불휘를538 닉게539 ᄡᅥ540 겁질과 심을란541 업시 ᄒᆞ고 머그면 ᄇᆡ 고프디 아닌ᄂᆞ니라 개나리542 불희를 ᄧᅵ거나 ᄉᆞᆲ거나 ᄒᆞ여 머그면 사ᄅᆞᆷ의게 유익ᄒᆞ고 양식을 디ᄒᆞ리라

현대어역
천문동 뿌리를 익게 쪄서 껍질과 심은 없애고 먹으면 배고프지 아니할 것이다. 개나리 뿌

---

536 굴룰: ᄀᆞ룰〈일〉.
537 텬문동: 바닷가에서 자라는 '천문동'은 "백합과의 여러해살이풀. 애순은 식용하고 뿌리는 약용한다." '호라지좆'이라고도 한다.
538 불희를: 불휘를〈일〉.
539 닉게: 닉쎄〈가, 일〉.
540 ᄡᅥ: 뼈〈중〉.
541 심을란: '심'은 '나무의 고갱이'나 '무 따위의 뿌리 속에 섞인 질긴 줄기'를 뜻한다. '으란'으로도 표기되는 '을란'은 '-이란 것은'의 뜻이다.
542 개나리: 우리나라 특산종인 '개나리'(백합 白合)는 "물푸레나뭇과의 낙엽 활엽 관목"으로, "옴·여드름·종기·연주창 따위에 약재로 쓰인다." '망춘(望春), 연교(連翹), 영춘(迎春)'이라고도 한다.

리를 찌거나 삶거나 하여 먹으면 사람에게 유익하고 양식을 대신할 것이다.

한문
何首烏採根蒸曝丸散任意亦可生啗可休粮[本草]

언해문(신구보-장,18b)
새박543 불휘를 뗘544 볏틔 물뢰와545 글를 먹거나 환 디어546 먹거나 임의로 먹고 싱으로도547 먹느니 가히 양식을 그치느니라

현대어역
새박 뿌리를 쪄서 볕에 말려 가루를 먹거나 환을 지어 먹거나 하고, 임의로 먹고 날것으로도 먹으니 가히 양식을 그치게 한다.

한문
藕蒸食可休粮食之最佳 蓮子去皮心蒸熟爲末蠟蜜爲丸日服三十丸不飢[本草]

---

543 새박: 한문의 '何首烏'는 "마디풀과의 여러해살이풀"로서, "뿌리는 강장·강정·완하제로 쓰고 잎은 나물로 먹는다." 그 언해인 '새박'은 두 가지로 풀이되어 있다. 첫째, "박과의 한해살이풀"로서, "습지에 나는데 제주도에 분포"한다. 둘째, "박주가리 열매의 씨를 한방에서 이르는 말"로서, '정기를 보하고 지혈하며 새살이 잘 나게 하고 독을 풀며, 몸이 약하거나, 발기 불능, 외상으로 피가 나는 데에 쓰이는데, 나마자, 작표'라고도 한다.

544 뗘: 뼈〈중〉.

545 물뢰와: 물리와〈일〉.

546 디어: 지어〈중, 가, 일〉.

547 싱으로도: 싱을오도〈가, 일〉.

언해문(신구보-장,19a)
년불휘를548 쪄549 머그면 됴ᄒᆞ니라 년쌈을550 겁질과 심을 업시 ᄒᆞ고 ᄀᆞ
ᄅᆞ 밍그라 밀의나 ᄭᅮᆯ의나 환 디어551 ᄒᆞᄅᆞ 셜흔 낫식 머그면 빅 고프디
아닌ᄂᆞ니라552

현대어역
연뿌리를 쪄서 먹으면 좋다. 연밥을 껍질과 심을 없애고 가루 만들어 밀이나 꿀에 환을 지어 하루 서른 낱씩 먹으면 배고프지 아니할 것이다.

한문
胡麻九蒸九曝熬搗餌之斷穀不飢長生 又合白太豆棗同蒸曝作團食令不飢斷穀 胡麻休粮人重之草本

언해문(신구보-장,19a)
거믄 ᄎᆞᆷ쌔를553 아홉 번 쪄554 아홉 번 믈뢰여 복가 찌허 머그면 빅 고프

---

548 년불희: '연뿌리'(우 藕)는 "연꽃의 뿌리"로서, "구멍이 많고, 주성분은 녹말이며, 저냐·죽·정과(正果) 따위를 만드는 데 쓴다." '연근(蓮根), 연우(蓮藕), 우근'이라고도 한다.

549 쪄: 뗘〈중〉.

550 년쌈을: 년밤〈중〉. '년쌈'은 '년-ㅅ 밤'으로 분석할 수 있는데 '밤'은 '栗'을 뜻하는 것으로 보인다. '연밤' 대신 현대국어에서 사용하는 '연밥'은 "연꽃의 열매"로, '식용하거나 약용하는데 가방(茄房), 연실(蓮實), 연자(蓮子)'라고도 한다.

551 디어: 지어〈중, 가, 일〉.

552 아닌ᄂᆞ니라: 아니ᄂᆞ니라〈중〉, 안인ᄂᆞ니라〈가, 일〉.

553 거믄 ᄎᆞᆷ깨: 한문의 '호마(胡麻)'는 "검은깨나 참깨 따위를 통틀어 이르는 말"로서 '유마(油麻), 지마'라고도 한다.

554 쪄: 뗘〈중〉.

디 아닛ᄂ니555 ᄯᅩ 흰 콩과 대쵸과 ᄒᆞ여 흔듸 쪄556 물뢰여 두레557 밍그라 머그면 곡셕을 긋ᄂᆞ니라

현대어역
검은 참깨를 아홉 번 찌고 아홉 번 말려서 볶아 찧어 먹으면 배고프지 않으니, 또 흰 콩과 대추를 함께 쪄서 말려 두레를 만들어 먹으면 곡식을 그치게 한다.

한문
白脂麻仙方蒸曝服餌以辟穀[本草] 菟絲子作飯常服之療風疾耐飢[俗方] 有人患風疾癸巳年因兵荒收得菟絲子數斛常服舊疾頓愈氣力壯健勝於未病前 旋葍根蒸熟食之不飢[本草]

언해문(신구보-장,19b)
흰 ᄎᆞᆷ쌔558 쪄559 물뢰여 머그면 벽곡ᄒᆞᄂ니라 새삼ᄡᅵᄅᆞᆯ560 밥 지어 머그면 풍증을561 고티고 ᄇᆡ 고프디 아닛ᄂᆞ니라 메불희ᄅᆞᆯ562 쪄563 머그면 ᄇᆡ

---

555 아닛ᄂ니: 안닛ᄂ니〈중, 가, 일〉.
556 쪄: 뼈〈중〉.
557 두레: '두레'는 '둥근 켜로 된 덩이'를 말한다. 따라서 '둥글게 만든 덩이'로 풀이할 수 있다.
558 흰 ᄎᆞᆷ쌔: 한문의 '백유마'(白脂麻)에 해당하는데, '참깨'는 "참깻과의 한해살이풀"로서, "씨는 양념으로 쓰이고 잎은 한방에서 강장제로 쓰인다." '백유마, 백호마, 진임'이라고도 한다.
559 뼈: 쪄〈일〉.
560 새삼ᄡᅵᄅᆞᆯ: 새삼씨ᄅᆞᆯ〈가, 일〉. '새삼'(토사 菟絲)은 "메꽃과의 한해살이 기생 식물"로서, 그 열매는 '토사자'(菟絲子)라고 하여 약용한다.
561 풍증: "풍사(風邪)를 받아 생기는 병을 통틀어 이르는 말"이다.
562 메불희: '메(선복 旋葍)-불희(근 根)'인데, '메'는 "메꽃과의 여러해살이 덩굴풀"로서 "뿌리줄기는 '메' 또는 '속근근'이라 하여 약용하거나 어린잎과 함께 식용한다." '고자화, 돈장초, 미초, 선화(旋花)'라고도 한다.
563 뼈: 쪄〈가, 일〉.

고프디 아닌ᄂ니라

현대어역
흰 참깨를 쪄서 말려 먹으면 벽곡한다. 새삼 씨로 밥 지어 먹으면 풍증을 고치고 배고프지 않다. 메뿌리를 쪄 먹으면 배고프지 않다.

한문
黃栗紅棗胡桃乾柿右四果去核皮於碓內一處熟搗團作厚餅或印作磚塊晒乾收用余見異僧預求右物積久至多砌作一墻人莫能知後遇飢荒喫此全生[壽世]

언해문(신구보-장,20a)
황밤564 대쵸 호도 곳감 네 실과를 삐 겹질 ᄇᆞᆯ고565 ᄒᆞᆫᄃᆡ 미오 즛씨허 고로로566 너겨567 뭉텨568 쪅을 밍글거나569 다식톄로570 바가 내여 ᄆᆞᆯ외여 두고 머그면571 밥 념 업ᄂᆞ니라

현대어역
황밤과 대추와 호두와 곶감 네 과실을 씨와 껍질을 발라버리고 함께 매우 짓찧어 고르게

---

564 황밤: "말려서 껍질과 보늬를 벗긴 밤"을 가리킨다.
565 ᄇᆞᆯ고: ᄇᆞ리고〈일〉.
566 고로로(부사): '골고루'의 뜻이다.
567 너겨: '너기-어'로 분석되는데, '너기-'의 의미가 문맥과 맞지 않는 듯하다. '니기-'의 오자가 아닌가 한다.
568 뭉텨: 뭉쳐〈중, 가, 일〉.
569 밍글거나: 민들거나〈중, 가, 일〉.
570 다식톄로: '다식'은 "우리나라 고유 과자의 하나"로, '녹말·송화·신감채·검은깨 따위의 가루를 꿀이나 조청에 반죽하여 다식판에 박아 만든다.' '톄로'는 '體-로'에서 온 말로서 나중에 '처럼'으로 변한다.
571 머그면: 먹으면〈중, 가, 일〉.

이기어 뭉쳐 떡을 만들거나 다식처럼 박아 내어 말려 두고 먹으면 밥 생각이 없을 것이다.

한문
黑豆一升貫衆一斤細剉同煮豆香熟反覆令展盡餘汁簸去貫衆只取黑豆空心日啖五七粒任食草木無妨忌魚內菜果及熱湯數日後不復思食門入萎蕤味甘平無毒補虛勞今人與松皮等物同煮熟食之最好療飢[俗方]

언해문(신구보-장,20b)
거믄 콩 ᄒᆞᆫ 되와 회초미572 불휘 ᄒᆞᆫ 근을 ᄡᅡᄒᆞ라573 콩과 ᄒᆞᆫᄃᆡ 달혀 여러 번 뒤저어 믈기 업게 닉거든 그 약은 ᄭᅡ볼라 ᄇᆞ리고 콩만 공장의574 ᄒᆞᄅᆞ 셜흔다ᄉᆞᆺ식 먹고 어육과 치과와 ᄭᅳᆯ힌 믈은 ᄭᅥ리ᄂᆞ니라 둥구레를575 무릇과576 숑피과 고아 먹ᄂᆞ니라

현대어역
검은 콩 한 되와 회초미 뿌리 한 근을 썰어 콩과 함께 달여 여러 번 뒤저어서 물기 없게 익거든 그 약(회초미)은 까발라 버리고, 콩만 빈속에 하루 서른다섯씩 먹되, 어육과 채과(즉, 채소와 과일)와 끓인 물은 먹지 말 것이다. 둥굴레를 무릇과 소나무 껍질과 고아 먹는다.

---

572 회초미: '회초미'(관중 貫衆)는 "면마과의 여러해살이풀"로서, "말린 뿌리줄기는 '면마근'이라 하여 구충제로 사용한다." '관거(貫渠), 관절(貫節), 면마(綿馬)'라고도 부른다.

573 ᄡᅡᄒᆞ라: 싸ᄒᆞ라〈중, 가, 일〉. 'ᄡᅡᄒᆞᆯ-아'로 분석되는데 'ᄡᅡᄒᆞᆯ-(〈ᄡᅡᄒᆞᆯ-)'은 '썰-'의 뜻이다.

574 공장의: 공댱의〈중, 가, 일〉.

575 둥구레: '둥굴레'(위유 萎蕤)는 "백합과의 여러해살이풀"로서, "땅속줄기는 약용하거나 식용하며 어린잎도 먹는다." '선인반, 토죽(菟竹)'이라고도 한다.

576 무릇: 파, 마늘과 비슷한 '무릇'은 "백합과의 여러해살이풀"로서, '어린잎과 비늘줄기는 식용하고 구황 식물로 아시아 동북부의 온대에서 아열대까지 널리 분포한다.' '야자고(野茨菰), 흥거(興渠)'로도 부른다.

한문

農家이 無遠慮ᄒᆞ야 秋收之後에 恃其穀賤ᄒᆞ야 姑息放心ᄒᆞ야 取飽朝夕ᄒᆞ며 釀酒作餠ᄒᆞ야 濫用殆盡故로 春夏農務之時에 必苦飢窘ᄒᆞ야 未得力業ᄒᆞᄂᆞ니 一瓶之酒와 數器之餠이 可活一朔이라

秋冬撙節儲積ᄒᆞ야 深藏不費ᄒᆞ야 以備農粮ᄒᆞ라 安東之人은 今秋收穫ᄒᆞ야 明年春夏所食을 計除堅藏ᄒᆞ고 餘穀으로 撙節喫破故로 農不失業ᄒᆞ야 雖遇凶荒이라도 不患飢餓ᄒᆞ고 北道之人은 秋成卽時濫食無節ᄒᆞ야 不用升斗ᄒᆞ고 作餠炊食ᄒᆞ야 朝飽不計夕飢故로 一遇不稔ᄒᆞ면 餓殍相望ᄒᆞᄂᆞ니 深思利害ᄒᆞ야 務爲儲積ᄒᆞ라 (法)에 濫費會飮이 亦有罪焉ᄒᆞᄂᆞ니라[右出金思齋警民編]

언해문(신구보-중,22a-23a)

녀름 짓ᄂᆞᆫ 집이 먼 혬이 업서[577] ᄀᆞ을 거둔 후에 그 곡셕 흔흠을 미더 아젹ᄒᆞ야[578] ᄆᆞᄋᆞᆷ을 노하 아츰과 져녁 빅브르기만 ᄒᆞ여 술 빗고 쩍 밍그라 만히 뻐 ᄌᆞ못 진흔 고로[579] 봄과 녀름 농업ᄒᆞᄂᆞᆫ 때예 반ᄃᆞ시 주리고 군흠을[580] 괴로와 ᄒᆞ야 시러곰[581] 힘뻐 녀름 짓디 못ᄒᆞᄂᆞ니 흔 병 술과 두어 그릇 쩍이 가히 흔 둘을 살디라[582]

---

577 업서: '없-어'.

578 아젹ᄒᆞ야: '아젹'은 '아침'이란 뜻도 있지만 '아젹ᄒᆞ-'는 '아침밥을 짓-, 먹-'으로 풀이하는 게 좋다.

579 진흔 고로: 한문의 '盡故'에 해당하니, '다하기 때문에'로 풀이할 것이다.

580 군흠을: '군'은 한문의 '窘'이므로 '곤궁하-, 궁해지-, 고생하-'로 해석한다.

581 시러곰: 기원적으로 '시러-곰'으로 우선 분석되고 '곰'은 앞의 내용을 강조하는 의미를 지닌 것이다. '시러'는 '능히'의 뜻으로 풀이되는데 '실(동사)-어'로 분석된다. 하지만 '시러곰'은 이미 '능히'란 의미의 부사로 파생된 것이다.

582 살디라: 중세국어에서는 '살(동사)-을 ᄃᆞ(명사)-ㅣ-라'로 분석되는데 'ᄃᆞ-ㅣ-라'는 근대국어에 와서 어미 '-디라'로 문법화하였다고 본다. '살 것이다'로 풀이되지만 문맥상 '살릴 것이다'로 풀이하는 편이 좋겠다.

ᄀ을과 겨울의 존절ᄒ야583 뎨톡ᄒ야584 두어 깁히 금초와 허비티 아니 ᄒ야 ᄡᅥ 농냥을585 예비ᄒ야586 ᄒ라 안동 사ᄅᆞᆷ은 올 ᄀᆞ을히 거두어 닉년 봄 녀름 머글 거슬 계뎨ᄒ야{아}587 굿게 ᄀᆞᆷ초고 나믄 곡셕으로 존졀히 먹ᄂᆞᆫ 고로 녀름 지을 제 농업을 일티 아니ᄒ야 비록 흉년을 만날디라 도 굶기를 근심티 아니ᄒ고 븍도588 사ᄅᆞᆷ은 ᄀᆞ을히면 만히 머거 혼졀589 엄서 되와 말을 ᄡᅳ디 아니ᄒ고 ᄯᅥᆨ 밍글며 밥 지어 아ᄎᆞᆷ의 ᄇᆡ 부르면 져 녁 주릴 줄을 혜아리디 아니ᄒᄂᆞᆫ 고로 ᄒᆞᆫ 번 흉년곳 만나면 주려 죽ᄂᆞᆫ 거시 서ᄅᆞ ᄇᆞ라 보ᄂᆞ니 기피 니해를590 ᄉᆡᆼ각ᄒ야 힘뻐 뎨튝ᄒ기를 ᄒ라 (법)에 만히 허비ᄒ야 모다 술 먹{며}ᄂᆞ니591 쏘ᄒᆞᆫ 죄 잇ᄂᆞ니라592

현대어역
농사짓는 집이 먼 헤아림이 없어 가을 거둔 후에 그 곡식이 흔함을 믿어, 아침밥을 지어 마음을 놓아 아침저녁 배부르기만 하고 술 빚고 떡 만들어 (곡식을) 많이 써서 자못 다하기 때문에, 봄과 여름에 농업 하는 때에 반드시 주리고 곤궁함을 괴로워하여 능히 힘껏 농사짓지 못하니, 한 병 술과 두어 그릇 떡이 가히 한 달을 살릴 것이다.
가을과 겨울에 아껴 알맞게 쓰고 저축하여 두고 깊이 감추어 허비하지 않아서 농사짓는

---

583 존졀ᄒ야: '존졀'(撙節)은 "씀씀이를 아껴 알맞게 씀"의 뜻이다.
584 뎨톡ᄒ야: '뎨톡'(저적 儲積)은 '저축'의 의미다.
585 농냥: "농사짓는 동안 먹을 양식"을 말한다.
586 비ᄒ야: '備ᄒ야'는 '갖추어, 준비하여'로 해석되나 여기서는 '갖추게, 준비하게'로 풀이하는 게 나을 것이다.
587 계뎨ᄒ야{아}: '계뎨'(계제 計除)는 "셈을 따져서 제할 것을 제함"이란 의미다.
588 븍도: '븍도'를 말하는데 어디를 지칭하는지 미상이나, "경기도 이북의 황해도, 평안도, 함경도를 통틀어 이르는 말"로 쓰이기도 한다.
589 혼졀: '혼졀'은 '한 구절씩 나누어서 한정'한다는 '限節'을 뜻하는 것으로 보이는데 여기서는 '한정하고 절제'한다는 뜻으로 보인다.
590 니해: '니해'(이해 利害)는 '이로움과 해로움'의 의미다.
591 먹{며}ᄂᆞ니: '먹-ᄂᆞ-ㄴ 이'로 분석되고 '이'는 '사람, 것'의 의미를 가진다.
592 이 언해문은 국립중앙도서관본에만 있고, 장서각본, 가람본, 일사본에는 없음.

동안 먹을 양식을 준비하게 하라. 안동 사람은 올 가을에 거두어 내년 봄 여름 먹을 것을 계산하여 제한 후 굳게 감추고 남은 곡식으로 아껴서 알맞게 먹었기 때문에 농사지을 때에 농업을 잃지 않아 비록 흉년을 만날지라도 굶는 것을 근심하지 않았다. 북도 사람은 가을이면 많이 먹어 한정하고 절제함이 없고, 되와 말을 쓰지 않고 떡 만들며, 밥 지어 아침에 배부르면 저녁에 주릴 줄을 헤아리지 않기 때문에 한번 흉년을 만나면 주려 죽는 것을 서로 바라보니, 깊이 이로움과 해로움을 생각하여 힘써 저축하기를 하라. (법)에 많이 허비하여, 모여서 술 먹는 것 또한 죄가 있다.

한문(신구보-장,21b)
救荒補遺終

4. 서문(序文)과 발문(跋文)[593]

4.1. 『구황촬요』 서[594]

한문

賑恤廳[595] 啓目[596]

<u>節</u>[597]承傳內 救荒撮要多數印出廣頒<u>爲良如敎</u>[598] 承傳<u>是白有亦</u>[599] 相考 <u>爲白乎矣</u>[600] 蓄穀賑飢 雖爲荒政之本 穀乏民飢 則不可坐視其死而不爲 之所<u>是白乎等用良</u>[601]

我世宗大王 旣著救荒辟穀方 又以備荒之物 載諸經濟六典 以救萬世

---

593 이 부분은 이승현 군의 도움에 힘입은 바 크다.
594 『구황촬요』 서문은 '충남대본'을 기본으로 하는데 오자가 있는 경우 이를 밝혀 고친다. 그리고 이두(吏讀)로 판단되는 것은 밑줄로 표시한다.
595 진휼청: 조선시대에, 흉년이 들었을 때 백성을 구제하기 위해 설치한 관아.
596 최승희(1989)에 계목을 "신하가 정무에 관하여 국왕에게 상주하는 문서이다."(p.152)라 하였고 "小事를 啓할 때 啓目으로 한다."(p.160)고 하였다. 여기에는 몇몇 계목식이 제시되어 있는데 그 중 『典律通補』(別編)의 양식이 위의 양식에 가깝다. 『구황촬요』 서문이 이두로 적혀 있음이 특징이다. 이는 『충주구황절요』와 관련이 있을지 모른다.
597 節[디위]: '지금, 이번, 때'의 의미이다.
598 爲良如敎[ᄒᆞ야다이샨]: '하여라 하신'의 뜻이다.
599 是白有亦[이ᄉᆞᆲ이신이여]: '-이시온데, 있사온데'의 뜻이다.
600 爲白乎矣[ᄒᆞᄉᆞᆲ오디]: '하오되'의 뜻이다.
601 是白乎等用良[이ᄉᆞᆲ온들쓰아]: '-이온 것으로써'의 뜻이다.

蒼生之命 可謂至矣 是白齊⁶⁰²

현대어역

진휼청의 계목

이번에 받자온 전교(傳敎) 안에 『구황촬요』를 다수 인출하여 널리 반포해야 한다 하신 내용이 있어 전교를 받들어 상고해 보니, 곡식을 비축해 두었다가 기근 시에 진휼하는⁶⁰³ 것이 구황 정책의 근본이기는 하지만, 곡식이 다하여 백성들이 굶주리는데도 그들이 죽는 것을 가만히 앉아 지켜보기나 하면서 해야 할 조치를 취하지 않는 것은 불가한 일입니다.

우리 세종대왕께서 이미 『구황벽곡방』을 저술하시고, 또 기근에 대비할 수 있는 물목들을 『경제육전』에 기재하시어 이로써 만세 창생들의 목숨을 구원하셨으니 (그 백성을 생각하는 뜻이) 지극하시다 할 만합니다.

한문

邇者連歲大侵 湖嶺二南尤甚 國家遣使賑救 又抄救荒之最要者 集爲一方 飜以諺字 名曰救荒撮要 印布中外 使家喩而人曉各自救命 如楡白之調味 松葉之延年 載於禮經及本草⁶⁰⁴ 益人腸胃 壽人性命 過於五穀 斯實救民良方 其亦裁成輔相⁶⁰⁵ 以左右民之一事是白置⁶⁰⁶

---

602 是白齊[이숩져/이숩제]: '-이십니다'의 뜻이다.
603 진휼(賑恤): 흉년을 당하여 가난한 백성을 도와줌.
604 본초(本草): 『신농본초』인지 『본초강목』인지 아니면 명 태조 때 편찬된 『구황본초』를 말하는지 확실치 않다. 그렇지만 대개 『본초강목』을 가리킨다.
605 재성보상(裁成輔相): 『주역』〈태괘〉(泰卦)에 나오는 말로서(天地交 泰 后以財成天之道 輔相天地之宜 以左右民) '裁成'은 "재량껏 조처하여 일을 이루어 냄."을, '輔相'은 "대신을 거느리며 임금을 도와 나라를 다스림."을 뜻한다.
606 是白置[이숩두]: '-이오라, -이오리라'의 뜻이다.

현대어역

근자에 해마다 대기근이 들었는데, 호남과 영남지방이 더욱 심하였습니다. 나라에서 관리를 파견하여 구휼케 하고 또 구황에 가장 긴요한 것들을 초록(抄錄)해 모아서 한 방책으로 만들었습니다. 이를 언문으로 번역하고 이름하여 『구황촬요』라고 하였으며, 인쇄하여 중외(중앙과 지방)에 반포하고 집집마다 효유해서[607] 사람들이 각자 스스로 구명할 방법을 깨우치게 하였습니다. 예를 들어, 느릅나무 껍질로 조미하고[608] 솔잎으로 목숨을 연장하는 것은 예경(禮經)과 본초(本草)에도 실려 있는 것으로 사람의 장과 위에 유익하고 성명(性命)을 장수하게 하는 것이 오곡보다 낫습니다. 이는 진실로 백성을 구제하는 좋은 방책이니 그 또한 천지의 도에 입각해서 과불급이 없게 하여 좌우도(호남과 영남)의 백성을 돕는 일 중의 하나일 것입니다.

한문

近來吏慢民頑 不究荒政 歲一失稔 人且喁喁望哺 終填溝壑爲白乎旀[609] 京城之民段[610]習尙侈靡 尤以粥溢爲羞 朝餐美食 暮已絶炊 誠可矜唉

현대어역

근래에 관리들은 태만하고 백성들은 어리석어 황정에[611] 대해서는 강구해 보지도 않아서, 한 해만 벼가 익지 않아도 사람들이 웅성거리며 먹을 것을 구하다가 끝내는 (굶어죽은 시체가) 구렁을 메우고 맙니다. 서울의 백성들은 습속이 사치스럽고 화려한 것을 숭상하는데, 더욱이 죽 먹는 것을 부끄럽게 여겨 아침에 좋은 밥을 지어 먹어 버리고 저녁엔 밥 짓

---

607 효유(曉諭): 깨달아 알아듣도록 타이름.
608 조미(調味): 음식의 맛을 알맞게 맞춤.
609 爲白乎旀[ᄒᆞ숩오며]: '하오며'의 뜻이다.
610 段[똔, 단]: '-은, -란'의 뜻이다.
611 황정(荒政): 흉년에 백성을 구하는 정책.

는 연기가 끊어져 버리니 참으로 한탄스러운 일입니다.

한문
今此良方乙612 若不嚴飭{勑}613 則復廢不行是白昆614 京則漢城府五部
遍諭貧戶 外則觀察使守令 鏤板傳錄 廣諭民間 使人無不解 觀察使敬
差官都事 遇人講問 有不曉者 則色吏勸農論罪 不曉多者 幷論留鄕所
守令殿最憑考 又令於鄕會 講論永行不怠 毋負勤恤之至意 何如

현대어역
지금 이 좋은 방책을 엄히 신칙하지615 않는다면 또다시 폐지되어 시행되지 못할 것입니다. 서울은 한성부의 오부가 빈호(貧戶)들을 두루 효유하고, 외방은 관찰사와 수령들이 판각하고 전록(전하고 기록)해서 민간에 널리 효유하여 사람들이 깨닫지 못하는 경우가 없게 하여야 합니다. 관찰사와 경차관과 도사들이 사람들을 만나 강문하여616 깨닫지 못하는 자가 있으면 색리(色吏)와 권농(勸農)들을 논죄하고, 깨닫지 못함이 많을 경우 유향소와 수령의 전최(殿最)617의 빙고(憑考)618를 아울러 논하고, 또 향회에 영을 내려 강론을 길이 행하여 게을리 하지 않아서 근휼(勤恤)의619 지극한 뜻을 저버리지 말게 하오심이 어떠하겠습니까.

---

612 乙[을]: '을'의 뜻이다.
613 『구황촬요』(충남대본)에는 '勑'로 되어 있으나 『구황벽곡방』에는 '飭'으로 되어 있다.
614 是白昆[이솗곤]: '-이옵고, -이오니'의 뜻이다.
615 신칙하다: '단단히 타일러서 경계하다'의 뜻이다.
616 강문(講問): 따져서 물음.
617 전최(殿最): 관찰사가 각 고을 수령의 실적을 조사하여 중앙에 보고하던 일.
618 빙고(憑考): 사실 관계에 근거하여 상고하고 논함.
619 근휼(勤恤): 흉년에 가난한 백성을 삼가 구제함.

한문
嘉靖三十三年十一月二十四日右副承旨臣李澤次知⁶²⁰

啓依允

현대어역
가정 33년(1554년) 11월 24일 우부승지 신 이택이 담당하였고, 계를 올린 내용대로 윤허를 받다.

---

620 次知[츠지]: 관청의 사무를 보던 사람, 물건을 점유하는 것, 담당 등 여러 가지 의미가 있다. 여기서는 전자이다.

4.2. 『구황촬요벽온방』 서

한문
此是明廟朝賑恤之遺法也 臣深感聖祖救民之意 適値年凶 鏤板廣布 仍附辟瘟方于後 冀斯民之不至於塡壑 而被聖祖之餘澤也

현대어역
이것은 바로 명종조 때 진휼의 유법(遺法)입니다. 신은 성조(聖祖)께서 구민(救民)하시던 뜻에 깊이 감동하고 있었는데, 때마침 흉년을 만남에 판각하여 널리 배포하면서 뒷부분에「벽온방」을 부록으로 붙였습니다. (이를 통해) 백성들의 굶어죽은 시체가 산골짜기를 메우는 지경에 이르지 않고 성조께서 남기신 은택을 입게 되기를 바라옵니다.

한문
時己{巳}卯正月日守忠淸道觀察使臣金堉稽首謹書

현대어역
때는 기묘년 정월 일 충청도 관찰사 신 김육은 머리 조아리고 삼가 씁니다.

4.3. 『신간구황촬요』 서[621]

한문

國運不幸 粤自孝宗大王季年以至今上初元 歲仍大侵 雖上下勤恤 凡所以賑救之方 靡有所遺 然公私赤立 仁愛之心 無自而施矣

현대어역

국운(國運)이 불행하여, 효종대왕(孝宗大王) 말년으로부터 금상[622] 원년(元年)에 이르기까지 거듭 큰 흉년이 들었다. 그리하여 비록 상하가 애써 백성들을 구휼하되 모든 진구(賑救)하는 방법을 하나도 빠짐없이 강구하고는 있지만, 공사(公私) 간에 모두가 적수공권(赤手空拳)이라서 그 인애(仁愛)하는 마음을 어떻게 베풀 방도가 없게 되었다.

한문

夫放災免傷 寬假{暇}[623]之典大矣 而無田者無與焉 減租蠲役 悶念之意至矣 而已散者無及焉 內帑大農 並皆告罄 則呱呱者無所望於乳竭之慈母矣 是故靑黃栖畝之日 飢餓之民 已狼藉於道路 嗚呼 其汲汲矣 於斯時也 其有長民之責者 其可諉之於無策而不爲之所哉

현대어역

대체로 재상(災傷) 당한 사람에게 죄(罪)를 방면(放免)해 주는 것은 관가(寬假)의 큰 은전(恩典)이지만 전지(田地)가 없는 사람은 해당되지 않고, 조세(租稅)와 요역(徭役)을 견감(蠲

---

621 『신간구황촬요』 서문은 '장서각본'에 의지한다. 그 번역은 민족문화추진회(1983)의 번역을 참고하였으나 부분적으로 수정하여 싣는다.

622 금상(今上): '지금의 임금', 여기서는 현종(顯宗)을 가리킴.

623 관가(寬假{暇}): '장서각본'에 '暇'로 되어 있으나 '죄를 용서함'이란 뜻은 '寬假'이므로 이렇게 고친다.

減)해[624] 주는 일은 백성을 불쌍히 여기는 뜻이 지극한 것이지만 이미 이산(離散)된 백성에게는 어찌할 방도가 없다. 내탕(內帑)과[625] 대농(大農)이 모두 바닥이 드러났고 보면, 갓난 아이는 젖이 말라붙은 자모(慈母)에게 바랄 것이 아무것도 없는 것이다. 이러기 때문에 구곡(舊穀)은 이미 다 떨어지고 신곡(新穀)이 아직 나기 전에는 굶주린 백성들이 이미 도로(道路)에 즐비하게 되니, 아, 급급하기 그지없다. 이런 때를 당해서 그 백성 다스리는 책임을 가진 장관(長官)으로서 아무런 방도가 없다고만 핑계하고 어떤 방책을 강구하지 않아서야 되겠는가.

한문

於是西原縣監申公涑亟取世宗大王所輯救荒撮要一編 附以補遺而剞劂之 將以廣布於民間 盖其軌外旁生之法詳且切矣 夫草根木皮 酸辣相叅 固非菽粟之比 然旣非得已 則要於不死而已 況飢渴之極 易得爲甘 則安知其終不如菽粟之美也

현대어역

이에 서원 현감(西原 縣監) 신 공 속(申 公 涑)이 세종대왕께서 편집한 『구황촬요』 1편(編)을 급히 가져다가 보유(補遺)를 첨부하여 간행해서 장차 민간에 널리 반포(頒布)하려고 하는데, 대체로 그 책에는 곡식(穀食)을 제외한 특이한 식생활(食生活) 수단이 자상하고도 간절하게 적혀 있다. 대체로 초근목피(草根木皮)는 시고 매운 맛이 서로 섞이어 진실로 숙속(菽粟 콩과 벼. 사람이 일상 먹는 곡식)에 비할 바는 아니다. 그러나 이미 부득이해서 먹는 것이고 보면 목적은 생명을 구제하기 위해서일 뿐이다. 더구나 기갈(飢渴)이 극도에 달하면 무엇이든지 잘 먹을 수 있는 것이니, 이것이 어찌 끝내 숙속만 못하다고 하겠는가.

---

624 건감하다: 조세 따위의 일부를 면제하여 주다.
625 내탕: 임금의 사재(私財)를 갈무리한 창고.

한문
夫流丐之人 終日遑遑叩人之門 以求涓滴 而未必有獲 故飢未極而氣先竭 豈若從事於此 求之於必得之地 而取之於至足之中 其事甚易 而其義無苟也 蓋聞分人以物者 有限而不廣 利人以智者 無窮而各足

현대어역
대저 떠돌아다니며 걸식(乞食)하는 사람은 종일토록 바쁘게 다니면서 남의 집 문을 두드려 조금만 도와 달라고 애걸해 보았자 꼭 얻어먹지는 못한다. 그러므로 극도로 굶주리기도 전에 기운이 먼저 지쳐 버린다. 그러니 어찌 이런 일에 종사(從事)하여 반드시 얻을 수 있는 곳에서 구하고, 매우 풍족한 데서 취하는 것만 같겠는가. 그 일은 심히 쉽고 그 의리도 구차하지 않다. 듣건대, 사람에게 물건을 나누어 주는 것은 한도가 있어서 넓지 못하고, 남에게 슬기[智]를 깨우쳐 주는 것은 무궁무진하여 제각기 충족을 누릴 수 있다고 하였다.

한문
今此書之行 人人皆得受用而有餘 則雖以及於天下可也 豈若規規於勸分捨儲之比哉 聖祖仁民澤物之心 可謂深矣 而所謂惠而不費 操約施博者非耶 然非有申公之深思熟慮 又孰能闡明哉 余於是復有所感焉

현대어역
이제 이 책이 유행되어 사람마다 이 방법을 수용(受用)해서 여유를 가진다면, 비록 온 천하에까지 보급이 된다고 할지라도 좋을 것이다. 이것이 어찌 소소하게 창고에 있는 곡식 나누어 주기를 권하는 데에 비교하겠는가. 성조(聖祖)[626]께서 백성을 사랑하시는 마음이 진정 깊다 하겠다. 이것이 이른바 '은혜를 베풀되 재물을 허비하지 않고 적은 것을 가지고 널리 베풀어 준다.'는 것이 아니겠는가. 그러나 깊은 사려(思慮)를 가진 신 공(申 公)이 아니었다면 또 그 누가 이를 능히 천명(闡明)하였겠는가. 나는 여기에 대해 다시 느끼는 바가 있다.

---

626 성조: 세종대왕을 가리킴.

한문

當聖祖之盛際 家給人足 頌聲旣作 而猶輯此書 以備不虞 其惻怛如傷之意 藹然於一編之中 儻使當日之聖心 以觀今日之民生 則又當如何也

현대어역

성조(聖祖)의 융성한 시대에는 집집마다 사람마다 풍족하여 공덕(功德)을 칭송하는 소리가 이미 일어났는데도 오히려 이 책을 편찬하여 뜻밖의 흉년에 대비하였으니, 그 백성 보시기를 마치 다친 사람 보듯이 몹시 불쌍히 여기는 뜻이 이 책 한 편 가운데 넘쳐 흐른다. 만일 그 당시 성조의 마음으로 오늘날의 이 곤경에 빠진 민생(民生)들을 보았다면 또한 어떠했겠는가.

한문

方今聖上至誠哀愍 屢發德音 至減諸色上供 遂使塡壑之民 噛恩而忘死 使是書也 幸備乙覽 則其所以仰體聖祖之仁 而俯軫不忍之心者 將不遑於暇食矣 其所謂堯舜禹慮民深而利民大者 復見於今日矣 然則彼仁愛之天 亦豈不收災而降祥耶 區區蟣虱之臣 願與四方之民 共免今冬雪裡凍殺 而飽喫明年之大椀不托也

현대어역

지금 성상(聖上)께서 지성으로 백성들을 불쌍하게 여기시어, 윤음을[627] 여러 번 내리시고 심지어는 제색(諸色)의[628] 상공(上供)까지[629] 견감(蠲減)하게 하였다. 그리하여 마침내 골짜기에 버려진 백성들로 하여금 은혜를 품고 죽음을 잊을 수 있게 하였다. 만일 이 책이 다행히 성상의 관람(觀覽)에 대비된다면 그 성조의 어지심을 우러러 체받고 차마 하지 못하는

---

[627] 윤음(綸音): 임금이 신하나 백성에게 내리는 말. 오늘날의 법령과 같은 위력을 지닌다.

[628] 제색(諸色): '각 방면, 각 부류'의 뜻과 '갖가지 물품'이란 뜻으로 쓰이는데, 여기서는 후자의 뜻으로 보인다.

[629] 상공(上供): 지방의 양세(兩稅) 수입을 중앙 정부에 상납하던 일.

마음을 백성에게 베푸는 데 있어 장차 밥 먹을 겨를도 없게 될 것이다. 그렇게 되면 이른바, 요(堯)·순(舜)·우(禹)가 백성들을 깊이 염려하고 백성에게 큰 혜택을 주었던 일을 오늘날에 다시 볼 수 있을 것이다. 그렇다면 저 인애(仁愛)한 하늘이 또한 어찌 재앙을 거두고 상서를 내리지 않겠는가. 이 보잘것없는 구구한 신하는 오직 사방 백성들과 함께 올겨울 눈보라 속에 얼어 죽지 않고 명년(明年)에 큰 사발의 떡국을 배불리 먹게 되기만을 바란다.

한문
時庚子九月日崇祿大夫判中樞府事宋時烈序

현대어역
때는 경자년(1660년) 9월 일에 숭록대부(崇祿大夫) 판중추부사(判中樞府事) 송시열이 쓰다.

4.4. 『신간구황촬요』 발[630]

한문
昔我世宗大王 嘗以爲民飢闕食 救之無術 遂錄荒政中辟穀方以示民 使自救死 明廟朝亦因賑饑 抄其最要 翻以俚諺 俾民易曉 名曰救荒撮要 頒示中外 此實禹稷奏庶艱鮮之意也 歷時滋久 印本無多 潛谷金相國 重修鏤板 而散逸殆盡 見而知者 盖尠矣

현대어역
옛날 우리 세종대왕께서 백성들이 기근으로 끼니를 거르는데도 구제할 만한 방법이 없다고 여기시어 마침내 황정(荒政) 중에 벽곡(辟穀)하는 방책을 기록해서 백성들에게 보여 주시어 스스로 자기 목숨을 구하게 하셨다. 명종조 역시 이로 인하여 기근을 진휼하였는데, 그 중 가장 긴요한 것을 초록하여 언문으로 번역해서 백성들이 알기 쉽도록 하였다. 이름하여 『구황촬요』라 하고 중외에 반포하였으니 이것은 진실로 우(禹)와 직(稷)이 백성들에게 간식과 선식[631]을 먹게 한 뜻이다. 세월이 많이 흘러 인본(印本)이 드물게 되자 잠곡 김상국이[632] 중수하여 판각하였는데, 이것마저도 산일됨이 자못 많아 알아볼 수 있는 것이 적다.

한문
今涊叨守是邑 不幸連歲大侵 公私赤立 然亦不敢立而視死 謹將是書 重行剞劂 又考醫方所記及聞見所得 如西山啖薺, 閣皂種芋之法 皆以附見下方目 以補遺合爲一編 將以廣布窮閻 庶幾究聖祖惠鮮之心 使我後

---

630 『신간구황촬요』 발문은 '장서각본'에 의지한다.
631 간식과 선식: 서경의 우서 익직에 나오는 내용으로 간식은 파종하여 얻기 어려운 곡식을 먹였다는 뜻이고, 선식은 신선한 날음식을 먹였다는 뜻이다. 《書·益稷》: "暨稷播 奏庶艱食 鮮食"
632 김상국: 김육(金堉). 1580년에 출생하여 1658년에 졸(卒)하였다.

民 皆得以利其利 而於聖上恫身猶已之仁 亦不無萬一之補云爾 工旣告
訖 僭不自揣略敍顚末如右

현대어역
지금 내가 외람되이 이 고을을 맡았는데, 불행히도 해마다 큰 기근이 들어 관청이나 민간이나 창고가 텅 비게 되었다. 그러나 또한 감히 우두커니 서서 백성들이 죽어가는 것만 바라보고 있을 수는 없는지라 삼가 이 책을 가져다가 중간하여 인쇄하고 또 의방(醫方)에 기록된 것과 견문으로 알게 된 것들, 예를 들면 서산 선생 채원정이[633] 굶주림을 참느라 게로기[634] 캐 먹었던 일이나 각조산의 승려가 토란을 심어 먹던 방법과 같은 것들을 고찰하여 모두 견하의 방목에 붙이고, 빠진 것을 보충해서 합쳐 한 권으로 만들었다. 장차 민간에 널리 반포하려 하니, 성조(聖祖)가 어지신 마음으로 우리 후세 백성들을 모두 이롭게 해 주시려던 것과 성상께서 백성의 아픔을 자기의 아픔과 같이 여기시는 뜻을 궁구함에 또한 만의 하나라도 도움이 없지는 않을 것이다. 작업을 완료하고서 참람되게도[635] 스스로의 부족함은 헤아리지도 못하고 전말을 위와 같이 약술하노라.

한문
時庚子九月下澣通政大夫行西原縣監西原鎭兵馬僉節制使臣申洬拜手稽首謹跋

현대어역
때는 경자년(1660년) 구월 하한 통정대부 행[636] 서원 현감 서원진 병마첨절제사 신 신속(申洬)은 절하고 머리 조아린 후 삼가 발문을 쓰나이다.

---

633 채원정: 중국 송(宋)의 서산(西山) 채원정(蔡元定)을 일컫는데 서산(西山)의 꼭대기에 올라 굶주림을 참고 나물을 먹으며 글을 읽었다는 고사가 있다.
634 게로기(薺): 일명 모싯대로 산나물의 일종이다.
635 참람: 분수에 넘쳐 너무 지나침.
636 행(行): "조선 시대에 관계가 높고 관직이 낮은 경우에 벼슬 이름 앞에 붙여 이르던 말."

부록

찾아보기
원문 자료 영인

『구황촬요』(ⓒ 충남대학교 도서관)
『신간구황촬요』(ⓒ 국립중앙도서관)

찾아보기

ㄱ

가감박하전원 125
가람문고 29
가람문고본 29
가츠라기 171
각조산 167
간성 143
간이벽온방 21, 25
감응원 126
감쟝 159
감초 114
개나리 173
거승 106
거플 68
것곡 139
것쏠리 88
격조사 36
견매 67, 78
경음화 39
경음화현상 33, 43
경제육전 16, 183
경차관 185
고려대본 23, 24
고사촬요 23
고음 171
곡긔 68
곳감 177
공심 103

관찰사 185
교서관 21
구개음화 45
구개음화현상 36
구들 98
구미청심원 128
구슈 76
구유 77
구통원 130
구황벽곡방 15, 183
구황보유방 20
구황촬요 15, 183
구황촬요구황보유방 20
구황촬요벽온방 15, 18
국립중앙도서관 26, 28
국립중앙도서관본 28
귀곡단 137
규장각 26
규장각본 30
기름 83
기음 169
김상국 193
김육 18, 187
집주머니 103
강진향 114
ㄱ스라기 88
기천 101

ㄴ

나모 바조 톄엿 76
나이 165
납셜슈 117
납제 138
납향고 135
내각문고 17
너삼 110
녀름 59
년불희 175
년쌤 175
녕보단 133
녹두 143
누록 86, 161, 163
뉵합 102
느롬 67
느릅 67, 70, 140
느릅나무 184
느틔 158
느정이 96
니뿔 149
놀쟝 62
놀콩 80

ㄷ

대마즙 156
대마ㅈ 154
대변 141
대셰 102
대쵸 146, 147, 177
댄무우 156
댱가락 105
더덕 91

뎐염 105
도규 138
도랏 141
도사 185
도소쥬 120
돌아줄 91
동명사형어미 37
동문유해 48
동양문고 26
동의보감 48
두창경험방 49
둥구레 178
둑대 172
들째 172
디령 162
디룡즙 118
딜그룻 76
딤치국 109

ㄹ

룡노고 126

ㅁ

마눌 110, 111
만병원 134
맣 144
메불희 176
며조 91, 161, 162
몌조 92
모밀 96, 142
목향보명단 131
묏느믈 158
무릇 178

무성 29
미시 84
밀 83, 144
물굽 115

ㅂ

밤 144
밧ᄂᆞᆯ 158
방올 69
버ᄆᆞ레 96
벽온방 18, 187
벽온신방 19, 24
보리 158
보안환 132
복녕 146
복합어 34
복숭아 108
본초 184
븕나모 64, 66
븕나모쑬 85
비급원 136
비한단 137
빙슈 117
빅복녕 156, 157
뽁 109

ㅅ

사동 36
삼쮸 165
새박 174
새삼삐 176
샤쳥환 130
샹실 158

서원 19, 189
성암고서박물관 26, 30
성암문고본 30
성우경본 24
세종 15
세종대왕 193
셔웅황 104
셕웅황 105
소곰 91
소롯 166
소솜 86
소주 162
소학언해 49
소합원 124
속육전 16
손두에 82
솔닙 67
솔슌 164
솔잎 184
송시열 16, 192
쇼마 78
쇼ᄋᆡ쳥심원 134
숑디 69
숑엽 67
숑지 146
숑피 158, 178
수릿날 112
수민방 19, 24, 53
수여의 116
쉰무우 109, 152
슈달 117
슈쟈목향고 129
승금단 137

승마 117
시병 103
신간구황촬요 15
신보원 126
신성벽온단 136
신속 15, 194
신찬경제육전 16
신명촨 122
실과 148
십신탕 119
쑥 158
쇠똥 114
승마갈근탕 120
슬고삐 146
싱강 110
싱콩 80
꿀 113
쩍 82

ㅇ
아명 106
아옥 156
아옥삐 156
안위 17
안틱환 137
암돌 116
야인간 117
어육 148
언해납약증치방 25
여름 68
역어유해 48, 49
염교 110
예경 184

오장 68
옥츄단 135
온빅원 127
올미 171
우마양저염역병치료방 21
우황냥격원 125
웅강 106
원순모음화현상 36
원육전 16
월경슈 117
유씨물명고 48
유탁일본 31
유피 70
유향소 185
을해자 21
이구 19, 26
이두 17
이인영 23
이택 15, 186
일사문고 25, 29, 30
일사문고본 24, 29, 30

ㅈ
자음동화 44
자음동화현상 35
잠곡집 18
잣 69
장서각 26
장서각본 26
저우룸날 114
전대 85
견시안신환 131
절곡 69

제민요술 168
조피 88
주엽 114
쥬사 113
쥭 63
즉빅 107
즘게 85
즙 94
지령 159, 161
지보단 128
지성보명단 129
진 68
진말 159
집단곡용 40
쟝 90
죡금단 133
죡치옴 104

ㅊ

착호단 132
채유후 26
첩해신어 49
청어노걸대 49
청장 159
청냥미 151
쳥심원 123
쵀 셔산 165
최현배 23
최싱단 129
충남대본 22
충주구황절요 15
츄즈 145, 150
츅늉 106

츔 143
창틀 111, 115
챵포 112
출벼 87
츌우케 86
춤기름 104
츕발 145, 150, 154, 164

ㅋ

콩 147
콩각디 170
콩기룸 148
콩 72
콩각대 93

ㅌ

텬문동 157, 173
토란 144, 167

ㅍ

파 110
포룡환 135
피동 36
핍온단 123
핑닙 158

ㅎ

한설날 110
한셩부 185
합용병서 32, 39, 41
혈믹 104
호도 177
호두살귀원 122

호합인단환　127
홍윤창　17
황밤　177
황희　16
회초미　178
희두토홍원　131
향소산　118
형화환　121
히독응황원　136
히치　110

원문 자료 영인

重訂翻刻文考繁賾之所記為聞見易得
西山唉菴閑卑種平夷法皆必得見下方
旬以補遺合為一編將以廣布窮閻庶幾
究
聖祖惠鮮之心使我後民皆得以利其利而
於
聖上恫身猶巴之仁亦不無萬一之補云爾
二既告訖僭不自揣暑叔顛未如右時庚
子九月下澣通政大夫行西原縣監西原
鎮兵馬僉節制使臣申汲拜手稽首謹跋

新刊救荒撮要跋

昔我
世宗大王嘗以為民飢闕食救之無術遂錄
荒政中辟穀方以示民使自救死
明廟朝亦因賑饑抄其最要翻以俚諺裨民
易曉名曰救荒撮要頒示中外此實禹稷
之庶幾鮮之意也歷時滋久印本無幾兹
谷金相國重修鏤板而散逸殆盡見而知
者盖尠矣今颷叨守是邑不幸連歲大侵
公私赤立然亦不敢立而視死謹將是書

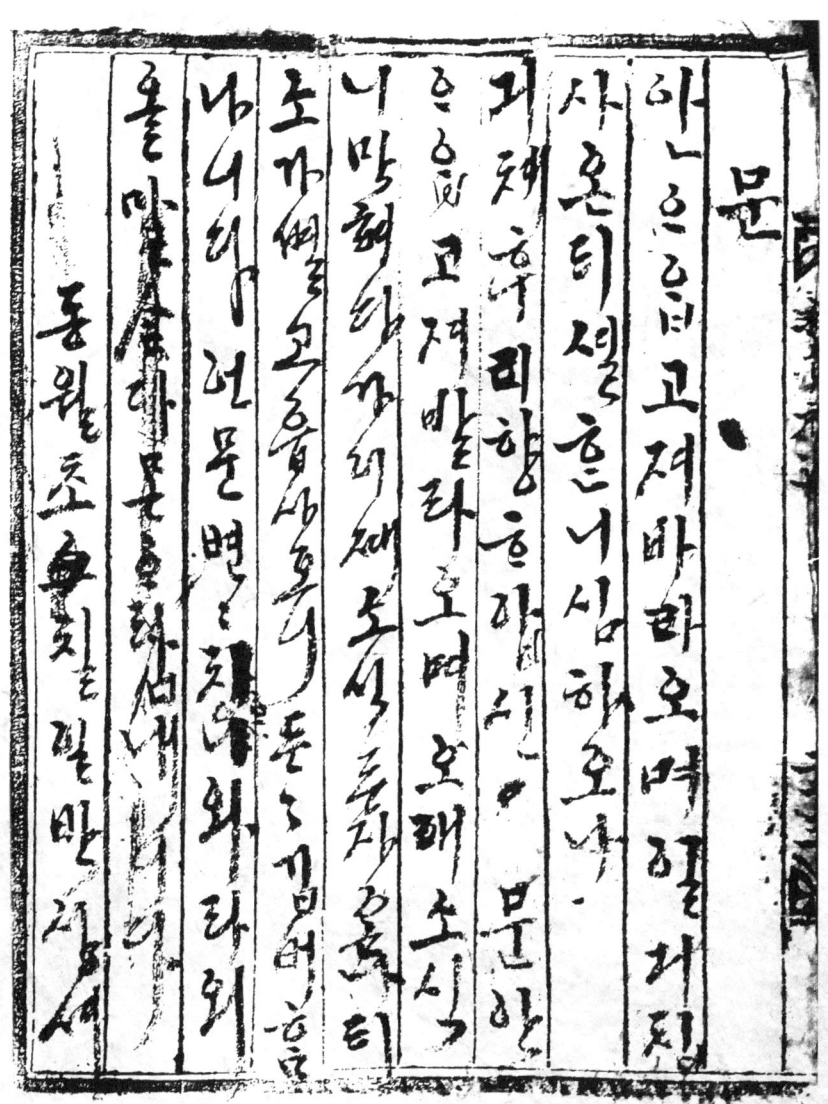

아니ᄒᆞ고떡빙글며밥지어아참의반
부르면져벽ᄌᆔ릴줄을혜아리디마니
ᄒᆞ는고로ᄒᆞᆫ번흉틴곳만나면쥬려죽
눈거시서ᄅᆞ보ᄂᆞ니기피니해ᄅᆞ
ᄉᆡᆼ각ᄒᆞ야힘ᄡᅥ데톡ᄒᆞ기ᄅᆞᆯᄒᆞ라닙에
만히허비ᄒᆞ야모다술며ᄂᆞ나도ᄒᆞ쥐
잇ᄂᆞ니라

救荒補遺終

그룻떡이 가히 호돌을 살디라고 온과
겨온의 존졀ᄒ야 뎨톡ᄒ야 두어 겁히
곰초와 허비티 아니ᄒ야 뻐 농냥을 예
비ᄒ야ᄒ라 안동 사ᄅᆞᆷ온 ᄭᅩᆯ히거
투어 너 븨 봄녀 룸머 굴거 슬헤 뎨ᄒ아
굿게 곰초 고 나 믄 곡셕으로 손졀히 먹
눈고로 틱롭지 을제 농업을 일티 아니
ᄒ야 비록 흉변 올 만 날디라 도 귿ᄀᆞᆯ기를
돈심 티 아니ᄒ고 북도자 ᄅᆞᆷ은 ᄭᅩᆯ히
면 만 히 머 거 ᄒ졀 엄셔 되 와 말 올 ᄠᅳᆫ디

計夕飢故로 一遇不稔면 餓殍相望ᄒᆞᄂᆞᆫ 深
思利害ᄒᆞ야 務爲儲積ᄒ라 [法]에 濫費會飮이
亦有罪焉ᄒ니 右出金思 나라에셔警 民編

녀름짓ᄂᆞᆫ집이 만일 헴이 업서 ᄀ올거든
후에 그곡셕훈홈을 미더 아젹ᄒᆞ야ᄆᆞ
옴을 노하 아즙과 져녁밥비 브르기 만ᄒ
여 술빗고 떡밍그라 만히 써 죠뭇진ᄒ
고 로봄파녀름 농업ᄒᆞᄂᆞᆫ 때예 반ᄃᆞ시
주리고 군흠을 피로와 ᄒᆞ야시러 곰힘
ᄡᅥ 녀름짓디 못ᄒᆞᄂᆞ니 ᄒᆞᆫ 번 슐과 둇에

○아 農家ㅣ無遠慮ᄒ야 秋收之後에 恃其穀賤ᄒ야 姑息故心ᄒ야 取飽朝夕ᄒ며 釀酒作餠ᄒ야 濫用殆盡故로 春夏農務之時예 必苦飢 窘ᄒ야 未得力業ᄒᄂ니 甁之酒와 數器之餠 이 可活一朝ㅣ라 秋冬撙節儲積ᄒ야 深藏不 貴ᄒ야 以備農糧ᄒ고 安東之人은 今秋收穫 ᄒ야 明年春夏所食을 計除堅藏ᄒ고 餘穀로 撙節喫破故로 農不失業ᄒ야 雖遇凶荒도읻 不患飢餓ᄒ고 北道之人은 秋成卽時濫食 無節ᄒ야 不用升斗ᄒ고 作餠炊食ᄒ야 朝飽不

日噉五七粒任食草木無妨忌魚肉菜果
及熱湯甕日後不復思食門
거믄콩효되와회초미블휘호군을ᄡᅥ
ᄒᆞ라콩과효되달혀여러번뒤저어믈
기업게닉거든그약은ᄡᅥ브라바리고
콩만공댱의ᄒᆞᄅᆞ닐훔다솟써먹고어
욱과쳐과와슐힘믈을쓰리느니라
○薑鷄味甘平無毒補虛勞令人與松皮等
物同煑熟食之最好療飢ᄡᅳᆯ
둥구레롤무릇파ᄋᆞᆷᄑᆞ파아먹ᄂᆞ니라

黃栗紅棗胡桃乾柿右四果去挾皮擣碎
內一慶熟擣團作厚餅或印作磚塊晒乾
收用余見異僧預求右物積久至多碎作
一墻人英能知後遇飢荒喫此全生䂺
황밤대초호도곳감네실과를뼈겁질
 브리고호딕미오즛시허고로더겨
 뭉쳐떡을믄돌거나다식테로바가내
 여몰되여두고머으면밥범업느니라

○黑豆一升貫衆一斤細剉同黃豆香熟反
覆令展盡餘汁籔去貫衆只取黑豆空心

○白脂麻仙方蒸曝服餌以辟穀 草本
두리빙그라머그면곡셕을긋ᄂᆞ니라
힌ᄎᆞᆷ깨ᄢᅦ모리여머그면벼곡ᄒᆞᄂᆞ니라

○菟絲子作飯常服之療風疾耐飢諸有人
患風疾癸巳年因兵荒收得菟絲子數斛
常服舊疾頻愈氣力壯健勝扵未病前
새삼ᄡᅵ로밥지어머그면풍증을고티
고비고프디아니ᄂᆞ니라

○旋䔞根蒸熟食之不飢 本草
메불휘를ᄢᅦ머그면비고프디아니ᄂᆞ니라

년불희룰뗘머그면됴ᄒᆞ나라 ○ᄇᆡᆨ밥
을겹졀과ᄭᅵᆸ을업시ᄒᆞ고ᄀᆞ르빙그
믤의ᄂᆞᄆᆞᆯ의ᄂᆞ환지어ᄒᆞ릇설훈낫식
머그면비고프디아닌ᄂᆞ니라
① 胡麻九蒸九曝熬擣餌之斷穀不飢長生
① 又合白大豆棗同蒸曝作團食令不飢
斷穀 ○ 胡麻休粮人重之 草本
거믄ᄎᆞᆷ애ᄭᅢ를아홉번뗘아홉번몰리여
복가ᄡᅥ허머그면비고프디안난ᄂᆞ니
도힌콩과대죠과ᄒᆞ여ᄒᆞᆫᄃᆡ뗘ᄇᆞ롤여

○百合採根蒸煮食之甚益人可休粮木
개나리불휘를키여거나숢거나허여먹
으면사름의계유이효고양식으로디흐리라

○何首烏採根蒸臙丸散任意亦可生啖可
休粮本草
새박불휘를뼈벗티모리와프로먹거
나환지어먹거나임의로먹고셩을으
도먹느니가히양식을그치느니라

①藕蒸食可休粮食之最佳 ○蓮子去皮心
蒸熟爲末蠟蜜爲丸日服三十九不飢本草

之時可休粮草｜其葉相對爲黃精不對爲偏精功用劣于萎道有之

듁대불희는 오래머그면곡셕긋고주리디아닌ᄂ니불희닙곳여롬을다먹ᄂ니혹뼈먹거나혹볏틔물로와환지어먹거나ᄭᅵᆯ콩먹거나ᄒ면가히흉년의비고프디아닌ᄂ니라

① 天門冬取根蒸熟去皮心食之甚香美荒年取啖之足以斷穀止飢 草本

텬문동불희를ᄂ게뼈겁질과심을란엽시ᄒ고먹으면비고프디아닌ᄂ니라

올미룰기르밍그라먹거나혹솔마닉
게ᄒᆞ야머그면비고프디아니ᄂᆞ닉
ᄒᆞ일홈은가ᄎᆞ라기니슴디예나ᄂᆞ니라
荏子服食斷穀 可蒸令熟烈日乾之當
口開舂取米食亦休粮草本
솝ᄭᆡ롤머그면곡셕을긋ᄂᆞ니게ᄢᅧ
된볏틔ᄆᆞᆯ로와부리버러ᄢᅢ거든딯허
ᄇᆞᆯ명그라머그면굶디아니ᄒᆞᄂᆞ니라
○黃精久服斷穀不飢甘美易食根葉花實
皆可服餌或蒸熟或晒乾丸散隨宜凶年

○小柿蒸熟去核大棗亦去核同擣取食之
以代粮 方俗

○烏芋作粉食之或煑熟食令人不飢一名
鳧茨漢書荊州飢饉民採鳧茨而食之俗
名爲昧草范仲淹巡撫江淮時進此草

고가온대ᄒᆞ나만시믄후의각지로땁
고발로부라크믈됴주면ᄒᆞ굿의
셕심식나ᄂᆞ니이삼월의시므라

ᄀᆞ음을닉게ᄡᅥ보ᄅᆞ고대쵸ᄡᅵ볼타
ᄒᆞ디뎌허며그면양식을딕ᄒᆞ리라

① 作區方深皆三尺取豆箕納區中足踐之
厚尺五寸以水澆之令潤澤好芋五个置
四角及中央以豆箕盖之足踐之旱數澆
水一區可收三石二三月可種種芋法
　　　　　　　　　　　　　　　區

가그몯거든믈을다히고기음을조
미면토란이비히나느니라
굿을모나게너비기피다삭자식ᄒ여
콩각지룰굿의녀코밧로보라두틱자
가옷만ᄒ게ᄒ고믈을브어젹신후의
됴ᄒᆞ토란다ᄉᆞᆯ네모외ᄒ나식시므

夫爲人牧者安可不督課之哉
제만일요술의큰오디토란이흥왕호제
가히그근을구홀거시어놀이제만히
모로며혹아라도시므디아니호여슬
머주그니슴프도다슈령이엇디힘써
심기디아니호리오

① 種芋宜揀肥池近水處勳其傍以種旱則
澆之以水有草卽耘鋤之不厭頻治芋如
此則其收常倍㣲
도란시므기룰물갓가이컨듸심것다

각조산뎔의후즁이토란시므기돌힘
뻐ᄒ여히마다만히거두워ᄃᆞᆷᄒᆞ기티
디허벽텨로밍그라싸하단을빙그니
사ᄅᆞᆷ이아므쁘튼줄모로더니흉황ᄒᆞ
히를만나주려죽ᄂᆞ니걸히고독ᄒ되
이덜의마ᄋᆞ나문즁이그토란을먹고
사라나니모다그제야이히늬기더라

○濟民要術曰芋可以救飢餓度凶年令中
國多不以此爲意餓死滿道白骨交橫而
人或不知此方或知而不種坐致滅殘悲

소틋블희 로ㅅ굿의 녀코겨올의 ㄷㄷ이
더퍼 슌긔운이 못믈게 ㅎ면 움이 나게
든 움을 국을 ㅎ여머그면 맛도 됴코됴
긔ㅎㄴ니 움을 란 비ㅎ고 그 불희로도
로굿의 너 ㅎ면 움이 도나고 도 버히면
도 나ㄴ니 무궁이 먹ㄴ니라

① 閣阜山一寺有異僧專力種芋歲收極多
杵之如泥造鑿爲墻人莫測其爲後遇大
無饑芋塞路獨此寺四十餘僧食芋鑿免
死人始異之爲匠酥燒磚也今人以小板
納宗旣乾等墻

먹어나ᄒᆞ기를오래ᄒᆞ면가히양식을
디ᄒᆞ리라 ○ ᄒᆞᆫ사ᄅᆞᆷ이산듕의피란ᄒᆞ
여쥬려죽게ᄒᆞ엿더니ᄒᆞᆫ사ᄅᆞᆷ이삽듀
블희먹ᄂᆞᆫ법을ᄀᆞᄅᆞ치니비고프디아
니ᄒᆞ여스므나믄ᄒᆡ만의집의도라오
니놋비치녜ᄀᆞᆮ더라

羊蹄根納之坑中冬月盖藏密塡勿入寒
氣則萠芛即生取以虀葅則柔謂有味最
好充膓取芛後還入坑中旋取旋生食之
無窮 俗方

○薺菜性溫利肝氣和中利五臟煮粥喫能
引血歸肝草本○蔡西山讀書時啖薺療飢
야 도변미 아니 ᄒᆞ니라
나이 셩이 온 ᄒᆞ여 둔ᄂᆞᆫ 길흘 화ᄒᆞ고 오장
을 니케 ᄒᆞᄂᆞ니 쥭 쑤어 머그라 ○채셔
산이 글 닐글 제 나이들 먹고 프ᄒᆞ니라
○取术作丸散久久服餌可以代糧○一人
避亂山中飢困欲死有人敎以服术遂不
飢數十年還鄕里顔色如故草本
삽듀ᄅᆞᆯ 희드 환지어 머거나 ᄀᆞᄅᆞᆯ 믄 타

蒸熟麴子一升交合和瓮水釀之封瓮口
過十五日後用之其味甚烈雖過多日其
味不變十五日曰之云下

솔숩을만히 ᄭᅥ거다가 큰독의ᄀᆞ득브어ᄒᆞ
고믈을 미이 쓸혀 그 독의 기득 브어 ᄒᆞ
독의 잇틀디나거든 솔숩을 다 건뎌 ᄇᆞ리고
도 그 므를 체에 밧타 그 독의 도로녀 코홉
ᄡᆞᆯᄒᆞᆫ 말을 닉게 ᄡᅥ 누록 ᄒᆞ되 교합ᄒᆞ야
그 독의 너 코 봉ᄒᆞ야 두면 보롬디 나 기
든 내여 ᄡᅳ면 그 마시 ᄀᆞ쟝 됴고 과ᄒᆞᆷ

어 ᄎ거든 됴ᄒᆞᆫ ᄀᆞᄅᆞ누룩 서 되룰 ᄒᆞ야
석거 독의 비저 ᄐᆡ름은 사 흘이 오ᄡᅥ ᄒᆞᆯ
흔 닷 샌 반의 ᄎᆞᆸ ᄡᆞᆯ ᄒᆞᆫ 말을 빅번 ᄡᅵ서 밥
재여 ᄠᅧ셔 본 술의 석거 그 독의 비저 ᄂᆡᆨ
거 든 네 희 눈 화 고 오 되 ᄒᆞᄆᆡ이예 너 되
식 나 니 합 ᄒᆞ 야 말 엿 되 나 니 마 시 됴 ᄒᆞ
니라

◯又方松笋多數折取蒲盛於大瓮中湯水
極溫入於瓮中盈滿過數三日後揉出松
笋後瓮水以篩去滓還入瓮中粘米一斗

디 항의 녀코 소곰플을 프러며 죠롤 집
쟉 호야 녀 호면 니 거지 령이 되 니라

謫仙燒酒方

白米一升五合百洗經宿作末湯水四斗
作粥待冷好麴末三升和合入瓮夏則三
日冬則五日後粘米一斗百洗經宿蒸飯
本酒和合入瓮待熟分四注之則一注出

四升合十六升味好

흰쌀 혼되 닥곰을 박번씨 어 밤디 난 후
의 끄로 밍그라 쓴 혼믈의 말의 죽을 쑤

上以陋上下而入置末醬五斗於其上注
塩水滿瓮則熟為清醬滿瓮矣
며조열말도ᄂᆞᆷ목의반만남그로드리
디르고바를역거그우희졀고그우희
며조닷말을씨서담고소곰므를독의
ᄀᆞ득부어두면지령이기장만히되ᄂ
니라
○一法太葉爛烹其烹水及太葉入缸和塩
末醬量入熟則得清醬
콩닙플므르게달혀그믈조차닙과ᄒ

엿되롤더온믈에석거도아양디예두위조로저어닐웨디나면쟝이되나니라

○太一斗爛烹麴子三升塩四升合搗入缸堅封置陽地其味好
콩ᄒᆞᆫ말을ᄆᆡ이숨고누룩서되소곰넉되를합ᄒᆞ여디허항의ᄆᆡ히돔돔이봉ᄒᆞ여볏ᄐᆡ두면그마시됴ᄒᆞ니라

①一法可沉十斗之甕當腰中橫置木五六技或以草索結綱或編萬爲小簾鋪於其

○太一斗爛烹真麥五升取精炒擣碎交合
溫埃鋪乾色黃爲限曝乾再三極燥後塩
六升以湯水和合沉之置於陽地頻頻
揮過一七日成醬

쇼을브어머이이달혀네사발이되게ᄒᆞ
면지령이됴ᄒᆞ니라

콩호말을므르게ᄉᆞᆷ고밀닷되로졍히
콜희여복가셔허비아콩과석거미이
쳐더온구들의펴몰리어빗치누르거
든떳ᄯᅥ여두세번미이모른후의소곰

造淸醬法

① 塩七合炒之極燥眞末八合又和塩炒之
俟眞末已黃後陳甘醬三合和水六鉢煎
至四鉢淸醬味好

소금칠홉을 모르게 복고 진말팔홉을
소곰과 석거 다시 복가 지르빗치 누르
거든 무근 감쟝 서 홉과 물 평 사 발로여

호니라
리젼의 곡셕이 다 업게 아니 호여 가
미리 존졀호야 잡기시 나셧거 먹어 보

可以生無穀而食則亦不得生矣故須自
穀物稍有時預爲撙節和雜物食之無使
於年前頓盡可也

이월로뻐후에ᄂᆞᆫ빤ᄂᆞ믈이나뭿ᄂᆞ믈
이나양식이나숑피나핑닙히나느티
닙히나쑥닙히나다가히뻐주리기를
구완홀거시니뵉셩이다스스로알게
니와그러나반ᄃᆞ시곡셕굴믈섯거
거야살고곡셕프리업시ᄂᆞ믈만머그
면사디못ᄒᆞᄂᆞ니브ᄃᆡ곡셕읻ᄂᆞᆫ뻐예

不畏寒法

○欲不畏寒取天門冬白茯苓等分爲末酒
服二錢日再則大寒時單衣汗出 草本
텬문동과빅복녕을등분ᄒᆞ야ᄀᆞᄅᆞ밍
그라두돈씩슐의타먹기를ᄒᆞᄅᆞ두번
식ᄒᆞ면대한의혼오슬니버도칩이아
니라

○二月以後則田葉山葉橡實松白皮檀葉
苟櫨葉ᄂᆞᆫ되ᄒᆡ蒿葉等物皆可以救飢而
民間皆自知之然必和以穀末而食之乃

○蘿葍根早朝煨熟食之則不飢不寒 方俗

댓무우를신됴애 구워머그면 비도 아니고 프고 칩도아니 ᄒᆞᄂᆞ니라

은아ᄒᆡ래를밥을아니먹고세번머그면 일ᄇᆡᆨ날을밥을아니먹고데번ᄯᅩ머그면영영비고프디아니ᄒᆞᄂᆞ니라못ᄆᆞᆯ눈ᄃᆞᆺᄒᆞ거든대마즙을먹고만일먹고져시부거든아옥을달혀먹고혹아옥ᄡᅵ서홉을달혀ᄎᆞ게ᄒᆞ야머그라○ᄇᆡᆨ복ᄐᆡᆼ닷냥도녀케ᄒᆞ엿ᄂᆞ니

조 서 되를 더온믈에 둠가 ᄒᆞᄅ 밥자여
건뎌 세 번 ᄯᅦ 세 번 믈 로 여 부리버러디
거든 겁질을 벅기고 ᄀᆞᄅ 밍그라 두기
지 거 슬 춥 ᄡᆞᆯ 쥭 에 ᄆᆞ라 셔 허 주 먹 만 ᄒᆞ
게 뭉긔 여 실 리 다 마 ᄇᆔ 되 밤 으 로 븟 터
조 시 예 니 르 러 블 을 무 덧 다 가 인 시 예
ᄲᅢ 여 사 긔 여 다 마 ᄇᆞ 람 쏘 여 ᄆᆞᄅ 게 말
고 미 양 두 어 뎡 이 씩 비 브 르 도 록 머 그
되 다 ᄅᆞᆫ 거 슬 ᄯᅡ 먹 디 말 라 ᄒᆞᆫ 번 미 그
닐 웨 를 밥 을 아 니 먹 고 두 번 머 그 면 마

夜至子住火至寅取出磁器盛盖勿令風
乾每服一二塊以飽爲度不得喫一切物
第一頓七日不食第二頓七七日不食第
三頓一百日不食第四頓永不飢容貌佳
勝更不憔悴如渴則飮大麻汁以滋潤臟
腑若要喫物服葵菜湯解之或葵子三合
杵碎煎湯冷服亦可〇一方有白茯苓五
兩聚䕵大麻子非閭里所種之
麻俗云虎在兩未詳

거믄콩닷되를조히시어세번
몰리ᄡᅥ검질벗기고ᄀ리ᄆᆡᆼ그라대마

두 돈식 블에 타 먹기를 ᄒᆞᄅᆞ 세 번식 ᄒᆞ 젼 머 그면 비 고프디 아니ᄒᆞ니라 도 쉰 무 우 줄기 닙플 희 쇠 에 머그면 가 히 비 고 프디 아니ᄒᆞ니라

辟穀絶食方

○年荒穀貴或遠方水火不便或修行入欲
休粮宜服此黒豆五升淘洗蒸三遍晒乾
去皮爲末大麻子三升五一升湯浸一宿漉
出晒乾蒸三遍令口開去皮爲末用糯米
粥合和擣勻丸團如拳大再入甑蒸之從

救荒補遺

다시머그면아흔날이라도비고프
아니ᄒᆞᄂ니라 ○쳥냥미를초에버므
려빅번ᄠᅥ빅번모로오면가히냥식이
되ᄂ니라
○蔓菁子取子用水煮三遍令苦味盡暴乾
擣末水服二錢日三久漸增服可以辟穀
○又蔓菁取苗葉莖根四時長服可以備
饑歲木

쉰무우삐를믈에세번을달혀ᄲᅳᆫ마시
다나ᄭᅵᄒᆞ야벗뎌ᄆᆞᆯ뢰여ᄀᆞᄅᆞ밍그라

슈에 타 먹기를 설흔날만의 다머그면
몸이 못도록 비고프디 아니ㅎ니라
靑粱米一斗以苦酒一斗漬之三日出百
蒸百曬好裹藏之遠行一飡十日不飢重
飡九十日不飢 ○靑粱醋拌百蒸百曬可
作糗糧辟穀草本
청냥미호말을 쓴술호말의 둠가사흘
만 외내여 일빅번 뼈 일빅번 몰뢰여 잘
빠 관딕 ㅎ엿다가 먼길든 닐제호번머
그면 열흘이라도 비고프디 아니ㅎ고

救荒補遺

젼듸ᄂᆞ니라 ○ᄯᅩ니ᄡᅡ셔홉을믈의ᄉᆞᆯ
가밀두냥을노겨ᄡᅡ을밀의부어ᄆᆞᄅᆞ
도록복가임의로머그면두어ᄂᆞᆯ이나
비프디아니ᄒᆞᄂᆞ니츄조두낫곳머
그면주제밥먹고져시브니라

○糯米若遇凶年穀貴取糯米一斗淘洗百
蒸百曝擣末日一飡以冷水得三十日都
盡則可終身不食不飢 草本
春ᄡᆞᆯ 만을조히시서 일빅번ᄡᅴ 일빅
번몰외여기ᄅᆞ ᄆᆡᆼ그라 ᄒᆞᄅᆞᄒᆞᆫ번식ᄂᆡᆼ

三升漬之出曝乾又漬又曝酒盡乃止積
稍食之渴飲冷水辟三十日足一斛二升
辟周年○又大米三合炒過以黃蠟二兩
熔銚內入米炒令乾任便食之數日不飢
如食胡桃二箇即思食草木

됴ᄒᆞ니ᄲᅡ호되를술어되예듐ᄭᅥᆺ다가
걷더볏틔ᄆᆞᆯ뢰여ᄯᅩ그술에듐가ᄯᅩᄆᆞᆯ
뢰여술이업거든굿쳐졈졈머그라목
ᄆᆞ르거든닝슈를머그면ᄒᆞᆫᄃᆞᆯ을편디
ᄂᆞ니ᄒᆞᆫ곡두되만ᄒᆞ면ᄃᆞᆯ도라오도록

흐히예 큰거믄 콩스믈 흐낫 출 싱으로
미기 믄 딜러 더운 긔운이 콩소긔 소못
게 흐여 흘를 젼긔 흐야 금고 잇튼 날 일
닝슈에 머그머 습긔라 어육과 ᄎᆡ과실
파를 먹디 말고 목 모ᄅ거든 닝슈를 머
그면 처엄은 비록 죠곰 곤흘 디라도 열
흘 긋디 므면 긔력이 츙장 ᄒᆞ야 다시 밥
넘이 업ᄂ니라 ○ 콩 기름 ᄭᅳ를 머그면
가히 흉황 흐히를 디내ᄂ니라

○粳米荒年穀貴無以充粮取粳米一升酒

◉黑豆炒熟以棗肉同擣之爲麨可以代粮
○左元放救荒年法擇取雄黑豆三七粒
生者熟挼之令煖氣徹豆心先一日不食
次早以冷水吞下魚肉菜果不復經口渴
則飮冷水初雖小困十數日後體力壯健
不復思食矣○仙方修製大豆黃末服
餌之可辟穀度飢年 草本

거믄콩을 니게 부가 대쵸 살과 섯거 디허
고슬만 콩과 효디 디허 ᄀᆞ로 밍ᄀᆞ라 머
그면 가히 냥식을 ᄃᆡᄒᆞᄂᆞ니라 ○ 흉황

절목ᄒᆞ여도비아니고프고츄ᄌᆞ굿머
그면즉제ᄂᆞ리니라○흰기르ᄒᆞ곤
ᄋᆞᆫ누른밀을ᄉᆞᆯᄒᆞ섯ᄆᆞᆼ그라비븨ᄇᆞᆯ도
록머그면가ᄒᆡᆼᄇᆡᆨ날이라도비아니고
프고○송지과술고ᄡᅵ과대쵸를뼈를
업시ᄒᆞ고○송지과복녕과ᄒᆞ디작발ᄒᆞ여환지
어ᄉᆔᆫ환식머그면비아니고프니라○
넷사롬이가난ᄒᆡ예만히밀을머거
비고프기를디내니맛당히대쵸를ᄒᆞ
디ᄡᅵ버머그면밀이수이므르ᄂᆞ니라

○蠟仙經斷穀最為要用令人但嚼食方寸
者終日不飢也○用黃蠟炒粳米嚼食充
飢可辟穀不飢食胡桃肉即解○白麪一
斤黃蠟為油作煎餅飽食可百日不飢○
合松貼杏仁棗肉茯苓等分為末作丸服
五十九便不飢○古人荒歲多食蠟以度
飢當合大棗咀嚼即易爛 草本

이제 사람이 다만 밀만 씨 버머 그면 날
이믓도록 비 고프디 아니ᄒ니라 ○ 누
른 밀과 복근 杏을 씨 버머 그면 가히

秊可以充粮不飢最佳 草本
마흘키여ᄢᅥ먹고혹ᄢᅥ히ᄏᆞᄅᆞ면을ᄆᆡᆼ
그라머그면흉년의가히ᄡᅥ비고프디
아니ᄒᆞ니ᄀᆞ장아름다오니라

○栗煨熟食之令人耐飢 草本
밤을닉게구어머그면사ᄅᆞᆷ이비고프
디아니ᄒᆞ니라

①芋煮熟食之可以當粮而度飢年 草本
토란을달혀머그면가히ᄡᅥ냥식ᄀᆞᆺ티
여비고프기를디내ᄂᆞ니라

○葛根淨洗去皮爛擣水飛去其根絲以
泥沉澱去水和米作飯粥食之擣晒
和菉末作糗餱解
渴以菉土中者良

석거야떡ᄂᆞ니라
츩불희를조히씨서겁질벅기고즛두
들여그건디룰업시ᄒᆞ고믈에ᄭᅳᆯ안초
와ᄆᆞᆯ거든그ᄭᅳ롤ᄡᆞᆯ의범으려쥭수
어머그면됴ᄒᆞ니라됴관ᄒᆡᇰ녹두희를
무ᄀᆞ머면ᄃᆡ야ᇰ니그ᇰ나리ᄂᆡᇰ라이

○薯蕷取根蒸熟食之或擣粉作麪食之囚

當飯一鉢可以度朝夕若末及秋刈取則
以經打之藁燃擣作末如上法食之但秋
刈者食之與食穀同秋後刈者不可獨食
須和穀末乃可食之

모밀이반만니거줄기와니피연ᄒᆞ여
에비여볼되여줄기와여둘믈ᄀᆡ놀게
ᄊᆞᄒᆞ라미이복가서허처ᄀᆞᄅᆞ밍그
믈에타머그면이ᄒᆞ사ᄡᆞᆯ이밥ᄒᆞ사발
을당ᄒᆞᄂᆞ니라ᄯᅮ드린후에딥도이것
티ᄒᆞ여먹거니와그ᄂᆞᆫᄇᆞ터곡셕ᄀᆞᆯ믈

○桔梗浄洗爛烹入袋沉水踏之令苦味盡
出而糜爛成泥和飯食之雖無穀而食亦
不飢
　도랏슬조히시서무르게숨마잘리틱
　허믜레둠가쥿바라쓴마슬다나게ᄒᆞ
　고쥭기여밥을석거머그라곡셕업시
　져만머거도됴ᄒᆞ니라
○木麥半熟莖葉柔軟時刈取乾之並葉業
　細剉炒過搗篩作末和水食之此一鉢足
　　즉시둉ᄒᆞᄂᆞ니라

고쥭을믈게쑤어솔닙세 ᄒᆞ니톡ᄃᆡ히
ᄒᆞ되프러마그라 ○볏방의 ᄂᆞ쳐엄의
씨허 ᄶᅴ여기지어 믈로여도골롤링그
니더듸고맛도됴티아니 ᄒᆞ고 ᄂᆞ들흡
으로쥭을쑤면그마기가장사오납거
니와이법은마시됴 ᄒᆞ니라
○松葉久食大便不通則太末一二匙和水
飲連二三日大便卽通
솔닙플오래머거대변이막키거드풍
긔로두술을믈에타이사나흘머그면

救荒補遺方

雜物食法

○松葉摘取熟擣則葉糜碎成泥須擣之意熟以成泥為限以穀末作淡粥○舊方初擣成旁曬乾要擣為末其為烝塵味亦不好至於以榆計作粥則味極惡不甚食方則可即將烝末而味甚好

솔닙플너다가 방하의 녁게 디흐면 닙 피오로 죽 그 여 니 괸 흑 짓 티 될 거 시 니 쌀이나 젓곡 이나 기 루 밍 그 라 쥭

換水如此再三去毒氣後作糝極好
콩각대를므르게고아구들에펴물리
여긔르서허믈에너번이나우려버
므레롤밍글면ᄀ장됴ᄒ니라
○其餘民間自有救荒之物如咸鏡道之西
土里菜江原道之木賊末及海邊之海菜
雜物等皆自相傳故今不備錄

救荒撮要終

○木麥花太葉太穀作末和穀末作糝蒸食
極良如無此等物穀根細末作糝亦能度
飢不腫

모밀 즈정이과 콩닙과 콩각대를 우려
몰뢰여 ᄀᆞ라 밍ᄀᆞ라 ᄡᅳ며
그면 댱묘ᄒᆞ니 이것들히 업거든 곡
셕블희로 파 ᄀᆞ라 버므레로ᄒᆞ
여도 비아니고 븟디 아니ᄒᆞᄂᆞ니
라

◎一法太殼烹熟溫突鋪乾作末浸水澄淸

져물에듐가두효고운을업시ᄒ여야
됴ᄒ니그리아니ᄯ면사ᄅᆞᆷ이샹ᄒᆞᄂᆞ니
라
◉一法太葉洗净熟煑待汁濃入瓮平滿酌
量和盐則成清醬勝扵豆醬○楡實亦可
作醬
伀콩닙흘조히시서ᄆᆞ로게달혀권즙
을독의ᄀᆞ득이비코소곰글혜아려녓
그면꼬쟝이되ᄂᆞ니라
○作豉法

되오뼈 독의 비 코 고 기 ᄅ 열 말의 메조
호 말이 나 두 말이 나 그 우희 비 코 소곰
믈을 맛게 지어 브으면 다 니 거 장이 되
ᄂ 니라

○一法太穀烹爛和塩間入末醬沉之為醬
甚好雖無末醬亦得凡用須先沉水去毒
氣煮用為宜不然則必發人

둇호 법의 눈 콩과 대룰 므르게 고아 소
곰 섯 거 스 이 메조 듸 허 두 무 면 쟝
이 기 장 됴코 메 죄 업 서 도 므 딴 ᄒ 나 몬

틋니호되 ᄲᆞᆯ골ᄅ로 스믈다소솔 머길
거시오 호 말로 이 박슌을 머기고 호나
히머 그 면 넉돌을 머글거시니 서 말이
면 호 ᄒᆡ를 편듸 디리라

○沈醬法

○沙參桔梗去蘆洗乾擣末篩過沉水去毒
緊握去水入瓷約末十斗末醬一二斗入
於其上塩水量入沉之則皆熟爲醬

더덕과도라즁삭도 ᄃᆞ 쳔 머라 로 버 히
고시 서 ᄆᆞ리 여 시 ᄆᆞ 로 밍 그라 를 에 우려

면보은 것 노기 효험이 인느니라

○取穀末法

◉白米一升可出末二升五合皮麥去麄連
皮炒過作末可出末二升粟稷亦同 ○大
抵一升米末約二升五合可供二十五人
一斗米末可供二百五十人若供一人則
可資四朔三斗之米可備一年矣

빅미 ᄒᆞ되 예 기르두되 닷홉이 나고 것
보리를 기스라 기 업시 ᄒᆞ고 겁질 좃ᄎᆞ
붓가더 ᄒᆞ면 ᄀᆞ리 두되 나고 조 피도 기

木皮再煎一二沸待冷入瓮斟酌和麴末
次日入米粥待醞釀成酒澄清則味甘美
服之消腫神驗凡釀量水二盆米一升作
粥醞之

출벼딥흘가마의녀허므르게달힌후
에딥호란건디고붉나모겁질을비허
두어소솜솔혀퍼식거든독의녀코누
록글로집쟉호야맛게섯것다가이튼
날쓸죽을쓰어븨호되물두동히예솔
호되롤죽쑤어비저닉거둔물껴머그

는 법은 기름의 지져 도녁고 기름업거
든 밀로 부쳐도 됴ᄒᆞ니라

○作糗法
松葉末二合大末一合和冷水服之能走
一息不飢常須盛俠帶之
송엽ᄀᆞᄅᆞ 두홉 콩ᄀᆞᄅᆞ ᄒᆞ홉을 ᄂᆡᆼ슈의
ᄐᆞ머그면 ᄒᆞ즘게를 드라도 비골프디
아니ᄒᆞ니 젼ᄃᆡ예 너고 ᄃᆞᆫ닐거시라

○千金酒法
先以糯稈於鍋中濃煎後去稈次入千金

○作榆皮餠法
○榆白皮末一升米末一合松葉末一合右
白湯和勻作餠納滾沸湯中熟過放冷取
食
○一法榆白皮末一升米末一合白湯作餠
烹食或用鐵器以油灼之煎餠取食如
無油用蠟灼之亦得

느릅겁질ᄀᆞᄅᆞ호되ᄡᆞᄀᆞᄅᆞ호ᄃᆡᄇᆞᆺᄉᆞᆷ엽
ᄀᆞᄅᆞ호흡을더온물에모라ᄯᅥᆨ을비저
ᄉᆞᆯ른물에 드리터 니거식거든먹고도

○榆皮或有多產之地或有不產之地不產
之慮則作粥不須用汁白水不妨但久服
大便必堅秘太末和粥作之或生太浸潤
嚼食

뼝업고오래사라곡셕도끈나으니라

느릅이혹업손듸도이시니업스면그
저믈로죽을쑤어도므던ᄒ거니와다
만하긔둥티못ᄒ가두려오니콩ᄀᆯ로
엇거쑤거나혹싱콩을믈에부럿다가
즛십어머거도됴ᄒ니라

즙이나거든 뽀고 즙이 진커든 물을 도
비어저으면 무궁이나느니라

○作松葉粥法

松葉末三合米末一合榆皮汁一升右和
匀打粥可朝夕度飢延年松葉性澁榆皮
性滑和之以榖末大能益胃分利二腑不
但備凶歉至於有年欲善攝養者皆可用
治病延年勝於五榖膏粱

송엽ᄀᆞᄅᆞ서홉쁠ᄀᆞᄅᆞ호홉느릅즙호
되을섯거쥭쑤면됴식을견딜쏜아뎌

벗거나든 미여ᄒᆞ르는 믈에 둠갓다
가 사나흘디나 거든 내여 ᄲᅥ벗희나구
들에 나모뢰여서 디허 ᄆᆡ면 ᄲᅮᆫ 마시 업ᄂᆞ
니라

○取楡皮計法

○楡皮不計老嫩採皮擣碎盛陶器或木槽
浸水取計用計盡添水攪之計出無窮
느릅겁질을 늘근 남기나 져믄 남기나
헤디말고 만히 벗겨디 허딜 그르시나
나모구유ᄯᅦ 엿거시 담아 믈 브어 둠가

송엽을만히빠싀을싸해 넙덕지거든
믈뢰여 골을 밍 그로 되 넙 두 말 의 콩 호
되를붓가더온김의 뻐 호 면 기 르 호 기
취 오 니 붓 기 슬 슬 희 여 호 거 든 골 를 뻐
쳐 쁘 데 호 면 쁜 마 시 덜 거 니 와 아 니
니 야 긔 운 이 인 ᄂ 니 라

○松葉擣碎盛於俗或以物裹束浸於流水
中經二四日取出蒸之晒乾或埃乾擣末
其味極甘矣

송엽을 뻐 허비 아 잔 리 틔 거나 혀 거시

느릅겁질이 셩이 믓그럽고 오래 머그
면 비고프디 아니ᄒ니 겁질 휘뎌 ᄃᆞᆯ몰
리역ᄡᅥ 허ᄏᆞ로 ᄒᆞ야 ᄡᅳ거니와 믈을 우
러 ᄡᅳ기야 쉽고도 ᄒᆞ며 열음과 닙도 됴
ᄒᆞ니라

○取松葉末法

○松葉不限多必摘取生者擣細末蒸暴用
如餘自成片者晒乾易擣或取葉二斗太
一升炒過乗熱同擣則易末愚人厭苦者
其末蒸再末可減苦味然不蒸者有氣力

○松葉安五臟不飢宲與脂膏根皮皆云辟
穀惟葉正是斷穀
　나라
송엽이오장을편안케ᄒᆞ고비고프
아니ᄒᆞ니방울에잣과송지과불희겹
질이다도커니와닙히야졀곡ᄒᆞ기도
ᄒᆞ나라
○楡皮性滑久服不飢荒歲農人食以當糧
採皮取白曝乾擣末用然不如取汁之易
為且良宲與葉亦可採用

消飢腫極良

굴머브은사람을구완하야괴운이하
리되브은거시눗디아니거든븕나모
겁질을달혀뽈을맛게벽히죽쑤어한
쟌식제긔운보아가며머기면눈느니
라

○救荒松葉最上必須無用榆皮汁無大
秘澁之患
구황의송엽이웃듬이어와느름겁
질믈을섯거뼈야맛막히눈환이업스

醬汁和水與之次以凊粥與之埃其蘇醒
漸與粥食

굴믄사룸이믄득밥을머거나더운거
슬머그면일뎡죽ᄂᆞ니몬져쟝믈을촌믈
에프러머기고버거시근죽을머기되
세거든념ᄂᆞ로죽을주어머기라

○飢腫人治療法
飢腫之人依上法救療後元氣充壯而腫
猶未解則千金木皮不限多少麥取汁米
亦不限多少造粥每一盞量其氣候與之

行是白昆京則漢城府五部外則觀察使
守令鏤板傳錄廣諭民間使人無不解觀
察使發差官都事遇人講問有不曉者則
色吏勸農論罪不曉多者並論留鄉所守
令殿最憑考又令於鄉會講論永行不怠
母員勤恤之至意何如嘉靖三十三年十
一月二十四日右副承旨臣李澤次知
啓依允
○飢困將死人救活法
○飢困之人若頓食或喫熱物則必死以生

國家遣使賑救又抄救荒之最要者集為一
方翻以諺字名曰救荒撮要印布中外使
家喻而人曉各自救命如揄白之調味松
葉之延年載於禮經及本草益人腸胃壽
人性命過於五穀斯宗救民良方其亦裁
成輔相以左右民之一事是白置近來吏
慢人頑不究荒政歲一失稔人且咽咽望
哺終填溝壑為白子旅京城之民叚習尚
侈靡尤以粥溢為羞朝餐羡食暮已絶炊
誠可矜嘆今此良方若不嚴飭則復廢不

救荒撮要

賑恤廳 啓目 節承 傳內救荒撮要多
數印出廣頒為良如教承 傳是白有亦
相考為白乎矣蓄穀賑飢雖為荒
穀之民飢則不可坐視其死而不為之
是白乎等用良我
世宗大王旣著救荒辟穀方又以備荒之物
載諸經濟六典以救萬世蒼生之命可謂
至矣是白齊邇者連歲大侵湖嶺二南尤
甚

復見於今日矣然則彼仁愛之天亦豈不
收災而降祥耶區區蟣蝨之臣願與四方
之民共免今冬雪裏凍殺而飽喫明年之
大椀不托也時庚子九月日崇祿大夫判
中樞府事宋時烈序

聖祖之盛際家給人足頌聲既作而猶輯此
書以備不虞其惻怛如傷之意藹然於一
編之中儻使當日之
聖心以觀今日之民生則又當如何也方今
聖上至誠哀愍屢發德音而至減諸色上供
遂使填壑之民嗷息而厺死使是書也幸
備
乙覽則其所以仰體
聖祖之仁而俯軫不忍之心者將不遑於暇
食矣其所謂堯舜禹慮民深而利民大者

而氣先竭豈若從事於此求之於必得之
地而取之於至足之中其事甚易而其義
無苟也蓋聞分人以物者有限而不廣利
人以智者無窮而各足今此書之行人人
皆得受用而有餘則雖以及於天下可也
豈若規規於勸分攘儲之比哉
聖祖仁民澤物之心可謂深矣而所謂惠而
不費操約施博者非耶然非有申公之深
思熟慮又孰能闡朙哉余於是復有所感
焉當

嗚呼其汲汲焉於斯時也其有長民之責
者其可諉之於無策而不為之所哉於是
西原縣監申公諷丞取
世宗大王所輯救荒撮要一編附以補遺而
剖劂之將以廣布於民間蓋其軌外旁生
之法詳且切矣夫草根木皮酸辣相參固
非穀粟之比然既非得已則要於不死而
已況飢渴之極易得為甘則安知其終不
如穀粟之羙也夫諓巧之人終日遑遑叩
人之門以求消滴而未必有獲故飢未極

新刊救荒撮要序

國運不幸粵自
孝宗大王季年以至今
上初元歲仍大侵雖然公私赤立仁愛之心
救之方靡有所遺 上下勤恤凡所以賑
無自而施矣夫放災免傷寬賑之典大矣
而無田者無與焉減租蠲役問恤之意至
矣而已散者無及焉內帑大農並皆告罄
則呱呱者無所望於乳竭之慈毋矣是故
青黃栖畝之時飢餓之民已狼藉於道

救荒撮要

里䒾江原道之木賊末及海邊之海菜雜物
等皆自相傳故今不備錄

그나믄민가니셔가난호히구호는것들
호저여니다잇느니함경도엣셔투리바
믈와강원도앳속솟기라와바랏싱애바
랏는믈기튼잡것들호다조여니서릇뎐
호야아는거시모려긔다올이다아니
호노라

救荒撮要 終

은콩과 대로닉게솔마더운구드래서라
몰외야디허고로빙고라고끌올므레돔
가므리몰거큰믈고로디이러틋시두세
번고라모된그운엽게호후에버므레호
면고장됴호니라쏘다엿만사눈지비발
케맛흠만믿두고각뎻끌을우희만히두
어밥지어머그먼룽히주으리디아니호
야목숨을니수리라

其餘民間自有救荒之物 如咸鏡道之西土

能度飢不腫○一法太穀烹熟溫突鋪乾
作末浸水澄清換水如此再三去毒氣後
作糜極好又五六人居家米四五合作本
殼末多置其上作飯食之亦能不飢連命

모밀 느정이와 콩닙과 콩곡대를 그루 빙
ᄀ라 곡식 콩의 섯거 범 레 빙 ᄀ라 ᄠᅥ 머
그라 ᄃᆞ 장 표 ᄒ ᄂ ᆫ 이 것 ᄃᆞᆯ 굿 업 거 든 곡
식 불 휘 로 ᄀᆞ 리 ᄀ ᄅ ᄋ ᆼ ᄀ ᄅ ᄋ ᆷ ᄅ ᅦ ᄒ
야 머 그 면 ᄯᅳ 디 아 니 ᄒ ᄂ ᆫ 이 라 ○ ᄒᆞᆫ 법

글혀 뿌리 맛 당ᄒᆞ니 그리 웃 아니 ᄒᆞ면 반
ᄃᆞ시 사ᄅᆞᆷ을 주기ᄂᆞ니라 ○ ᄒᆞᆫ 법은 콩 닙
홀 시 서 조케 ᄒᆞ야 닉게 글혀 ᄆᆞ리 걸어든
도 ᄀᆞᆯ 기 븟 쇼 집 ᄍᆞᆨ ᄒᆞ야 소곰 섯그면
믈 긴 쟝이 되어 마시 콩쟝두곤 더으니라
○ 느름 도 쏘 가히 쟝을 ᄆᆡᆼᄀᆞᆯ 거시 마

作醬法 버 므레 ᄆᆡᆼᄀᆞᆯᄇᆞᆸ

木麥花 伊러기 太葉 太殼 作末 和穀末 作醬

蒸食 極良 如無 此等 物 穀根 細末 作醬 亦

거장이도외ᄂᆞ니라○ᄒᆞᆫ법은더덕과둘
아졸닉게솔마머리베혀ᄇᆞ리고혜여디
게ᄶᅵ허소곰셧거도긔녀녀호티ᄉᆞ이
며조쇌올녀허ᄂᆞᆫ무면쟝이도외여쏘ᄒᆞ
표ᄒᆞ니라○ᄒᆞᆫ법은콩각대를어디
솔마소곰셧거ᄉᆞ이예며조쇌올녀허ᄂᆞᆫ
무면쟝이도외여ᄀᆞ장됴ᄒᆞ니라비록
죄업서도표ᄒᆞ니라ᄆᆞᆯ윗ᄡᆞᆯ제어든모로
미몬져므레돔가모ᄠᅳᆫ고우놀엽게ᄒᆞ고

醬亦得凡用須先浸水去毒氣煮用爲宜
不然則必殺人〇一法太葉洗淨熟煮待
汁濃入瓷平滿酌量和塩則成淸醬勝於
豆醬〇楡實亦可作醬
더덕과돌아즐머리베혀보리고시서믈
와야디허쳐ᄀᆞᄅ빙ᄀᆞ라ᄆᆞ레돔가ᄲᅳᆫ기
운엄게ᄒᆞ야ᄆᆞᆰᄀᆞ엄게ᄃᆞ외오ᄡᅡ도기녀호
ᄃᆡ고ᄅᆡ열말만ᄒᆞ면뎌조셜옼ᄒᆞᆫ말두말
만녀코쇼곰을혜아려브서ᄃᆞ모면다니

효사름붓머기면가히넉 ᄃᆞ록 살거시니
서말블로가히 ᄒᆞ히 ᄅᆞ디 내리라

沉醬式 쟝 ᄃᆞᆷ ᄂᆞᆫ 법

沙參桔梗去蘆洗乾擣末篩過沉水去毒
緊握去水入瓷約末十斗末醬一二斗入
於其上塩水沉之則皆熟爲醬〇一
法沙參桔梗熟過去蘆擣爛和塩盛瓮間
間入末醬沉之爲醬亦好〇一法太殼烹
爛和塩間入末醬沉之爲醬甚好雖無末

抵一升米末約二升五合可供二十五人一斗米末可供二百五十人若供一人則可資四朔三斗之米可備一年矣

힌쁠호되예ᄀᆞᄅ두되닷홉이나ᄂᆞ니라
것ᄡᅳ리ᄀᆞ스라ᄀᆞ엄게ᄒᆞ고겨플조차못
가디ᄒᆞ면ᄀᆞᆯ이두되나ᄂᆞ니조피도ᄒᆞ가
지라○대뎌디ᄒᆞ되닷홉이두되닷홉이
니가히ᄉᆞ마다ᄉᆞ사ᄅᆞᆷ볼머기고ᄒᆞᆫ말얺
ᄭᅩᆯ오로가히이빅쉰사ᄅᆞᆷ볼머길거시라

겨ᄎ거든 도ᄀ의 녀코 누록ᄀᆞᆯ을 졈작ᄒᆞ야
셧고 이틋날 ᄇᆞᆯ죽을 녀허 괴요물 기들워
믉안즈면 미시ᄃᆞᆯ오 됴ᄒ니 머그면 굴머
브ᅀᅳᆫ 디 노초미 신긔로이 효험 나ᄂᆞ니라
달힌 믈 두 동ᄒᆡ예 ᄡᆞᆯ 혼 되 만 죽 수워 비즈
라

取穀末式 곡식ᄀᆞᄅᆞ아ᄉᆞᆯ법
白米一升可出末二升五合 皮麥去芒連
皮炒過作末可出末二升 粟稷亦同 ○大

千金酒法 붉나모쓸비즐법

先以糯稈於鍋中濃煎後去稈次入千金木皮再煎一二沸待冷入瓮斟酌和麴末次日入米粥待醞釀成酒澄清則味甘美服之消飢腫神驗凡釀量水二盆米一升作粥醞之

믄저즐우껏붉흐기마에므르녹게달혀후에그즙흘건뎌브리고붉나못거프를녀허다시효소솝두소솝만글혀시

업거든 미를부처 포호니라 미른나는
싸히 이 쇼 모로조쳐 올이 노라

作糜法 미시 밍글법
松葉末二合太末一合和冷水服之能
一息不飢常須盛袋帶之

솔닙ᄀᆞᄅ두홉과 콩ᄀᆞᄅ호 홉을 ᄎᆞᆫ 므레
프러머그면 호 즘 게를 드라도 비 골티 아
니ᄒᆞ니 샹해 모로 미주머니예 녀 허 ᄢᅵ여
ᄃᆞ니라

取食如無油用蠟灼之亦得 黃蠟白蠟或
故幷 多產之地
錄

느릅흰거플ᄀᆞᄅᆞ호되와 없ᄀᆞᄅᆞ호ᄒᆞᆷ과
솔닙ᄀᆞᄅᆞ호ᄒᆞᆷ과로 더운믈에 골오쳐셕
멍ᄀᆞ라 글른므레 녀 허ᄂᆡ게 솔마시겨머
그라 ○ ᄒᆞ법은 느릅흰거플 ᄀᆞᄅᆞ호되와
없ᄀᆞᄅᆞ호ᄒᆞᆷ과로 더운므레 골오쳐ᄯᅥᆨ 멍
ᄀᆞ라 솔마 머그며 혹 손두에 기름을 죠
고마치 븟소셔 글부쳐도 머그라 기름곳

느릅ㅁ 레말 오ㄱ 저 ㅁ레쑤 워 도 ㅁ 던 ᄒ
니라 오직 오래 웃 머 그면 견매 굔 ᄂ 니 콩
ᄡᆞᆯ 오쥭에 섯거 ᄡᅮ 머 혹 ᄂᆞᆯ콩을 ᄃᆞᆷ 가 불 위
시버머그라

作楡皮餠法 느릅ᄭᅥ 밍글법
楡白皮末一升 米末一合 松葉末一合
右白湯和勻作餠內滾沸湯中熟過放冷
取食〇一法楡白皮末一升米末一合白
湯作餠烹食或用鐵器以油少灼之煎餠

이 뛰 브 드 ᄒᆞ 고 느릅은 셩이 믓믓ᄒᆞ니
곡식 ᄑᆞᆯ을 섯그면 롱히 당 위로 됴케 ᄒᆞ며
견매며 쇼 마로 혈훤케 ᄒᆞᄂᆞ니라 ᄒᆞ야 가
난흔히 록 무ᄉᆞ히 디벌뿌니 아니라 가
면히 예도 몸 잘 간 슈 홀사름은 다 뿔 거시
라 병고 티 기며 당 슈ᄒᆞ기에 눈 곡식이며
기름 진 음식 두고 이 거시 ᄡᅡ 더으니라 ㅇ
느름이 만허나 ᄂᆞᆫ ᄡᅡ 토 이시며 아니나
ᄡᅡ 토 인ᄂᆞ니 아니 나 ᄂᆞᆫ ᄡᅡ 허 어든 구틔 여

榆皮性滑和之以穀末大能益胃分利二
腑不但度備凶歉至於有年欲善攝養者
皆可用治病延年勝於五穀膏梁○榆皮
或有多產之地或有不產之地不產之處
則作粥不須用汁白水不妨但仌服大便
必堅秋太末和粥作之或生太浸潤嚼食

솔닙글 ᄀᆞ르서 흐음과 ᆹᄀᆞ로ᄒᆞ음과 느름을
솔닙와로ᄡᅥ 새 죽수워 머그면 가히 아츰
나죄로 ᄡᅥ내며 목숨도 길리라 솔닙ᄒᆞ성

榆皮不計老嫩採皮擣碎盛陶器或木槽
浸水取汁用汁盡添水攪之則汁出無窮
느릅거프를늘근겨믄나모골히디말오
거프를즛씨허딜그르시어나구유어나
담고믈브어제므롤내여뿌티엄거든다
른므로덛브서저스면무쉬나느니라

作松葉粥法 솔닙쥭슬법
松葉末三合 米末一合 榆皮汁一升
右和勻打粥可朝夕度飢延年松葉性澀

슬히녀기거든그믈의뼈셔다시꼴오믈
골머쁜마시더ᄂᆞ니라그러커니와뼈디
아니ᄒᆞ니ᄉᆞ더옥힘쁴우ᄂᆞ니인ᄂᆞ니라
ᄒᆞ법은솔닙홀브ᄉᆞ뻐ᄒᆞ잘의녀거나아
못쌔ᄉᆞ로나ᄲᅧ려미야ᄒᆞ르눈므레둠가
사나홀만디나거든내여뼈벼튀나구
레나몰외여디허ᄀᆞ로몡ᄆᆡ면그마시ᄀᆞ
쟝됴ᄒᆞ니라

取楡皮汁法 느릅믈아술법

一法松葉擣碎盛於俗或以物畏束
浸於流水中經三四日取出蒸之晒乾或
突乾擣末其味極甘矣
솔닙흐하나져그나누로때 디허 ㄱㄹ닝
ㄱ라그끌온뼈버틸몰외여부터 디ᄒᆞᆯㄷ
ᄎᆞ매절로넙더기도이 니런벼틸몰외면
수이디히누니라쏘닙흘투말만ᄒᆞ터콩
ᄒᆞ되로못싸더운기메엇거쎠흐면수이
ㄱ라도이누니라미혹ᄒᆞ사롬이쁜만슬

맛거플벗시고흰거프롤버티몰외야디
허ᄀᆞ르ᄆᆡᆼᄀᆞ라ᄡᅳ라그러커니와ᄆᆞᆯ내
여ᄲᅮᆷ만쉽고ᄯᅩᄒᆡ홈곤디몬ᄒᆞ니라여름
과닙과도ᄯᅩ가히ᄲᅳᆯ거시라

取松葉末法 솔닙ᄀᆞᄅᆞᄆᆡᆼᄀᆞᆯ법
松葉不限多少摘取生者擣細末蒸曝用
如餘自成片者晒乾易擣或取葉二斗太
一升炒過乘熱同擣則易末愚人厭苦者
其末蒸再末可減苦味然不蒸者尤有氣

케ᄒᆞᄂᆞ니 여름과 진과 거플와 불휘거프
롤 다 닐오ᄃᆡ 곡식 그ᄎᆞᆯ 그치ᄂᆞ다 ᄒᆞ엿ᄂᆡ니와
오직 닙히 사졍히 곡식 그ᄎᆞᆯ 그치ᄂᆞ니라
榆皮鄕名 於乙邑 性滑 火服 不飢 荒歲 農入
食以當糧 採皮取 自曝乾 擣末用 然不 如取
汁之易爲 且良 實與葉 亦可採用
유피의 샹일홈은 느릅이니 셩이 믯믯ᄒᆞ
니 오래 머그면 ㅂㅣ골티 아니ᄒᆞᄂᆞ니 녀름
몬머근 ᄒᆡ예 롱이니 량식 마초 먹ᄂᆞ니라

救荒松葉最上必須兼用榆皮汁必無大便
秘澁之患
라
주우린사룸구호매솔닙히뭇위뚜니모
로매느릅므를조차뻐사반드시견매근
디아니ᄒ리라
松葉安五藏不飢實與脂膏根皮皆云碎穀
惟葉正是斷穀
솔닙흐오장을편안케ᄒ며비골티아니

猶未除則千金木皮不限多少煮取汁米
亦不限多少造粥每一盞量其氣候與之
消飢腫極良

굴머브은사룸을우흿법대로ᄒᆞ야구ᄒ
야사른후에원긔충실코장ᄒ티브은티
그저눗씨아니커든붉나못거프를하거
나젹거니므레글히고벗룰하거나젹거
나죽쑤워미양ᄒᆞᆷ보ᄉᆞ식제긔우놀혜아
려머기라브슨티ᄂ초ᄀᆡ예ᄀᆞ장됴ᄒᆞ니

醬汁和水與之次以涼粥與之竢其蘇惺
漸與粥食

굴머곤호사롬이밥을과콜이먹거나더
운쥭을먹거나호면반드시쥭느니눌장
을므레프러머기고버거시근쥭을머겨
그우니숨숨호거사졈졈쥭과밥을머기
라

飢腫人治療法 굴머브은사롬고틸법
飢腫之人依上法救療後元氣充壯而腫

救荒撮要

녀름몬 머근히예 주우린사람 구호죵요로 인법 모흔것

飢人若饋熱物則必死必須待凉與之

굴믄사람으 더운거슬머기면반드시죽 느니모로매식기든머기라

飢困將死人救活法

글머곤ᄒᆞ야 마주거가 노사람 구ᄒᆞ야사람범

飢困之人若頓食或喫熱粥則必死以生

… 京城之民 朝餐巳絶 炊誠可矜 今此爲良方 乙若不嚴勒則復廢 京則漢城府五部 通諭 使守令 使鑄板傳錄 廣諭民間 解觀察使 都事 又令 曉者 所則色吏 勸農論罪 不曉 留鄕所則守令 憑考最 論之至 永行不怠 毋貢 勤恤之意 何如 嘉靖三十三年十一月二 十四日 右副承旨臣李澤次知

啓依允

啓曰賑恤廳承
傳內荒政撮要多數卬出廣頒為賑恤
荒有救荒之本穀之是白乎等則不可坐視其死
而不爲之所是白乎矣蓄穀之良如救荒雖爲承
大王旣著救荒典以戢萬世蒼生之命可
世宗載諸王經齊六典以救荒備之荒之物
謂至甚矣是白齊邇者連歲大侵湖嶺二
國家遣使家以賑諡又抄救荒之撮要者集
一方遣使家以賑諡又抄救荒之撮要印布為
外方調味其胃俞藥之而延年救荒之命及如輪本草
入腸胃亦壽人性輔命相過以左右五穀斯實一救
良方置近歲吏慢民頑不究荒政歲一
是自方賣人賣成輔命相過以左右五穀民政實歲一
失穩入目喝喝望哺終填溝壑爲白乎

救荒撮要